Grundlegung eines Verbandssteuerrechts

Ein Beitrag zum Recht der Unternehmenszusammenfassungen

Von

Dr. jur. **Hans-G. Schultze-Schlutius**

Regierungsrat beim Oberfinanzpräsidenten Berlin

Berlin

Verlag von Julius Springer

1937

ISBN-13: 978-3-642-90384-7 e-ISBN-13: 978-3-642-92241-1
DOI: 10.1007/978-3-642-92241-1

Vorwort.

Die Arbeit greift auf frühere Untersuchungen zurück, Untersuchungen, die der Klärung verschiedener Einzelheiten dienten.

Der Zweck der Arbeit ist ein mehrfacher. Die verschiedenen Einzeluntersuchungen sollen zusammengefaßt werden. Die Zusammenfassung soll in Form einer Grundlegung erfolgen. Die Brennpunkte sollen, anders wie bei einem bloßen Querschnitt, einer wissenschaftlichen Betrachtung unterzogen werden. Gleichzeitig sollen die neuere Rechtsprechung und das Schrifttum der letzten Zeit eine kritische Würdigung erfahren.

Es versteht sich von selbst, daß dieses Ziel bei beschränktem Raum sich nur teilweise erreichen ließ. Auf die früheren Untersuchungen mußte hier und da zurückgegriffen werden. Einschränkungen waren unvermeidlich. Einzelne Fragen konnten nur in Form kurzer Hinweise berücksichtigt werden. Die Darstellung wurde dadurch zwangsläufig einmal kürzer, gedrängter, an anderer Stelle dagegen länger und breiter.

Eine Urteilszusammenfassung, aufgeteilt nach Umsatzsteuerrecht, Körperschaftsteuerrecht usw. ist am Schluß beigefügt, desgleichen ein eingehendes Schlagwörterverzeichnis. Sie sind von Herrn Steuerinspektor HILLER bearbeitet worden, dem auch an dieser Stelle mein Dank für seine Mitarbeit ausgesprochen sei.

Berlin, im Oktober 1937.

Der Verfasser.

Inhaltsverzeichnis.

Zweiter Teil.

Grundlegung des Steuerrechts.

Aus dem Schrifttum.

Die Darstellung der Besteuerung der verbandsmäßigen Zusammenschlüsse hat sich mit Gestaltungsmöglichkeiten auseinanderzusetzen, die auch für das ausländische Recht von Bedeutung sind (vgl. die Arbeit von E. NAEGELI, Zürich, über die Doppelgesellschaft). Sie wird zudem von Fragen beeinflußt, die bereits vor Jahrzehnten praktisch, heute noch eine Rolle spielen. Es erwies sich daher als notwendig, an einzelnen Stellen auch auf das — zum Teil nichtarische — Schrifttum der früheren Zeit einzugehen; und zwar nicht zuletzt deshalb, um einmal klar und deutlich aufzuzeigen, wo viele aller der Gedanken, die auch heute noch der so dringend gebotenen einfachen steuerlichen Betrachtung entgegenstehen, eigentlich ihren Ursprung nehmen.

Die Anführung dieses Schrifttums ist nach Rücksprache mit der Reichsleitung des NS-Rechtswahrerbundes (Hauptabteilung Verlagswesen und Presse) erfolgt. Es ist in der nachfolgenden Übersicht besonders gekennzeichnet. Es auch entsprechend den neueren Richtlinien des NS-Rechtswahrerbundes im laufenden Text kenntlich zu machen, ließ sich nicht mehr durchführen, da der Satz bereits ausgeführt war.

Eigene, an anderer Stelle geführte Untersuchungen, sind am Schluß der Arbeit besonders aufgeführt.

Neueres Schrifttum.

I. Bücher.

ABRAHAM, S.: Praktischer Führer durch das Gewerbesteuerrecht. Köln 1937.

AHLBÄUMER, A.: Treuhandverhältnisse im Steuerrecht. Berlin 1935.

BLÜMICH-BOYENS: Das Gewerbesteuergesetz. Berlin 1937.

BÜHLER-HASENACK: Kapitalzuführung und Zahlung laufender Entgelte an Organgesellschaften. Berlin 1935.

EGER: Das Recht der deutschen Kartelle. Berlin 1932.

KENNERKNECHT, A.: Kommentar zum Körperschaftsteuergesetz vom 16. Oktober 1934. Köln 1936.

LOHMANN, M.: Das Rechnungswesen der Kartell- und Gruppenwirtschaft. Berlin 1937.

MAYER-WEGELIN, H.: Die Gestalt der Syndikate im jetzigen und künftigen Gesellschaftsrecht. Berlin 1935.

MIROW, K.: Die Kartelle und Syndikate im Steuerrecht. Berlin 1933.

NAEGELI, E.: Die Doppelgesellschaft als rechtliche Organisationsform der Kartelle, Konzerne und anderen Unternehmerzusammenschlüssen nach deutschem und schweizerischem Recht. Bd. 1, Tl. 1. Zürich—Berlin 1936.

PASSOW, R.: Betrieb, Unternehmung, Konzern. Jena 1925. Kartelle. Jena 1930.

REINHARDT, F.: Realsteuerreform. Berlin 1937.

RUMPF, M.: Kartellrecht. Berlin 1933.

SCHULZE, L.: Die Organtheorie im Umsatzsteuerrecht. Berlin 1935.

TSCHIERSCHKY, S.: Kartell-Organisation. Berlin—Wien 1928.

II. Aufsätze.

aus *Steuer und Wirtschaft.*

BECKER, E.: Erläuterungen zur Rechtsprechung: zu A. Einkommensteuergesetz. Jg. 1936, Sp. 643ff.
FRIEDRICH, W.: Wann sind Zuwendungen Dritter Entgelt im Sinne des Umsatzsteuergesetzes. Jg. 1936, Sp. 1339ff.
VEIEL: Gesellschaftsteuer bei Organgesellschaften. Jg. 1936, Sp. 993ff.
WIRCKAU: Unternehmerzusammenschluß und Umsatzsteuer. Jg. 1934, Sp. 697ff. — Zum geltenden Steuerrecht der Organ-, insbesondere der Ein- und Verkaufsgesellschaften: zugleich eine Besprechung von vier neueren einschlägigen Schriften. Jg. 1936, Sp. 589 u. 705ff.

aus *Industrie und Steuer.*

FRIEDRICH, W.: Steuerliche Zweifelsfragen um den wirtschaftlichen Geschäftsbetrieb Jg. 1936, Tl. 1, S. 225ff.
LENZ, W.: Die Steuerpflicht der Berufsverbände nach dem bisherigen und dem neueren Steuerrecht. Jg. 1936, Tl. 1, S. 204 u. 213ff.
WEVER, L.: Gesellschaftsteuer für den Unkostenersatz bei Verkaufssyndikaten. Jg. 1935, Tl. 1, S. 207ff. — Zur Gesellschaftsteuer bei Verkaufssyndikaten. Jg. 1936, Tl. 1, S. 80ff. — Wandlung der Rechtsprechung in Gesellschaftsteuerfragen? Jg. 1936, Tl. 1, S. 240ff.

aus *Deutsche Steuer-Zeitung.*

BORUTTAU: Gesellschaftsteuer- und Körperschaftsteuer-Zusammenarbeit zwischen Kapitalverkehrsteueramt und Körperschaftsteueramt. Jg. 1936, S. 91ff.
HEINZ: Die Besteuerung der Vereine nach dem alten und dem neuen Körperschaftsteuergesetz. Jg. 1937, S. 29ff.
KÜBEL: Kartelle, Umsatzsteuer und Beseitigung des Zwischenhandelsprivilegs; Lieferungssyndikat oder Vermittlungssyndikat? Jg. 1934, S. 1083ff.

aus *Kartell-Rundschau.*

CALLMANN, R.: Der Kartellbegriff und § 1 KartVO. unter besonderer Berücksichtigung der Preisschutzverträge. Jg. 1932, S. 215ff.
LOHMANN, M.: Die Kartellbilanz. Jg. 1932, S. 725ff.

aus *Zeitschrift für Betriebswirtschaft.*

NICKLISCH, H.: Das Steuerproblem der Kartelle. Jg. 1931, S. 305ff.

aus *Steuer-Warte.*

BIEDERMANN: Avi-Vergütung und Umsatzsteuerpflicht. Jg. 1936, S. 462ff., Jg. 1937, S. 127ff.
HENNING, H.: Besteuerung des Treuhandvermögens bei Syndikats-Doppelgesellschaften. Jg. 1937, S. 353.

Älteres Schrifttum.

I. Bücher.

BAUCH, F.: Die Rechtsform der Kartelle. Jena 1908.
GEILER, K.: Körperschaftsteuer-Gesetz vom 30. März 1920. Ergänzungsband: Mannheim—Berlin—Leipzig 1923. — Gesellschaftliche Organisationsformen des neueren Wirtschaftsrechts. (Einzelbeiträge zum Recht der Wirtschaftsgemeinschaften.) 2. Aufl. Berlin—Mannheim—Leipzig 1922.

HOLLAENDER, A.: Das Einkommen- und Körperschaftsteuer-Gesetz nebst den zugehörigen Ausführungs- und Durchführungsbestimmungen, Verordnungen und Erlassen. Berlin 1926.

KLEIN, F.: Die wirtschaftlichen und sozialen Grundlagen des Rechtes der Erwerbsgesellschaften. Berlin 1914.

SPIERO, E.: Das Recht der Syndikate unter besonderer Berücksichtigung des Quotenhandels. Berlin 1924.

II. Aufsätze

aus *Steuer und Wirtschaft.*

GEILER, K.: Erwerbswirtschaftliche Zusammenschlüsse und Umsatzsteuer. Jg. 1925, Sp. 1203ff.

aus *Recht und Wirtschaft.*

GEILER, K.: Formen der wirtschaftlichen Konzentration. Jg. 1922, Sp. 105 u. 267ff.

aus *Juristische Wochenschrift.*

GEILER, K.: Die Entwicklung des Gesellschaftsrechts seit der Revolution. Jg. 1921, S. 300ff. — Erwerbswirtschaftliche Konzentrationsformen. Jg. 1921, S. 1283ff.

aus *Steuer-Archiv.*

FISCHER: Kartelle und Umsatzsteuer. Jg. 1922, S. 58ff.

Nichtarische Schriftsteller.

I. Bücher.

FLECHTHEIM, J.: Deutsches Kartellrecht, Bd. 1: Die rechtliche Organisation der Kartelle. 2. Aufl. Berlin—Leipzig 1923.

FRIEDLÄNDER, H.: Das Kartellaufsichtsgesetz. Berlin 1924. — Konzernrecht. Das Recht der Betriebs- und Unternehmenszusammenfassungen. Berlin—Mannheim —Leipzig 1927.

HAUSSMANN, F.: Grundlegung des Rechts der Unternehmenzusammenfassungen. Mannheim—Berlin—Leipzig 1926. — Das Recht der Unternehmenzusammenfassungen, 2. Tl. Die Praxis des Rechts der Unternehmenzusammenfassungen. München—Berlin—Leipzig 1932.

ISAY, R.: Das Recht am Unternehmen. Berlin 1910.

ISAY, H. und R.: Allgemeines Berggesetz für die preußischen Staaten. Mannheim—Berlin—Leipzig 1920.

II. Aufsätze

aus *Steuer und Wirtschaft.*

FRIEDLÄNDER, H.: Der gegenwärtige Stand der Organtheorie. Jg. 1931, Sp 481ff.

HAUSSMANN, F.: Die Kapitalverkehrssteuer bei abhängigen und vertraglich gebundenen Gesellschaften. Jg. 1933, Sp. 737 u. 946ff.

KAHN, O.: Über Konzerne. Jg. 1923, Sp. 981 u. 1093ff.

aus *Deutsche Steuer-Zeitung.*

ISAY, H.: Die Umsatzsteuer der Verkaufssyndikate. Jg. 1919/20, S. 61ff.

aus *Vierteljahresschrift für Steuer- und Finanzrecht.*

HAUSSMANN, F.: Steuerliche Probleme des Rechts der Unternehmerzusammenfassungen unter besonderer Berücksichtigung der Körperschaftsteuerpflicht der Syndikate. Jg. 1933, S. 486ff.

aus *Bank-Archiv.*

ISAY, H.: Steuerrecht und bürgerliches Recht. Jg. 1920/21, S. 57ff.

Abkürzungen.

I. Gesetze.

AO.	= Reichsabgabenordnung
EinfGRealStG.	= Einführungsgesetz zu den Realsteuergesetzen
EinkStG.	= Einkommensteuergesetz
GewStG.	= Gewerbesteuergesetz
KapVerkStG.	= Kapitalverkehrsteuergesetz
KörpStG.	= Körperschaftsteuergesetz
RBewG.	= Reichsbewertungsgesetz
StAnpG.	= Steueranpassungsgesetz
UmsStG.	= Umsatzsteuergesetz
UStDB.	= Umsatzsteuer-Durchführungsbestimmungen
VermStG.	= Vermögensteuergesetz

II. Behörden und Gerichte.

EinkSt.-Senat	= Einkommensteuer-Senat
FA.	= Finanzamt
KapVerkSt.-Senat	= Kapitalverkehrsteuer-Senat
KörpSt.-Senat	= Körperschaftsteuer-Senat
OFP.	= Oberfinanzpräsident
RdF.	= Reichsminister der Finanzen
RFH.	= Reichsfinanzhof
RG.	= Reichsgericht
RGZ.	= Reichsgericht. Rechtsprechung in Zivilsachen.
UmsSt.-Senat	= Umsatzsteuer-Senat
VermSt.-Senat	= Vermögensteuer-Senat

III. Schriften u. dgl.

BA.	= Bank-Archiv
BuBPr.	= Der Buch- und Betriebsprüfer (erscheint nicht mehr)
BWuSt.	= Betriebswirtschaft und Steuer
DStBl.	= Deutsches Steuerblatt
DStZ.	= Deutsche Steuer-Zeitung
InduSt.	= Industrie und Steuer
JW.	= Juristische Wochenschrift
Kartei	= MROZECK, Steuerrechtsprechung in Karteiform
KRdsch.	= Kartell-Rundschau
PrBW.	= Der Praktische Betriebswirt
RGBl.	= Reichsgesetzblatt
RStBl.	= Reichssteuerblatt
StA.	= Steuer-Archiv (erscheint nicht mehr)
StSchrftR.	= Steuerliche Schriftenreihe
StW.	= Steuer und Wirtschaft
StWa.	= Steuer-Warte
VJfStuFR.	= Vierteljahresschrift für Steuer- und Finanzrecht (erscheint nicht mehr)
ZfBW.	= Zeitschrift für Betriebswirtschaft
ZfHF.	= Zeitschrift für Handelswissenschaftliche Forschung

Erster Teil.

Allgemeine Grundlegung.

A. Abgrenzung.

Die Arbeit befaßt sich nur mit den Zusammenschlüssen von Unternehmern.

Soweit im Verlauf der Darstellung auch Urteile des RFH. zu anderen verbandsmäßigen Zusammenschlüssen angezogen werden, geschieht dies lediglich zur Abrundung des Gesamtbildes. Dabei wird darauf geachtet, daß nur solche Urteile Verwendung finden, die sich auf Zusammenschlüsse beziehen, deren steuerrechtliche Beurteilung mit der der hier in Rede stehenden übereinstimmt.

Auf die Ordnungen des organischen Aufbaues der gewerblichen Wirtschaft wird nicht eingegangen. Sie fallen aus dem Rahmen der hier zur Erörterung stehenden Unternehmerzusammenschlüsse heraus. Die Darstellung ihrer steuerrechtlichen Verhältnisse muß daher einer späteren Arbeit vorbehalten bleiben.

B. Der wirtschaftliche Tatbestand.

I. Der Begriff des verbandsmäßigen Zusammenschlusses.

Der Begriff ,,verbandsmäßiger Zusammenschluß", ,,Verband" ist gesetzlich nicht festgelegt. Schon nach dem allgemeinen Sprachgebrauch hat man ihn jedoch als einen auf eine gewisse Dauer und auf die Aufnahme neuer Mitglieder berechneten Zusammenschluß mehrerer selbständig bleibender Personen und/oder Personenvereinigungen zu bestimmen; d.h. einen körperschaftlichen Zusammenschluß mit einem gewissen Selbstbestimmungsrecht und Aufsichtsrecht, einer Zwangsmöglichkeit gegenüber den einzelnen Mitgliedern, die sich ihm im Hinblick auf die Gesamtbelange aller Beteiligten zu beugen haben; und damit gleichzeitig als ein Gebilde mit einem gewissen Eigenleben, eigener Behausung, eigener Buchführung, meist mehr oder weniger großem eigenen Vermögen (sog. Verbandsvermögen), das in aller Regel auch, sei es unmittelbar, sei es mittelbar, nach außen in Erscheinung tritt.

Vgl. hierzu die allerdings nur auf die Kartelle gemünzten Ausführungen bei Passow: ,,Kartelle" in: Beiträge zur Lehre von den Unternehmungen, Heft 13, S. 9, Jg. 1933 und Rumpf: Kartellrecht. Berlin 1933, S. 10. Vgl. auch die Entscheidungen des UmsSt.-Senats V A 185/25 vom 14. 12. 25, Kartei UmsStG. 19

§ 1 Nr. 1, Satz 1 R. 101, StW. 26 Nr. 16, Bd. 18 S. 75 und V A 101/27 vom 8. 4. 27, Kartei UmsStG. 26 § 1 Nr. 1 R. 29, StW. 27 Nr. 342.

II. Die verschiedenen Arten verbandsmäßiger Zusammenschlüsse.

Die verbandsmäßigen Zusammenschlüsse zerfallen in zwei große Gruppen. Die erste Gruppe bilden die wirtschaftlichen Vereine (Vereinigungen), die zweite die wirtschaftlichen Verbände. Bei den wirtschaftlichen Verbänden ist zu scheiden zwischen den wirtschaftlichen Verbänden allgemeiner Art und den Kartellen. Bei den Kartellen ist dann zwischen den Kartellen niederer Ordnung, wie den Preis- und Konditionenkartellen und den Kartellen höherer Ordnung, den Kontingentierungskartellen und Syndikaten, zu trennen. Dabei sind die Syndikate als höchste Erscheinungsform der Kartelle besonders herauszustellen.

Die Grenzen sind flüssig. Die Wirtschaft ist vielgestaltig. Viele Kartelle haben sich zudem aus den wirtschaftlichen Vereinen und Verbänden entwickelt. Die Zurechnung eines Verbandes zu der einen oder anderen Gruppe stößt daher im einzelnen Falle auf Schwierigkeiten. Auch gibt es Verbände, die sowohl der einen als der anderen Gruppe zuzurechnen sind. Das zeigt sich auch im Steuerrecht. Der UmsSt.-Senat und der KapVerkSt.-Senat des RFH. haben gerade in letzter Zeit mehrfach Gelegenheit gehabt, sich mit solchen gemischten Verbänden zu befassen.

Trotzdem muß diese Aufteilung gemacht werden. Die Grundlegung eines Verbandssteuerrechts kann nicht darum herumkommen, die einzelnen Gruppen einmal klar und deutlich herauszustellen.

Vgl. aus der Rechtsprechung des RFH. hinsichtlich der sog. gemischten Verbände die Entscheidungen des UmsSt.-Senats V A 587/33 vom 5. 10. 34, Kartei UmsStG. 34 § 1 Ziff. 1 R. 1/2, RStBl. 35 Nr. 361 S. 621, StW. 35 Nr. 247, Bd. 37 S. 30 und V A 269/33 vom 5. 4. 35, Kartei UmsStG. 34 § 1 Ziff. 1 R. 19, RStBl. 35 Nr. 543 S. 809, StW. 35 Nr. 443 sowie das Urteil des KapVerkSt.-Senats II A 304/33 vom 17. 5. 33, Kartei KapVerkStG. 34 § 2 Ziff. 2 R. 6, RStBl. 35 Nr. 606 S. 875, StW. 35 Nr. 427, Bd. 38 S. 23.

III. Die wirtschaftlichen Vereine.

Zu den wirtschaftlichen Vereinen (Vereinigungen) gehören alle diejenigen Zusammenschlüsse, die sich auf die Wahrnehmung der allgemeinen wirtschaftlichen Belange ihrer Mitglieder beschränken und nicht in irgendeiner Form in die Wirtschaftstätigkeit derselben eingreifen.

Zu nennen sind hier — soweit sie noch bestehen — die landschaftlichen und fachlichen Verbände. Weiter die technischen Vereine, wie z. B. der Verein Deutscher Eisenhüttenleute, Düsseldorf.

IV. Die wirtschaftlichen Verbände.

Unter wirtschaftlichen Verbänden sind dagegen alle diejenigen Zusammenschlüsse zu begreifen, die nicht nur die allgemeinen Belange ihrer Mitglieder wahrnehmen, sondern ihre Mitglieder darüber hinaus zu einer bestimmten Gestaltung ihrer wirtschaftlichen Tätigkeit veranlassen. Im einzelnen ist bei ihnen, wie bereits zu II (S. 2) gesagt, zwischen den wirtschaftlichen Verbänden allgemeiner Art und den Kartellen zu trennen.

a) Die wirtschaftlichen Verbände allgemeiner Art.

Den wirtschaftlichen Verbänden allgemeiner Art kommt in diesem Zusammenhang nur geringe Bedeutung zu. Als Beispiel sei auf die im Einzelhandel üblichen Rabattsparvereine verwiesen.

b) Die Kartelle.

Der Gedanke, der den Kartellen zugrundeliegt, geht dahin, den Markt zu beherrschen oder doch zu beeinflussen.

Wenn möglich, soll die Mehrzahl der Unternehmen eines Gewerbezweiges zusammengeschlossen, der zwischen ihnen bestehende Wettbewerb ausgeschaltet, an seine Stelle die gegenseitige Unterstützung gesetzt werden, um so jedem einzelnen Mitglied durch die Geschlossenheit aller eine vorteilhaftere Stellung auf dem Markt zu verschaffen.

Die Maßnahmen, die die Kartelle zur Erreichung dieses Ziels ergreifen, sind verschieden. Es ist bei ihnen, wie bereits zu II (S. 2) angedeutet, zwischen den Kartellen niederer Ordnung und den Kartellen höherer Ordnung zu unterscheiden.

1. Die Preis- und Konditionenkartelle usw. Die Kartelle niederer Ordnung beschränken sich auf allgemeine Maßnahmen der Marktregelung; d. h. sie begnügen sich grundsätzlich damit, ihre Mitglieder durch allgemeine, alle bindende Anordnungen, auf ein bestimmtes gleichmäßiges marktpolitisches Verhalten zu verpflichten.

Die Preis- und Konditionenkartelle setzen gemeinsame, für jedes Mitglied verbindliche Preise, Zahlungs- und Lieferungsbedingungen fest. Die Kalkulationskartelle stellen einheitliche Kalkulationsnormen auf, nach denen sich die Beteiligten zu richten haben. Die Submissionskartelle regeln die Abgabe von Angeboten bei Ausschreibungen. Die Gebietskartelle weisen jedem Mitglied ein bestimmtes Gebiet zu, das er allein beliefern darf, an das er andererseits jedoch gebunden ist.

2. Die Kontingentierungskartelle. Die Kartelle höherer Ordnung gehen in ihren Maßnahmen weiter.

Die Kontingentierungskartelle weisen jedem ihrer Mitglieder gleichzeitig einen bestimmten Anteil an der Gesamterzeugung und damit am Absatz aller zu. Daneben sehen die Verträge häufig vor, daß die einzelnen Mitglieder die von ihnen erzielten Gewinne untereinander auszugleichen haben.

3. Die Syndikate. Anders die Syndikate.

Zu der marktregelnden Tätigkeit, wie sie von den Kartellen niederer und von den Kartellen höherer Ordnung von den Kontingentierungskartellen ausgeübt wird, tritt hier der Verkauf der von den Mitgliedswerken hergestellten Erzeugnisse. Die Erzeugnisse werden gemeinsam von einer Stelle, eben dem Syndikat, vertrieben. Der Anteil des einzelnen Mitgliedes am Gesamtabsatz findet, ebenso wie übrigens bei den Kontingentierungskartellen der an der Gesamterzeugung, seinen Niederschlag in der sog. Beteiligungsziffer.

Daneben dient jedes Syndikat der Regelung und gleichmäßigen Verteilung des Gesamtgewinnes. Das einzelne Mitglied erhält keineswegs das, was gerade für seine Lieferungen vereinnahmt wird. Liegt der für seine Erzeugnisse vereinnahmte Preis über dem Durchschnitt, so hat es auf den größten Teil dieses Mehrerlöses zugunsten der anderen Mitglieder zu verzichten. Liegt der Preis darunter, so nimmt es umgekehrt an dem teil, was für die Lieferungen der anderen Mitglieder mehr vereinnahmt worden ist. Ja es erhält bei dem sog. Lieferungssyndikat einen entsprechenden Anteil an dem Gesamterlös auch dann, wenn das Syndikat für die von ihm gelieferten Erzeugnisse tatsächlich, z. B. infolge Verlustes (Brand, Transportverlust), nichts vereinnahmt hat.

4. Gemeinsames. Die Marktstellung der Mitgliedswerke soll gesichert, verteidigt, wenn möglich verstärkt werden.

Zu der Regelung des Marktes, dem gemeinsamen Verkauf der von den Mitgliedswerken hergestellten Erzeugnisse, tritt als weiterer Teil der Marktordnung die Marktbereinigung.

Die Kartelle, insbesondere aber die Syndikate, kaufen Alt- und Neumaterial auf, verschrotten es und ziehen es so aus dem Markt. Sie erwerben Werke außenstehender Dritter, gegebenenfalls auch solche von Mitgliedswerken und legen sie still. Sie schließen Schutzverträge mit anderen Werken und Händlern, nach denen diese gegen einmalige oder laufende Zahlungen verpflichtet werden, gewisse Erzeugnisse nicht mehr herzustellen oder zu vertreiben (Kartellrentner). Sie treffen ferner Schutzabkommen mit anderen Kartellen und Syndikaten; und zwar auch mit ausländischen; Abkommen, die dem Schutze des Inlandsmarktes, darüber hinaus aber auch der Aufteilung des Auslandsmarktes dienen; Abkommen, die so zur Bildung internationaler Kartelle und Syndikate führen. Aus der eisen- und stahlerzeugenden Industrie sei hier auf die Internationale Rohstahlgemeinschaft (IRG.), Luxemburg, verwiesen, deren deutscher Träger die Rohstahlgemeinschaft (RG.), Düsseldorf, ist. Aus der Drahtindustrie sei u. a. auf die International Wire Export Company in Brüssel, die sog. Iweco, aufmerksam gemacht, der als nationaler deutscher Verband der Draht-Verband, Düsseldorf, angehört.

Den Syndikaten sind darüber hinaus meist noch weitere Aufgaben übertragen. Die Tatsache, daß der Verkauf der von ihren Mitgliedswerken hergestellten Erzeugnisse in ihren Händen liegt, hat dazu geführt, daß sie sich auch der Ordnung des Handels widmen. Sie schließen die fremden Händler zu sog. Händlerorganisationen zusammen, beteiligen sich an bestehenden Handelsgesellschaften oder rufen eigene Handelsgesellschaften im In- und Ausland ins Leben. Daneben unterhalten sie häufig eigene Läger, erwerben eigene Transportmittel wie Schiffe, Kesselwagen usw.

Die Tatsache, daß sie selber die Erzeugnisse ihrer Mitglieder zu vertreiben haben, so den Wettbewerb, insbesondere des Auslands, unmittelbar zu spüren bekommen, hat die Syndikate weiter auch vielfach dazu veranlaßt, von sich aus für die Güte und Verbesserung der von ihren Mitgliedswerken hergestellten Erzeugnisse zu sorgen. Sie stellen Versuche an, errichten Versuchsanstalten und Versuchsanlagen, erwerben Patente usw. Daneben kümmern sie sich auch um die Rationalisierung der Betriebe ihrer Mitglieder, die Typisierung der von ihnen hergestellten Erzeugnisse, die Spezialisierung des Arbeitsprogramms usw., so daß man früher einmal von einem sog. Inhaltswandel des Kartellbegriffs gesprochen hat.

Die Syndikate übernehmen ferner häufig auch die Weiterverarbeitung der von ihren Mitgliedern hergestellten Erzeugnisse. So z. B. das Rheinisch-Westfälische Kohlen-Syndikat (RWKS.) Essen. Dieses besitzt seit längerer Zeit in Emden eine eigene Brikettfabrik, in der es den Grus und die schlechteren Sorten zu Briketts verarbeitet. Anfang 1936 hat es ferner eine Gemeinschaftsschwelanlage zum Zwecke der Steinkohlenverschwelung für die Gewinnung von Heiz- und Dieselöl errichtet. Ähnlich die Verkaufsvereinigung für Teererzeugnisse, ebenfalls in Essen. Diese besitzt eine eigene Pechkokerei.

Die Syndikate kaufen in vielen Fällen aber auch das von ihren Mitgliedswerken benötigte Rohmaterial selber ein, ja errichten teilweise sogar, um den Bezug besonders schwer zu erlangenden Rohmaterials sicherzustellen, eigene Fabriken. Der Draht-Verband Düsseldorf ist Verkaufs-Syndikat für Drahterzeugnisse, abgesehen von Walzdraht, der im Walzdraht-Verband (Deutsche Drahtwalzwerke A.-G.) Düsseldorf syndiziert ist; daneben ist er Einkaufs-Syndikat für das von seinen Mitgliedswerken benötigte Rohmaterial, das er von der RG. bzw. den ihr angeschlossenen Verkaufsverbänden bezieht. Die Deutsche Ammoniak-Verkaufs-Vereinigung Bochum war, jedenfalls 1928, Besitzerin zweier Säurefabriken, deren monatliche Erzeugungsmenge 15 000 t betrug.

Zu allem sind, jedenfalls den größeren Syndikaten, schließlich auch Aufgaben übertragen, die sich, auch wirtschaftlich betrachtet, aus dem Zweck, zu dem sie gegründet werden, nicht mehr erklären lassen, auch nicht mittelbar. So übernehmen die Syndikate teilweise die Finanzierung ihrer Mitglieder. Dabei ist, wenn ich im Augenblick richtig unterrichtet bin, ein Syndikat sogar so weit gegangen, eine eigene Anleihe aufzulegen. Ferner entrichten die Syndikate vielfach Beiträge und Spenden für ihre

Mitglieder an die Ordnungen des organischen Aufbaues, Unterstützungen an technische Hochschulen, Universitäten usw. Das RWKS. ist sogar Besitzerin eines Hotels.

Die größeren Syndikate stellen sich daher als eine Zusammenballung der verschiedensten Zweckgemeinschaften dar: Verkaufsgemeinschaft, Nutzungsgemeinschaft, Patentgemeinschaft, Finanzkonsortium usw. Auch besitzen sie meist ein erhebliches Finanz- und Sachvermögen.

Die hier angegebenen wirtschaftlichen Daten sind der Öffentlichkeit bekannt. Sie sind entweder in der Presse oder aber in sonstigen Veröffentlichungen enthalten. Soweit im Verlauf der weiteren Darstellung auf die Verhältnisse bei einzelnen Syndikaten näher eingegangen wird, ist hierzu zudem die Zustimmung der betr. Syndikate eingeholt worden.

V. Die Stellung der Kartelle und Syndikate im Gesamtrahmen wirtschaftlicher Zusammenschlüsse.

Welche Stellung man den Kartellen im Gesamtrahmen wirtschaftlicher Zusammenschlüsse zuweisen will, hängt davon ab, von welchen Grundsätzen und Richtlinien man ausgehen will. Gleiches gilt für die Abgrenzung des Kartells gegenüber dem Konzern.

In seinem Urteil I A 226/29 vom 30. 1. 30 (Shell-Urteil) hat der RFH. die Stellung des Kartells gegenüber dem Konzern dahin bestimmt, daß das Kartell in erster Linie den Markt, der Konzern dagegen das Vermögen beherrschen wolle, beim Kartell regelmäßig nur einzelne wirtschaftliche Funktionen des Kartellmitgliedes (Einkauf, Verkauf, Preisgestaltung) vereinigt seien, beim Konzern dagegen diese organisatorische Zusammenfassung meist weitergehen würde.

Diesen Ausführungen des RFH. ist an sich zuzustimmen. Man wird sich jedoch darüber klar sein müssen, daß Kartelle und Konzerne von jeher nebeneinander bestanden haben, die Wechselbeziehungen zwischen ihnen teilweise so innige sind, daß das Nebeneinander oft ein Miteinander ist. Ferner wird man sich stets vor Augen halten müssen, daß Kartelle und Konzerne in ihren Zielen im praktischen Endergebnis vielfach zusammenfallen. Schließlich wird man nicht übersehen dürfen, daß, jedenfalls die größeren Syndikate, in einem doch erheblichen Ausmaße auf das Gebiet rein konzernmäßiger Zusammenschlüsse übergreifen.

So auch der Enquête-Ausschuß; ebenso trotz ihrer sonst sehr freien Einstellung sogar viele der älteren Schriftsteller: KAHN, FRIEDLÄNDER und auch HAUSSMANN.

I A 226/29 vom 30. 1. 30 RStBl. 30 Nr. 220 S. 148, StW. 30 Nr. 321.

Ausschuß zur Untersuchung der Erzeugungs- und Absatzbedingungen der deutschen Wirtschaft, I. Unterausschuß, 3. Arbeitsgruppe, dritter Teil: Wandlung in der aktienrechtlichen Gestaltung der Einzelunternehmen und Konzerne, Generalbericht 1930, S. 65. KAHN: Über Konzerne. StW. 23, Sp. 981, 1093; FRIEDLÄNDER: Konzernrecht, S. 335 u. 336. HAUSSMANN: Grundlegung des Rechts der Unternehmungszusammenfassungen, S. 14, 85/86; ferner in: Steuerliche Probleme des

Rechts der Unternehmenzusammenfassungen unter besonderer Berücksichtigung der Körperschaftsteuerpflicht der Syndikate. VJfStuFR. 33 S. 486. Vgl. auch die Ausführungen von TSCHIERSCHKY: Kartell-Organisation, S. 61, insbes. S. 65.

VI. Zusammenfassung.

Betrachtet man diesen wirtschaftlichen Tatbestand von höherer Warte, so hat man zunächst einen Blick auf die Tätigkeit der verschiedenen Arten der verbandsmäßigen Zusammenschlüsse zu werfen.

Der Umfang der Tätigkeit ist, wie sich ohne weiteres zeigt, bei den wirtschaftlichen Vereinen am geringsten. Bei den wirtschaftlichen Verbänden allgemeiner Art ist er bereits größer. Bei den Kartellen nimmt er, von den Kartellen niederer Ordnung ausgehend, in Richtung auf die Kartelle höherer Ordnung mehr und mehr zu, um bei den Syndikaten sein größtes Ausmaß zu erreichen.

Die Tätigkeit der Kartelle niederer Ordnung erschöpft sich in der Marktordnung (M). Bei den Kontingentierungskartellen tritt zu der Marktordnung die Kontingentierung (K). Bei den Syndikaten tritt hierzu ferner der Verkauf (V) und die sonstige Tätigkeit (S). Für die Syndikate ergibt sich damit, auf eine Gleichung gebracht: $M + K + V + S$. Dabei bleibt zu berücksichtigen, daß sich bei den Kartellen niederer Ordnung die Marktordnung im allgemeinen in der Marktregelung erschöpft, sich bei den Kartellen höherer Ordnung, insbesondere den Syndikaten, dagegen durchweg auch auf die Marktbereinigung erstreckt.

Entsprechendes gilt für die Stärke der körperschaftlichen Gestaltung. Sie wächst entsprechend der Tätigkeit und dem durch die Tätigkeit bedingten Eingreifen in die Wirtschaft der Mitglieder. Sie erreicht ihr größtes Ausmaß bei den Syndikaten. Es sei in diesem Zusammenhang auf die Kartellverordnung verwiesen, deren § 9 besondere Vorschriften gegen die Überspannung des inneren Ordnungszwangs vorsieht.

Verordnung gegen Mißbrauch wirtschaftlicher Machtstellungen vom 2./5. 11. 23 (RGBl. S. 1090) in der Fassung der Verordnung des Reichspräsidenten über Maßnahmen auf dem Gebiete der Rechtspflege und Verwaltung vom 14. 6. 32 (RGBl. I S. 273).

C. Die Ordnungen des organischen Aufbaues der gewerblichen Wirtschaft.

Die deutsche Wirtschaft ist planvoll zu gestalten. Sie ist organisch aufzubauen und zusammenzufassen.

Der organische Aufbau ist im Gange; er erfolgt fachlich und bezirklich. Die Grundlagen der zu errichtenden Gliederungen bilden, soweit tunlich, die bestehenden Wirtschaftsverbände. Die früheren landschaftlichen und fachlichen Verbände sind daher mehr und mehr verschwunden. Der Kreis der wirtschaftlichen Vereine hat so, wie bereits zu III (S. 2), erwähnt, eine erhebliche Einschränkung erfahren.

Gesetz zur Vorbereitung des organischen Aufbaues der deutschen Wirtschaft vom 27. 2. 34 (RGBl. I S. 185); ferner vgl. Erste Verordnung zur Vorbereitung des organischen Aufbaues der deutschen Wirtschaft vom 27. 11. 34 (RGBl. I S. 1194).

Der Gedanke der planvollen Gestaltung der deutschen Wirtschaft wirkt auch auf die Kartelle zurück. Die Kartelle auch heute noch als Zusammenschlüsse zwecks einseitiger Beherrschung oder doch Beeinflussung des Marktes zu bezeichnen, dürfte fehlgehen. Ihre Aufgabe ist vielmehr die, durch Regelung des Marktes an dem Aufbau einer planvollen Wirtschaft mitzuarbeiten.

An der zu B (S. 1) gegebenen Übersicht über den wirtschaftlichen Tatbestand wird dadurch jedoch nichts geändert. Die Einteilung der verschiedenen Arten verbandsmäßiger Zusammenschlüsse bleibt. Die Ordnungen des organischen Aufbaues treten neben sie.

Geändert wird auch nichts an der den Kartellen obliegenden Tätigkeit. Das gilt auch für die Marktbereinigung. Sie fällt nicht etwa fort; sie erfährt nur eine Verlagerung. Aufkäufe inländischer Unternehmen werden allerdings nur noch selten vorkommen. Die Vernichtung eines an sich gesunden Unternehmens allein aus persönlichem Machthunger ist ausgeschlossen. Der Abschluß von Schutzverträgen und Schutzabkommen bleibt jedoch. Das gilt insbesondere für den Abschluß derartiger Verträge mit ausländischen Kartellen und Syndikaten, aber auch, soweit Kartelle nicht bestehen, mit einzelnen ausländischen Unternehmen.

Unberührt bleibt auch der Grundsatz, daß das, was der Unternehmer tut, in erster Linie seines persönlichen Vorteils wegen tut. Das ergibt sich ohne weiteres daraus, daß Sinn und Zweck jedes Wirtschaftens zunächst einmal die Förderung des eigenen Nutzens ist. Gewiß: die wirtschaftliche Tätigkeit jedes einzelnen unterliegt der allgemeinen Ausrichtung; innerhalb dieser ist sie jedoch nach wie vor frei.

So auch Veiel: Gesellschaftsteuer bei Organgesellschaften. StW. 36, Sp. 693, dessen Ausführungen über die Bedeutung der Marktordnung ich jedoch, wie sich noch zeigen wird, nicht beizutreten vermag.

D. Der bürgerlich-rechtliche Tatbestand.

Vorab zwecks Klarstellung eine terminologische Bemerkung.

Der Ausdruck „Syndikat“ wird in verschiedenem Sinn gebraucht. So wird teilweise unter „Syndikat“ bei Doppelgesellschaften das ganze Gebilde verstanden. Sehr oft wird aber auch darunter lediglich die in Form einer besonderen Handelsgesellschaft: A.-G. oder GmbH. aufgezogene Verkaufs- und Geschäftsstelle begriffen. So z. B. Nicklisch und an älteren Schriftstellern Flechtheim; weiter aber auch der Vertrag des RWKS., der von der Verkaufs- und Geschäftsstelle als der „Kohlen-Syndikat A.-G.“ spricht.

Ich selber fasse den Begriff rein wirtschaftlich auf. Ich verstehe daher, worauf ich bereits in meinen Ausführungen in der ZfHF. hingewiesen habe, unter „Syndikat" das Syndikat als solches ohne Rücksicht auf seine rechtliche Gestaltung, also einerlei, ob es z.B. in die Form der Doppelgesellschaft oder in die der Nebenleistungs-A.-G. oder GmbH. gekleidet ist. Bei der Doppelgesellschaft spreche ich von dem Zusammenschluß der Mitgliedswerke als von der „Kartell-Vereinigung". Die — äußerlich — selbständige Handelsgesellschaft in Form der A.-G. oder GmbH. bezeichne ich entsprechend den ihr obliegenden Aufgaben — einerseits der Verkauf der syndizierten Erzeugnisse, andererseits die Geschäftsführung — als Verkaufs- und Geschäftsstelle.

NICKLISCH: Das Steuerproblem der Kartelle. Betr.-Wirtsch. 1931, S. 305. FLECHTHEIM: Die rechtliche Organisation der Kartelle. SCHULTZE-SCHLUTIUS: Zum Steuerproblem der Kartelle. ZfHF. 1933, S. 311 u. 337.

I. Die verschiedenen Rechtsformen.

Bei der Frage nach der rechtlichen Gestaltung kreuzen sich zwei Betrachtungsreihen. Die eine hat den zweckhaften Aufbau zum Gegenstand, die andere die Rechtsform. Unter zweckhaftem Aufbau ist dabei die Gestaltung als Einheitsgesellschaft, als Einheitsgesellschaft mit besonderem Verbandsbüro oder als Doppelgesellschaft zu verstehen.

a) Die Einheitsgesellschaft.

In Betracht kommen Einheitsgesellschaften ohne und mit bürgerlicher Rechtsfähigkeit.

1. Einheitsgesellschaften ohne bürgerliche Rechtsfähigkeit. Bei verbandsmäßigen Zusammenschlüssen, die einheitlich, ohne bürgerliche Rechtsfähigkeit gestaltet sind, ergibt sich die Frage, ob sie als Gesellschaften bürgerlichen Rechts oder aber als nichtrechtsfähige Vereine anzusehen sind.

Wo die Gesellschaft bürgerlichen Rechts aufhört und wo der nichtrechtsfähige Verein anfängt, ist auch heute noch umstritten. Das RG. hat sich, was die Kartelle anbetrifft, mit dieser Frage einmal in seinem Urteil VI A 153/04 vom 5. 2. 05 befaßt. Das Urteil ist in Sachen einer Feingoldschlägervereinigung ergangen. Das RG. bestimmt hier den nichtrechtsfähigen Verein als:

„eine dauernde Verbindung einer größeren Anzahl von Personen zur Erreichung eines gemeinsamen Zweckes, die sich eine die wesentlichsten Merkmale korporativer Organisation enthaltenden Gestaltung gegeben hat, einen Gesamtnamen führt und bei welcher ein Wechsel in dem Mitgliederbestande, und zwar nicht nur vermöge besonderen Ausnahmerechts, sondern naturgemäß infolge des Wesens der Vereinigung stattfindet".

Das RG. legt in diesem Urteil also den ausschlaggebenden Wert auf die innere Ordnung. Von anderer Seite, von älteren Schriftstellern z.B. von FLECHTHEIM, wird das maßgebende Merkmal dagegen darin erblickt, ob der betr. Zusammenschluß bestimmungsgemäß nach außen hervorzutreten hat oder nicht. Im Anschluß daran will daher z. B. HAUSSMANN die Preis- und Konditionenkartelle in der Regel nicht als nichtrechtsfähige Vereine aufgefaßt wissen.

Ich vermag mich dieser Auffassung nicht anzuschließen. Ich sehe selber das ausschlaggebende Merkmal in der inneren Ordnung, der körperschaftlichen Gestaltung. Es sind dabei zwei Erwägungen, die mich dazu veranlassen. Die erste liegt darin, daß der inneren Ordnung für die Beteiligten die gleiche Bedeutung zukommt, wie der im Falle auch des nichtrechtsfähigen Vereins immerhin noch sehr beschränkten Handlungsfähigkeit nach außen; die zweite, wie die Praxis des täglichen Lebens zeigt, daß sehr häufig auch solche Zusammenschlüsse, die bestimmungsgemäß gar nicht oder in doch nur sehr beschränktem Umfang nach außen auftreten sollen, ausdrücklich als nichtrechtsfähige Vereine, wenn nicht sogar als eingetragene Vereine gegründet werden.

Im übrigen handelt es sich bei dem Auftreten nach außen um ein Merkmal, das meist gegeben sein wird. Das gilt auch für die Preis- und Konditionenkartelle. Die Preis- und Konditionenkartelle führen in aller Regel kein Leben allein im Verborgenen. Es folgt dies ohne weiteres daraus, daß die Mitglieder ihren Abnehmern gegenüber in ihren Rechnungen usw. aus dem naheliegenden Grund einer stärkeren Wirkung wohl ausnahmslos darauf hinweisen werden, daß die verlangten Preise und Bedingungen vom Kartell festgesetzt sind. Dazu kommt, daß die meisten Preis- und Konditionenkartelle auch selber unmittelbar nach außen in Erscheinung treten. Es sind ihnen durchweg von vornherein eine Reihe von Nebenaufgaben, wie z. B. das Anmahnen, das Einziehen und das Einklagen der Forderungen ihrer Mitglieder übertragen.

Auch dann also, wenn man daran festhalten will, daß ein Gebilde nur dann als nichtrechtsfähiger Verein angesprochen werden kann, wenn es nach außen auftritt, wird es für die Beurteilung meist allein auf die Stärke der inneren Ordnung ankommen. Diese wird aber, wie bei allen verbandsmäßigen Zusammenschlüssen, in aller Regel durchaus körperschaftlich sein.

RGZ. Bd. 60, S. 94; vgl. auch Bd. 97, S. 122. FLECHTHEIM: Die rechtliche Organisation der Kartelle, S. 22, 63, 245/46. HAUSSMANN: Das Recht der Unternehmenzusammenfassungen. Zweiter Teil: Die Praxis des Rechts der Unternehmenzusammenfassungen, S. 252. HEINZ: Die Besteuerung der Vereine nach dem alten und dem neuen Körperschaftsteuergesetz. DStZ. 37, S. 29.

2. Einheitsgesellschaften mit bürgerlicher Rechtsfähigkeit. Hier kommt der eingetragene Verein und die A.-G. — oder GmbH. — in Betracht. Bei der A.-G. oder GmbH. handelt es sich dabei stets um sog. Nebenleistungsgesellschaften.

Auf die Nebenleistungsgesellschaft muß etwas näher eingegangen werden.

Der Gedanke, der ihr zugrundeliegt, geht dahin, die verschiedenen Verpflichtungen der Mitglieder als Sonderleistungen im Sinne des § 212 HGB. (§ 50 A.-G.) oder § 3 Abs. 2 des GmbH.-Gesetzes in der Satzung der A.-G. oder GmbH. selber zu verankern. Der Weg, der im einzelnen eingeschlagen wird, schwankt dabei. Einen Überblick hierüber gibt von den älteren Schriftstellern HAUSSMANN in seiner Praxis.

Voraussetzung ist, daß die Verpflichtungen der Mitglieder in der Satzung dem Wesen nach erschöpfend festgelegt sind. Ist dies nicht der Fall, so wird der beabsichtigte Zweck nicht erreicht. Es liegt dann keine rein körperschaftliche Gestaltung vor, sondern, ähnlich wie im Falle der Doppelgesellschaft, doch wieder eine nur schuldrechtliche Bindung. Die Feststellung, ob es sich im einzelnen Falle um eine Einheitsgesellschaft oder nicht vielmehr um eine verkappte Doppelgesellschaft handelt, ist daher oft sehr schwierig. Es sei dieserhalb von den älteren Schriftstellern auf die Ausführungen von FLECHTHEIM und FRIEDLÄNDER, von den neueren auf die von EGER verwiesen.

HAUSSMANN: Das Recht der Unternehmenzusammenfassungen. Zweiter Teil: Die Praxis, S. 296. FLECHTHEIM: Die rechtliche Organisation der Kartelle, S. 80. FRIEDLÄNDER: Das Kartellaufsichtsgesetz, S. 29. EGER: Das Recht der deutschen Kartelle, S. 38, Anm. 1.

b) Die Einheitsgesellschaft mit besonderem Verbandsbüro.

Bei Einheitsgesellschaften mit besonderem Verbandsbüro wird durchweg auf die Gesellschaft, nicht aber auf das Büro (den Geschäftsführer) abgestellt. So auch die Rechtsprechung des RFH.; und zwar nicht nur die Rechtsprechung des UmsSt.-Senats und des VermSt.-Senats, sondern auch die des KörpSt.-Senats.

Syndikate in dieser Rechtsform werden dabei durchweg als nichtrechtsfähige Vereine angesprochen. So auch einige der älteren Schriftsteller, nämlich FRIEDLÄNDER und FLECHTHEIM.

Vgl. aus der Rechtsprechung des RFH. die Entscheidungen des UmsSt.-Senats V A 25/30, Bescheid vom 10.10.30, Urteil vom 23.2.31, RStBl. 33 Nr. 612 S. 784 sowie das Urteil V A 472/33 vom 8. 6. 34, DStZ. S. 724, aus der Rechtsprechung des VermSt.-Senats das Urteil III A 811/31 vom 19. 10. 33, RStBl. 33 Nr. 1018, S. 1229, StW. 33 Nr. 907 und der des KörpSt.-Senats das Urteil I A 326/32 vom 23. 5. 33, RStBl. 33 Nr. 704 S. 916, Bd. 33 S. 195.

FRIEDLÄNDER: Das Kartellaufsichtsgesetz, S. 25. FLECHTHEIM: Die rechtliche Organisation der Kartelle, S. 63.

c) Die Doppelgesellschaft.

Zur Doppelgesellschaft habe ich eingehend in der VJfStuFR. 32 Stellung genommen. Zusammenfassend und ergänzend bemerke ich folgendes.

Die Doppelgesellschaft setzt sich aus zwei Teilen zusammen: aus der Vereinigung der Mitgliedswerke (neuerdings vielfach auch als Grundgesellschaft bezeichnet) und aus der Verkaufs- und Geschäftsstelle in Form der A.-G. oder GmbH.

Die Doppelgesellschaft ist ein Kind juristischer Not. Viele Verbände können die ihnen obliegenden Aufgaben nur dann durchführen, wenn sie volle Handlungsfähigkeit nach dem bürgerlichen Recht und Handelsrecht besitzen. Das gilt insbesondere für die Syndikate, deren eigentlicher oder doch jedenfalls erster Zweck der ist, die Erzeugnisse ihrer Mitglieder zu vertreiben, zu verkaufen. Verbände, die einheitlich, ohne bürgerliche Rechtsfähigkeit gestaltet sind, sind aber in ihrer Handlungsfähigkeit beschränkt; auch dann, wenn man sie als nichtrechtsfähige Vereine ansieht. Die Rechtsformen des bürgerlichen Rechts und des Handelsrechts sind andererseits wenig geeignet, jedenfalls für die Syndikate. Der Rechtsform der offenen Handelsgesellschaft und in beschränktem Umfang der der Komm.Ges. steht die unbeschränkte Haftpflicht der Beteiligten entgegen. Die Anwendung der des eingetragenen Vereins ist begrenzt. Da die Syndikate einen wirtschaftlichen Geschäftsbetrieb unterhalten, kann die Rechtsfähigkeit gemäß § 22 BGB. nur durch Verleihung erlangt werden. Ein Anrecht hierauf besteht aber nicht. Zudem bestimmt § 39 Abs. 2 BGB., daß die Kündigung des Rechtsverhältnisses nur auf die Dauer von zwei Jahren ausgeschlossen werden kann. Bleiben die A.-G. und die GmbH. Bei der A.-G. besteht jedoch wieder die Schwierigkeit, alle unerläßlichen Kartellpflichten in den durch § 212 HGB. (§ 50 A.-G.) gezogenen Rahmen — ,,wiederkehrende, nicht in Geld bestehende Leistungen" — zu bringen. Außerdem stört die Pflicht zur Veröffentlichung der Bilanzen (§ 265 HGB., § 143 A.-G.). Bei der GmbH. liegen — und deswegen findet diese Rechtsform nach der Doppelgesellschaft noch am meisten Anwendung — die Verhältnisse allerdings etwas günstiger. § 3 Abs. 2 GmbH.-Gesetz spricht lediglich von ,,anderen Verpflichtungen". Jedoch bestehen auch hier eine Reihe, wenn auch anderer Nachteile. Die einzelnen Verpflichtungen müssen, wie bereits zu a 2 dieses Unterabschnittes (S. 10) ausgeführt, erschöpfend im Gesellschaftsvertrag festgelegt werden. Der Gesellschaftsvertrag muß zu den Handelsregisterakten eingereicht werden. Die einzelnen Abmachungen werden so zwangsläufig mehr oder weniger der Öffentlichkeit preisgegeben. Dazu kommt, daß Vertragsänderungen nur unter erschwerenden Bedingungen möglich sind (§ 53 Abs. 3 GmbH.-Gesetz). Die Genossenschaft schließlich scheidet meist aus; und zwar deswegen, weil die Abstimmung gemäß § 43 Abs. 2 Genossenschaftsgesetz nicht nach Anteilen, sondern nach Köpfen stattzufinden hat, die Kündigung, wie beim Verein, nur auf zwei Jahre ausgeschlossen werden kann (§ 65 Abs. 2 aaO.), die Mitgliedschaft unvererblich ist (§ 77 aaO.). Bleibt der Weg, die Abwicklung der Geschäfte, insbesondere des Verkaufs, einer natürlichen Person — dem Geschäftsführer, Direktor — zu übertragen.

Für kleinere Verhältnisse wird hiervon auch Gebrauch gemacht. Es handelt sich dabei um die zu b dieses Unterabschnittes (S. 11) erwähnte Gestaltung als Einheitsgesellschaft mit besonderem Verbandsbüro. Bei größeren Zusammenschlüssen verbietet sich dieser Weg jedoch. Er scheitert daran, daß die natürliche Person unbeschränkt haftet; auch ist es für umfangreichere Geschäfte erforderlich, über eine im Handelsregister eingetragene Firma zu verfügen.

Die Gründung der Doppelgesellschaft kann in verschiedener Form vor sich gehen. Sie kann zunächst einmal ausdrücklich, d.h. in Gestalt eines besonderen Syndikatsvertrages erfolgen. Es heißt dann meist: „Die unterzeichneten Mitglieder treten zu einer Gesellschaft bürgerlichen Rechts unter der Bezeichnung ‚X-Syndikat' bzw. ‚X-Verband' zusammen und schließen untereinander, sowohl einzeln als auch in ihrer Vereinigung als Gesellschaft, mit der Y-A.-G. oder GmbH. (der Verkaufs- und Geschäftsstelle) folgenden Vertrag." Die Gründung kann aber auch nach dem System der Separatverträge geschehen. In diesem Falle wird ein besonderer Syndikatsvertrag nicht geschlossen. Die Mitglieder binden sich der Verkaufs- und Geschäftsstelle gegenüber in Form der A.-G. oder GmbH. vielmehr durch Einzelverträge; Verträge, die untereinander übereinstimmen und gleichzeitig die entsprechenden Verpflichtungen gegenüber den jeweils anderen Mitgliedern enthalten.

Schultze-Schlutius: Syndikat und Steuer. Eine Untersuchung vornehmlich zur Frage der Gewinn- und Vermögensbesteuerung der bei Verkaufs- (Lieferungs-) Syndikaten in Form der Doppelgesellschaft gebundenen materiellen und immateriellen Vermögenswerte. VJfStuFR. 32 Heft 4 S. 743.

1. Die Vereinigung der Mitgliedswerke. Was die Vereinigung der Mitgliedswerke angeht, so ergibt sich die stark umstrittene Frage, ob die Vereinigung als nichtsrechtsfähiger Verein oder aber als Gesellschaft bürgerlichen Rechts anzusehen ist.

Ich habe diese Frage eingehend in meiner vorgenannten Abhandlung in der VJfStuFR. untersucht. Ich bin dort zu dem Ergebnis gekommen, daß die Vereinigung der Mitgliedswerke nur als nichtrechtsfähiger Verein angesprochen werden kann.

Ich darf mich daher darauf beschränken, folgendes noch einmal kurz herauszustellen.

Es ist m. E. ein Unding, Kartelle in Form der Einheitsgesellschaft, wenn auch nur die Kontingentierungskartelle, als nichtrechtsfähige Vereine, die Vereinigung der Mitgliedswerke bei Syndikaten in Form der Doppelgesellschaft dagegen als Gesellschaft bürgerlichen Rechts aufzufassen. Es widerspricht dies der Tatsache, daß die körperschaftliche Gestaltung bei den Syndikaten die ausgeprägteste und stärkste von allen verbandsmäßigen Zusammenschlüssen ist. Es sei dieserhalb auf die Zusammenfassung zu B VI dieses Ersten Teils (S. 17) verwiesen.

Flechtheim, auf den bis in die letzte Zeit hinein Bezug genommen worden ist, ist allerdings anderer Auffassung. Maßgebend für die Beurteilung sei, ob die Vereinigung nach außen auftrete. Das sei aber nicht der Fall. Nach außen trete nicht die Vereinigung, sondern die Verkaufs- und Geschäftsstelle, die A.-G. oder GmbH., auf. Dabei werde sie nicht im Namen der Vereinigung, sondern im eigenen Namen tätig.

Ich vermag mich der Auffassung von Flechtheim nicht anzuschließen.

Daß die Vereinigung der Mitgliedswerke nicht nach außen auftritt, ist nicht richtig. Sie tut dies zwar nicht selbst; sie beteiligt sich am Wirtschaftsleben jedoch durch ihre Verkaufs- und Geschäftsstelle.

Nicht richtig ist es auch, der Tatsache Bedeutung beizumessen, daß die Verkaufs- und Geschäftsstelle im eigenen Namen tätig wird. Gewiß: es gibt Fälle, in denen sich der Name der Verkaufs- und Geschäftsstelle nicht mit dem der Vereinigung der Mitgliedswerke deckt. So z. B. im Falle des Stahlwerks-Verbandes: einerseits Stahlwerks-Verband A.-G., andererseits A-Produkte-Verband, Stabeisen-Verband usw. Es gibt aber auch Fälle, in denen beide übereinstimmen. So z. B. einerseits Röhren-Syndikat, andererseits Röhren-Verband GmbH.; weiter einerseits Draht-Syndikat, andererseits Draht-Verband GmbH. Im Falle schließlich des RWKS., den Flechtheim im Auge hat, trägt die Vereinigung der Mitgliedszechen überhaupt keine besondere Bezeichnung. Ist aber die tatsächliche Gestaltung so verschieden, fallen insbesondere in doch sehr vielen Fällen die Bezeichnungen zusammen, so erscheint es mir nicht gerechtfertigt, hierin ein entscheidendes Merkmal gegen das Auftreten der Vereinigung nach außen — wenn auch durch Vermittlung der Verkaufs- und Geschäftsstelle — zu erblicken. Denn da in den Fällen, in denen sich die Bezeichnungen decken, die Verkaufs- und Geschäftsstelle zugleich im Namen des Verbandes, der Vereinigung, auftritt, würde man andernfalls dazu gelangen, die Form über den Inhalt zu stellen und so die, sachlich betrachtet, tatsächlich gleichliegenden Fälle verschieden zu behandeln.

Flechtheim setzt sich aber auch mit sich selber in Widerspruch. Wie zu b dieses Unterabschnittes (S. 11) ausgeführt, sieht er Syndikate, die als Einheitsgesellschaft mit besonderem Verbandsbüro gestaltet sind, als nichtrechtsfähige Vereine an. Zwischen Syndikaten in Form der Einheitsgesellschaft mit besonderem Verbandsbüro und solchen in Form der Doppelgesellschaft besteht jedoch, wie sich dies zwangsläufig aus den Ausführungen zu Beginn dieses Unterabschnittes (S. 8) ergibt, ein Unterschied nur insoweit, als bei ersteren die Führung der Geschäfte in die Hand einer natürlichen Person, dem Leiter des Büros, bei letzteren dagegen in die Hand einer juristischen Person gelegt ist.

Flechtheim bleibt aber auch mit seinen Schlußfolgerungen auf halbem Wege stehen. Jedenfalls dem heutigen Stand der Rechtsprechung nach. Die juristische Person hat sich mehr und mehr ihre Gleichstellung mit der natürlichen Person erkämpft. Sie kann dieselben Funktionen wie die natürliche Person ausüben. Es ist dies sowohl für das bürgerliche Recht als auch für das Steuerrecht anerkannt. Damit aber besteht ein grundsätzlicher Unterschied zwischen Syndikaten in Form der Einheitsgesellschaft mit besonderem Verbandsbüro und solchen in Form der Doppelgesellschaft nicht. Was der eigenen Ansicht von FLECHTHEIM nach für erstere gilt, muß daher auch für die letztere gelten.

Im übrigen bildet das Auftreten nach außen überhaupt kein geeignetes Merkmal. Es sei dieserhalb auf die Ausführungen zu a 1 dieses Unterabschnittes (S. 9) verwiesen. Was dort gesagt wurde, gilt auch hier.

FLECHTHEIM: Die rechtliche Organisation der Kartelle, S. 24, 63 u. 246.

Übereinstimmend mit der hier vertretenen Ansicht FRIEDLÄNDER: Das Kartellaufsichtsgesetz, S. 24 (vgl. auch Konzernrecht, S. 392 und: Der gegenwärtige Stand der Organtheorie. StW. 31 Sp. 481 ([Sp. 511]). ISAY, H. und R.: Allgemeines Berggesetz für die Preußischen Staaten. Anhang I S. 399.

2. Die Verkaufs- und Geschäftsstelle. Die Verkaufs- und Geschäftsstelle ist Organ der Vereinigung der Mitgliedswerke. Dies ist sowohl für das bürgerliche Recht als auch für das Steuerrecht anerkannt; und zwar für das Steuerrecht von allen Senaten des RFH., auch vom KörpSt.-Senat.

Da die Verkaufs- und Geschäftsstelle im Syndikatsvertrag namentlich genannt, ausdrücklich mit der Führung der Geschäfte, bei Syndikaten insbesondere mit dem Verkauf der Erzeugnisse der Mitgliedswerke, beauftragt und, ebenso wie z.B. die Mitgliederversammlung, als Organ angeführt wird, ist sie Organ im Rechtssinne.

3. Gesamtbild. Zerfällt die Doppelgesellschaft auch in zwei Teile, so bildet sie doch ein einheitliches Ganzes, dessen Schwerpunkt bei der Vereinigung der Mitgliedswerke liegt. Das gilt nicht nur für das Steuerrecht, sondern auch für das bürgerliche Recht. Es wird dies sogar von den älteren Schriftstellern anerkannt; so z.B. FLECHTHEIM, GEILER, FRIEDLÄNDER, aber auch HAUSSMANN. Von neueren Schriftstellern vergleiche EGER.

FLECHTHEIM: Die rechtliche Organisation der Kartelle, S. 22, 31 u. 33. GEILER: Gesellschaftliche Organisationsformen des neueren Wirtschaftsrechts (Einzelbeiträge zum Recht der Wirtschaftsgemeinschaften), S. 29. FRIEDLÄNDER: Das Kartellaufsichtsgesetz 22, S. 25. HAUSSMANN: Die Kapitalverkehrsteuer bei abhängigen und vertraglich gebundenen Gesellschaften. StW. 33 Sp. 737 u. 945 (Sp. 958). EGER: Das Recht der deutschen Kartelle, S. 38.

Vgl. auch die Entscheidungen des KapVerkSt.-Senats II A 153/34 vom 17. 5. 35, Kartei KapVerkSt. 34 § 2 Ziff. 2 R. 5, RStBl. 35 Nr. 527 S. 779, StW. 35 Nr. 362 und II A 288/34 vom 6. 9. 35, RStBl. 35 Nr. 977 S. 1311.

Die Folgerungen, die aus dieser Tatsache gezogen werden, sind allerdings verschieden. Sie sind verschieden insbesondere auch innerhalb des Steuerrechts.

Für das bürgerliche Recht wird aus dieser Tatsache der Schluß gezogen, daß es sich bei der Abgabe der Syndikatserzeugnisse an das Syndikat nicht um Verkäufe der Mitgliedswerke, sondern um gesellschaftliche Leistungen handele. Andererseits vertreten Schrifttum, Praxis und Rechtsprechung überwiegend die Auffassung, daß die Vereinigung der Mitgliedswerke eine reine Innengesellschaft sei. Sie nehmen daher Lieferungsbeziehungen ausschließlich zwischen den einzelnen Mitgliedswerken und der Verkaufs- und Geschäftsstelle an.

Die steuerrechtliche Betrachtung ist geteilt. Der UmsSt.-Senat sieht die Vereinigung der Mitgliedswerke als Außengesellschaft an, die durch Vermittlung der Verkaufs- und Geschäftsstelle am wirtschaftlichen Leben teilnimmt. Er erachtet bei den sog. Lieferungssyndikaten Lieferungen daher von den einzelnen Mitgliedswerken an die Vereinigung der Mitgliedswerke und von der Vereinigung der Mitgliedswerke durch die Verkaufs- und Geschäftsstelle an den Abnehmer als gegeben. Ebenso der VermSt.-Senat. Jedenfalls in seinem von mir bereits in der VJfStuFR. angezogenen Urteil III A 49/28 vom 20. 12. 29.

Anders der KörpSt.-Senat. In seinen Entscheidungen I A 401/32 und I A 402/32, Bescheide vom 25. 9. 34, Urteile vom 22. 1. 35, stellt er allein auf die Verkaufs- und Geschäftsstelle ab.

III A 49/28 vom 20. 12. 29, Kartei VermStG. 25 § 2 Nr. 2c R. 1, RStBl. 30 Nr. 231 S. 159, StW. 30 Nr. 413 u. 433, Bd. 26 S. 173; I A 401/32 vom 25. 9. 34./22. 1. 35, Kartei KörpStG. 34 § 7 Satz 1 R. 2/3, RStBl. 35 Nr. 286 S. 517, StW. 35 Nr. 170, Bd. 37 S. 151; I A 402/32 vom 25. 9. 34./22. 1. 35, Kartei KörpStG. 34 § 3 R. 1/2, RStBl. 35 Nr. 287 S. 523, StW. 35 Nr. 171, Bd. 37 Nr. 159.

4. Das neuere Schrifttum. Auf die Rechtsprechung des KörpSt.-Senats wird noch im Zweiten Teil (innerhalb des Dritten Unterteils) eingegangen werden. Es erscheint jedoch zweckmäßig, sich hier bereits kurz mit dem neueren Schrifttum auseinanderzusetzen.

Zu nennen sind zunächst die Ausführungen von Nicklisch in seinem Aufsatz: „Das Steuerproblem der Kartelle". Nicklisch macht hier dem UmsSt.-Senat den Vorwurf, in vielen Fällen eine Doppelgesellschaft zu Unrecht angenommen zu haben. M. E. sind diese Vorwürfe nicht gerechtfertigt.

Wie ich bereits in meiner Abhandlung in der ZfHF. ausgeführt habe, hat es sich bei den Syndikaten, mit denen sich der RFH. befaßt hat, in allen Fällen um solche gehandelt, die tatsächlich als Doppelgesellschaft aufgezogen waren. Das gilt auch für den Fall des seinerzeit lebhaft umkämpften Urteils V A 97/24 vom 10. 2. 25. Zweifel, die hier und da auftauchen könnten, erklären sich zudem daraus, daß, wie zu a 2 dieses Unterabschnittes (S. 10) ausgeführt, die Abgrenzung der Doppelgesellschaft gegenüber der Nebenleistungsgesellschaft häufig auf Schwierigkeiten stößt.

NICKLISCH: Das Steuerproblem der Kartelle. Betr.-Wirtsch. 31, S. 305.
SCHULTZE-SCHLUTIUS: Zum Steuerproblem der Kartelle. ZfHF. 33, S. 323.
V A 97/24 vom 10. 2. 25, Kartei UmsStG. 19 § 1 Nr. 1 Satz 1 R. 92, RStBl. 25 Nr. 167 S. 95, StW. 25 Nr. 188, Bd. 15 S. 312.

Weiter sind die Ausführungen von MIROW in seiner Schrift „Die Kartelle und Syndikate im Steuerrecht" zu erwähnen. MIROW führt hier S. 17 aus, daß es sich in all den Fällen, in denen der UmsSt.-Senat die Vereinigung der Mitgliedswerke als selber am Wirtschaftsleben beteiligte Unternehmerin aufgefaßt hat, um eine Hilfskonstruktion handele. Er begründet dies damit, daß der UmsSt.-Senat diese Auffassung nur bei den sog. Lieferungssyndikaten eingenommen habe. MIROW verwechselt hier offensichtlich zwei Fragen: die der rechtlichen Gestaltung mit der, ob und inwieweit für die umsatzsteuerrechtliche Betrachtung Leistungen auf Grund eines Gesellschaftsverhältnisses als Leistungen und Lieferungen im Sinne des § 1 UmsStG. anzusehen sind, wobei er sich zudem über den Begriff der Lieferung im Sinne des Umsatzsteuerrechts rechtlich nicht ganz im klaren sein dürfte. Im übrigen sei als eins der vielen Urteile, in denen der RFH. auch im Falle des sog. Vermittlungssyndikats davon ausgegangen ist, daß die Vereinigung der Mitgliedswerke als selber, wenn auch durch Vermittlung der Verkaufs- und Geschäftsstelle als ihres Organs, am Wirtschaftsleben beteiligte Unternehmerin anzusehen ist, das Urteil V A 578/32 vom 23. 9. 32 genannt.

V A 578/32 vom 23. 9. 32, RStBl. 33 Nr. 254 S. 286.

MIROW meint S. 40, daß das Urteil des VermSt.-Senats III A 49/28 vom 20. 12. 29 nicht zum Vergleich angezogen werden könne. Es ist richtig: das Urteil des VermSt.-Senats ist nicht in Sachen eines Kartells oder Syndikats ergangen. Das Urteil betrifft vielmehr eine konsortiale Neugründung (eine Vereinigung von Zechenbesitzern zum Zwecke des Betriebes einer allen gehörenden Benzolfabrik). Die grundsätzliche Seite ist hier jedoch dieselbe wie bei den Kartellen und Syndikaten.

Kartei VermStG. 25 § 2 Nr. 2c R. 1, RStBl. 30 Nr. 231 S. 159, StW. 30 Nr. 431 (433), Bd. 26 S. 173.

Auf S. 16 führt MIROW aus, daß ich in der VJfStuFR. 32 die Vereinigung der Mitgliedswerke teilweise als Innen-, teilweise als Außengesellschaft aufgefaßt wissen wolle. Hier handelt es sich offenbar um ein Mißverständnis. Wenn ich in dem genannten Aufsatz S. 759 ausgeführt habe:

„Richtig ist allerdings, daß, worin zivilrechtlich die entscheidenden Kriterien erblickt werden und wohl auch mit Recht zu erblicken sind, die Kartellvereinigung nach außen als solche nicht in Erscheinung tritt, sich hierfür vielmehr der in Form einer besonderen Handelsgesellschaft organisierten Verkaufsstelle bedient", so habe ich hiermit lediglich sagen wollen, daß die Vereinigung der Mitgliedswerke ihrerseits am Wirtschaftsleben nicht unmittelbar, sondern mittelbar, d. h. durch Vermittlung der Verkaufs- und Geschäftsstelle als ihres „juristischen Direktors“ teilnimmt. Daß im übrigen eine Gesellschaft nicht einerseits als Innen-, andererseits als Außengesellschaft aufgefaßt werden kann, bedarf keiner Erörterung. Entweder ist sie Innengesellschaft, dann ist sie dies und nichts anderes; oder aber sie ist Außengesellschaft, dann tritt sie eben nicht nur nach innen, sondern auch nach außen in Erscheinung. Einer Gesellschaft gewissermaßen einen Januskopf anzudichten, ist nicht möglich. Schon diese Tatsache aber hätte MIROW davor warnen müssen, aus meinen Ausführungen derartige Schlußfolgerungen zu ziehen. Im übrigen ergibt sich aus meinen weiteren Darstellungen an dieser Stelle zwangsläufig, daß ich an eine derartige Zweiteilung niemals gedacht habe.

Auf S. 16 seiner Schrift wehrt sich MIROW schließlich dagegen, daß die Doppelgesellschaft ein Kind juristischer Not sei. Ich glaube kaum, daß sich dies ernstlich bestreiten läßt. Es ergibt sich dies zwangsläufig aus dem Anlaß, der zu ihrer Gründung — oder, jedenfalls in diesem Zusammenhang richtiger, Erfindung — geführt hat. Ich darf dieserhalb auf die einleitenden Ausführungen (S. 12) verweisen. Tatsächlich setzt sich MIROW denn auch hiermit mit fast allen Stimmen des Schrifttums, auch des älteren, in Widerspruch; so z. B. mit KLEIN, SPIERO, RUMPF und CALLMANN.

MIROW: Die Kartelle und Syndikate im Steuerrecht. StSchrftR. 33, Heft 2. KLEIN: Die wirtschaftlichen und sozialen Grundlagen des Rechts der Erwerbsgesellschaften. Schriften und Vorträge zur Fortbildung des Rechts und der Juristen, 14, Heft 7, S. 64/65. GEILER: Gesellschaftliche Organisationsformen, S. 27. FLECHTHEIM: Die rechtliche Organisation der Kartelle, S. 22. SPIERO: Das Recht der Syndikate unter besonderer Berücksichtigung des Quotenhandels. 24 S. 32. RUMPF: Kartellrecht 28. S. 48. CALLMANN: Der Kartellbegriff und § 1 KVO. unter besonderer Berücksichtigung der Preisschutzverbände. KRdsch. 32, S. 215 (S. 221).

Ferner siehe auch E. NAEGELI: Die Doppelgesellschaft nach deutschem und schweizerischem Recht, S. 1. Bisher liegt lediglich der erste der drei Bände vor. Im einzelnen konnten seine Ausführungen daher noch nicht berücksichtigt werden.

d) Die Verteilung auf die verschiedenen Arten verbandsmäßiger Zusammenschlüsse.

Bestimmte Rechtsformen für die einzelnen Arten verbandsmäßiger Zusammenschlüsse bestehen nicht. Immerhin lassen sich, bedingt durch die Handlungsfähigkeit, derer der einzelne Zusammenschluß zur Erfüllung der ihm obliegenden Aufgaben benötigt, gewisse Regeln geben.

Die wirtschaftlichen Vereine und Verbände sind durchweg als Einheitsgesellschaft gestaltet. Dabei wird häufig die Rechtsform des eingetragenen Vereins benutzt. Entsprechendes gilt für die Kartelle. Anders wie bei den wirtschaftlichen Vereinen und Verbänden allgemeiner Art ist die Form des eingetragenen Vereins hier jedoch selten. Syndikate sind meist als Doppelgesellschaft aufgezogen. Daneben findet sich hier und da die Nebenleistungs-A.-G. oder GmbH. Daß Syndikate in der Form der Einheitsgesellschaft mit besonderem Verbandsbüro aufgezogen sind, kommt nur selten vor.

Zur Vereinfachung wird daher bei den folgenden Darlegungen davon ausgegangen, daß die Rechtsform der Doppelgesellschaft nur bei den Syndikaten Anwendung findet.

e) Zusammenfassung.

Zusammenfassend ist folgendes zu sagen.

Betrachtet man die verschiedenen rechtlichen Gestaltungsmöglichkeiten von höherer Warte, so hat die Verkaufs- und Geschäftsstelle des als Doppelgesellschaft gekleideten Syndikats die Stellung eines „juristischen Direktors"; d. h. sie hat, mit anderen Worten gesagt, dieselben Aufgaben zu erfüllen wie ein Direktor in Gestalt einer natürlichen Person.

Einheitsgesellschaft und Doppelgesellschaft unterscheiden sich damit allein dadurch, daß erstere einen Direktor in Gestalt einer natürlichen Person, letztere einen Direktor in Gestalt einer juristischen Person besitzt.

Vergleicht man daher das Syndikat in Form der Nebenleistungs-A.-G. oder GmbH. mit dem Syndikat in Form der Doppelgesellschaft, so folgt hieraus ohne weiteres, daß die Nebenleistungs-A.-G. oder GmbH. nicht mit der Verkaufs- und Geschäftsstelle, sondern mit der Vereinigung der Mitgliedswerke in Parallele zu setzen ist. Ebenso ergibt sich umgekehrt, daß man die Verkaufs- und Geschäftsstelle nicht der Nebenleistungs-A.-G. oder GmbH., sondern dem natürlichen Direktor der Nebenleistungs-A.-G. oder GmbH. gleichzusetzen hat.

II. Ausschluß eigener Gewinnerzielung und eigenen Vermögens.

Der Gedanke der beteiligten Wirtschaftskreise geht bei den Syndikaten dahin, daß die Syndikate nur für Rechnung ihrer Mitgliedswerke tätig werden sollen. Bei Syndikaten in der Form der Doppelgesellschaft wird dieser Gedanke dahin ausgedehnt, die Verkaufs- und Geschäftsstelle die gesamte Vermögensverwaltung, die gesamten Geschäfte lediglich als Treuhänderin führen zu lassen.

In den Syndikatsverträgen und in den Satzungen kommt dies manchmal gar nicht, manchmal in sehr verschiedener Form zum Ausdruck.

Mir liegt im Augenblick der Vertrag der Deutschen X-Verkaufs-Gesellschaft m. b. H. in Y vor. Bei ihr handelt es sich um ein Syndikat in Form der Nebenleistungs-GmbH. Die Deutsche X-Verkaufs-Gesellschaft wird, wie alle oder doch die überwiegende Anzahl der Syndikate, tatsächlich nur für Rechnung ihrer Mitglieder tätig. Alles das, was sie aus dem Verkauf der syndizierten Erzeugnisse erlöst, führt sie an ihre Mitgliedswerke ab; laufend in Form von Verrechnungspreisen, abschließend in Form der Verteilung des sog. Mehrerlöses. In ihrer Satzung findet sich aber ein Vermerk darüber, daß sie nur für Rechnung ihrer Mitgliedswerke tätig werden soll, nicht.

Beim Röhren-Syndikat Düsseldorf handelt es sich um ein Syndikat in Form der Doppelgesellschaft. Ebenso beim RWKS. Die Bestimmungen über die Verkaufs- und Geschäftsstelle, beim Röhren-Syndikat in Form einer GmbH., beim RWKS. in Form einer A.-G., weichen jedoch erheblich voneinander ab. Beim Röhren-Syndikat wird ein Treuhandverhältnis nur für bestimmte Vermögenswerte (Rücklagen und der mittels ihrer beschafften Gegenstände) ausgesprochen. Als Treugeber wird die Gesamtheit der Mitglieder bezeichnet. Anders beim RWKS. Hier erstreckt sich die Vereinbarung des treuhänderischen Besitzes auf das gesamte Vermögen, das die ,,Kohlen-Syndikats-A.-G.“ in ihren Händen hält; als Treugeber wird zudem die Vereinigung der Mitgliedswerke benannt.

E. Der steuerrechtliche Tatbestand.

Ein besonderes Steuerrecht für die wirtschaftlichen Vereine und Verbände, Kartelle und Syndikate besteht nicht. Auf ihre Besteuerung und die ihrer Mitgliedswerke finden vielmehr die bestehenden Steuergesetze: das UmsStG., das KörpStG., das VermStG., das KapVerkStG. und das GewStG. Anwendung. Ob und inwieweit die in den einzelnen Steuergesetzen aufgestellten Tatbestände auch für sie zutreffen, ist daher in jedem einzelnen Falle zu prüfen.

I. Die für das Steuerrecht gebotene Betrachtungsweise.

a) Wirtschaftliche Bedeutung, Volksanschauung.

Bei der Auslegung der Steuergesetze ist, wie § 1 StAnpG. sagt, ihre wirtschaftliche Bedeutung zu berücksichtigen.

Dieser Satz ist vielfach mißverstanden worden. Er wird auch heute noch häufig falsch aufgefaßt.

Unter wirtschaftlicher Bedeutung ist nicht die Bedeutung zu verstehen, die der Auslegung des Gesetzes nach der einen oder anderen Richtung hin für die wirtschaftlichen Belange des einzelnen Steuerpflichtigen zukommt. Unter wirtschaftlicher Bedeutung ist vielmehr die allgemeine wirtschaftliche Bedeutung, die volkswirtschaftliche Bedeutung, die Bedeutung für die Staatswirtschaft zu begreifen.

Dies wird durch die weitere Vorschrift des § 1 StAnpG. bestätigt, wonach bei der Auslegung der Gesetze die Volksanschauung zu berücksichtigen ist. Volksanschauung, Verkehrsanschauung, ist aber etwas anderes wie die Anschauung der Beteiligten. Unter Volksanschauung, Verkehrsanschauung, ist die vernunftgemäße Auffassung der Allgemeinheit zu verstehen, die von nationalsozialistischer Betrachtungsweise ausgeht.

Verkehrsanschauung und Anschauung der Beteiligten ist damit etwas, was häufig miteinander in Widerspruch steht. Die Anschauung der Beteiligten wird stets mehr oder weniger von persönlichem Empfinden, persönlicher Einstellung, beeinflußt. Das gilt insbesondere dann und insoweit, als die Beteiligten selber von der Steuerfestsetzung betroffen werden. Bei den verbandsmäßigen Zusammenschlüssen weicht die Auffassung der an einem Verfahren Beteiligten daher häufig von der der anderen — unbeteiligten — Mitglieder ab.

b) Gleichmäßigkeit.

Die Höhe der Steuer hängt von der Höhe der Mittel ab, derer der Staat bedarf. Die Höhe der Mittel, die der Staat nötig hat, richtet sich wieder nach den von ihm zu erfüllenden Aufgaben.

Es versteht sich demnach von selbst, daß an eine Senkung der Steuer im Augenblick und auch in der nächsten Zeit nicht zu denken ist.

Je höher die Steuer, desto größer die Belastung des einzelnen. Vornehmste Aufgabe der Steuerverwaltung ist damit die, für eine gleichmäßige Erfassung, eine gleichmäßige Belastung der verschiedenen Steuerpflichtigen zu sorgen.

c) Betonung des Grundsätzlichen.

Die Erscheinungen des Wirtschaftslebens sind vielgestaltig. Dem Umfang sowie der Arbeitskraft der Steuerverwaltung sind gewisse Grenzen gesetzt. Sie muß daher, will sie ihr Ziel mit den ihr gegebenen Mitteln erreichen, notwendig stets auf das Grundsätzliche abstellen.

So auch Staatssekretär Reinhardt. Anläßlich seines Vortrages vor der Akademie für deutsches Recht vom 23. 10. 1936 faßt er dies in folgende Worte zusammen:

„Bei dem Rechtsverhältnis, das zwischen dem Steuergläubiger und dem Steuerschuldner besteht, handelt es sich um eine Massenerscheinung. Daraus ergibt sich die Notwendigkeit, das Gemeinsame (das Typische) zu betonen. Wir dürfen selbstverständlich nicht Dinge, die nichts miteinander zu tun haben, über einen Leisten schlagen, es geht aber ebensowenig an, das Gemeinsame zu verkennen oder gar bewußt außer acht zu lassen. Wir müssen uns auf dem Gebiet des Steuerrechts überhaupt vor übertriebener Verfeinerung hüten. Das Steuerrecht darf nicht zerredet und zerfasert und zerkünstelt werden, sondern es muß unter einem einfachen Gesichtswinkel gesehen werden."

Der Vortrag ist abgedruckt im RStBl. S. 1041, in der DStZ. S. 1251 und in der StWa. S. 608.

d) Die Steuergesetzgebung als einseitige Zweckgesetzgebung.

Die Steuergesetzgebung ist eine rein einseitige Zweckgesetzgebung. Ihre Aufgabe ist die, dem Staat die Mittel zu verschaffen, die er zur Erfüllung der ihm obliegenden Aufgaben benötigt; und zwar möglichst reibungslos, möglichst billig, möglichst schnell und sicher.

Es liegt auf der Hand, daß die Steuergesetzgebung diese ihre Aufgabe nur unter gewissen Voraussetzungen erfüllen kann. Die Gesetze müssen klar und einfach sein. Gemeinsame Grundbegriffe müssen, soweit irgend möglich, einheitlich geregelt werden. Die Rechtsprechung muß diesen Gesichtspunkten entsprechen. Sie muß in einer einfachen und klaren Richtung verlaufen, einer Richtung, die den Belangen der Praxis Rechnung trägt; sie muß insbesondere bemüht sein, soweit irgend möglich, gleiche Richtlinien auch über die verschiedenen Steuergesetze hinweg herauszuarbeiten.

Die Steuerreform von 1934 ist diesem Gedanken bereits entgegengekommen. Die Steuergesetze sind, soweit sich dies angesichts der Höhe der Belastung im Augenblick durchführen ließ, weitestgehend vereinfacht. Das gilt, was die verbandsmäßigen Zusammenschlüsse anbetrifft, insbesondere auch für die KörpSt. Gewisse Grundbegriffe wie: Gemeinnützigkeit, Treuhand, sind einheitlich im StAnpG. geregelt.

Auch die Rechtsprechung der letzten Zeit ist in dieser Richtung verlaufen. Der Begriff z. B. des Mitgliederbeitrages ist einerseits von dem UmsSt.-Senat und dem KörpSt.-Senat, andererseits von dem KapVerk-St.-Senat weitgehend in gegenseitiger Übereinstimmung herausgearbeitet worden. Manches wird allerdings noch getan werden können und auch getan werden müssen. Der Natur der Sache nach wird dies jedoch nur Schritt für Schritt erfolgen können; die Rechtsprechung kann nur von Fall zu Fall zu den ihr zur Stellungnahme unterbreiteten Vorgängen an der Auslegung in der gedachten Richtung mitarbeiten.

Es versteht sich von selbst, daß es Fälle gibt, in denen die Herausarbeitung von gemeinsamen Richtlinien, die über die einzelnen Steuergesetze hinausgreifen, nicht möglich ist. So z. B. was die Begriffe „Entgelt", „Vermögen" und „Gewinn" angeht. Weiter z. B. auch, was den Begriff „Mitgliederbeiträge" anbetrifft. Die allgemeine Ausrichtung muß jedoch die gleiche sein; sie ist es heute auch. Immerhin wird zu berücksichtigen bleiben, daß es für die UmsSt. auf die einzelne Leistung, für die KörpSt. mehr auf das Gesamtbild ankommt. Was jedoch unter allen Umständen einheitlich ausgelegt werden muß, ist der Tatbestand. Es ergibt sich dies eindringlich und klar aus § 1 Abs. 3 StAnpG.

II. Die Folgen für die Beurteilung der verbandsmäßigen Zusammenschlüsse.

a) Grundsätzliches.

Es versteht sich von selbst, daß diese Grundsätze auch für die steuerrechtliche Beurteilung der verbandsmäßigen Zusammenschlüsse gelten.

Die Verhältnisse bei den verbandsmäßigen Zusammenschlüssen liegen häufig, wie aus den Ausführungen vor zu D II (S. 19) ersichtlich, wenig klar. Erste Aufgabe ist daher stets, zu prüfen, wie sich der einzelne verbandsmäßige Zusammenschluß, seines rechtlichen Beiwerks entkleidet tatsächlich darstellt. Dazu ist es jedoch erforderlich, den grundsätzlichen Sinn und Zweck des Geschehens zu ermitteln. Das aber kann man nur dann, wenn man auf das wirtschaftliche Wollen der Beteiligten abstellt, das bei den einzelnen Arten der verschiedenen verbandsmäßigen Zusammenschlüsse grundsätzlich stets das gleiche ist.

Diese Erwägungen haben auch bereits den RFH. beschäftigt. In seiner Entscheidung I A 401/32 vom 25. 9. 34/22. 1. 35 sagt er zu den in dieser Richtung verlaufenden Ausführungen des FA. folgendes:

„Das Gebot einer gleichmäßigen Besteuerung aller Steuerpflichtigen wird in der Tat dazu führen müssen, solche Gebilde, die die gleichen wirtschaftlichen Ziele verfolgen, steuerlich nach gleichen Grundsätzen zu behandeln. Das kann aber weder dazu führen, die Rechtsform außer acht, noch die besonderen Vereinbarungen unberücksichtigt zu lassen, die diejenigen getroffen haben, die jene Wirtschaftsgebilde ins Leben riefen. Da das KörpStG. die Steuerpflicht auf die Rechtsform stützt, kann bei Prüfung der subjektiven Steuerpflicht die Rechtsform im Wege der wirtschaftlichen Betrachtungsweise nicht beiseite geschoben werden."

Diese Ausführungen erwecken leicht den Eindruck, als wenn der RFH. einer gleichmäßigen Besteuerung, die auf den Kern des wirtschaftlichen Geschehens aufbaut, ablehnend gegenüberstände. Ich glaube jedoch kaum, daß die Auffassung des FA. und die des RFH. so stark auseinandergehen, wie es im ersten Augenblick der Fall zu sein scheint. Der KörpSt.-Senat hat sich gerade in der letzten Zeit mehr und mehr von seiner strengen bürgerlich-rechtlichen Betrachtung losgelöst. Außerdem betreffen die Ausführungen des FA. die steuerrechtliche Beurteilung der Doppelgesellschaft. Diese ist aber heute noch stark umstritten.

Wenn schließlich der RFH. ausführt, daß die Rechtsform auch im Wege der wirtschaftlichen Betrachtungweise nicht beiseite geschoben werden könne, so ist ihm an sich zuzustimmen. Das KörpStG. baut in erster Linie auf der Rechtsform auf. Es gibt andererseits aber gerade im Verbandssteuerrecht eine Reihe von Zweifelsfragen, deren Beurteilung nach der einen oder anderen Seite hin ohne Herausstellung des wirtschaftlichen Kerns des Geschehens nicht möglich ist. Ein erster Fall wurde bereits zu D I unter c 3 (S. 15) erwähnt. Es ist dies die Beurteilung der Doppelgesellschaft. Ein zweiter Fall wurde zu D II (S. 19) angeschnitten. Er betrifft die Frage, ob die Anerkennung des Gewinnausschlusses bei Syndikaten tatsächlich davon abhängig zu machen ist, ob sich in der Satzung, die häufig bereits vor Jahrzehnten aufgestellt wurde, ein Vermerk befindet, daß das Syndikat nur für Rechnung der Mitglieder tätig werden soll.

In StW. 36 Sp. 646/47 befaßt sich auch Becker mit diesen Gedankengängen. Er sagt:

„Noch weiter geführt und aufrecht erhalten, besonders auch im Hinblick auf die Möglichkeit von Gewinnverteilungs- und Gewinnausschlußvereinbarungen sind diese Rechtsgedanken in den beiden Urteilen des Körperschaftsteuer-Senats vom 22. 1. 35, I A 401/32 und I A 402/32, deren große Bedeutung ich an dieser Stelle und auch sonst wiederholt gewürdigt und betont habe. Bei diesen Urteilen handelt es sich um die Abwehr eines recht ungestümen Angriffs des FA., das unter Anrufung einer seltsam anmutenden ‚wirtschaftlichen Betrachtungsweise zur Erzielung gleicher steuerlicher Behandlung auf das gleiche wirtschaftliche Wollen gerichteter Zusammenschlüsse' an Stelle der von den Beteiligten für ihre Zwecke für zweckmäßig erachteten Gestaltung ohne Rücksicht auf die Parteivereinbarungen, die Steuerbehörde, d.h. da hier von keinem Ermessen mehr die Rede sein kann, das Belieben der Steuerbehörde entscheiden lassen wollte."

Eine derartige scharfe Kritik aus dem Munde von Becker überrascht. Becker ist sonst immer ein Vorkämpfer für die Betonung des Grundsätzlichen gewesen. Die Abstellung auf den Kern des wirtschaftlichen Geschehens besagt auch keineswegs, daß die Beurteilung in das Belieben der Steuerbehörde gestellt wird. Das Zurückgehen auf das wirtschaftliche Wollen der Beteiligten soll, so wie gedacht, nur der Lösung von Zweifelsfragen dienen. Im übrigen übersieht Becker, daß sich eine derartige Betrachtung nicht nur zuungunsten der Steuerpflichtigen — d.h. zuungunsten ihrer persönlichen Auffassung —, sondern auch zu ihren Gunsten auswirken kann. Es sei hier auf den vor zu D II (S. 19) angeschnittenen Fall der Deutschen X-Verkaufs-Gesellschaft m.b.H. verwiesen. Stellt man sich auf den Standpunkt, daß grundsätzlich der Kern des wirtschaftlichen Geschehens, das wirtschaftliche Wollen der Beteiligten entscheidend ist, die rechtliche Formgebung demgegenüber zurückzutreten hat, so ist klar, daß der Gewinnausschluß auch hier anzuerkennen ist; auch dann, wenn sich ein entsprechender Vermerk in der Satzung nicht findet.

I A 402/32 vom 25. 9. 34/22. 1. 35 aaO.; Becker: Erläuterungen zur Rechtsprechung. StW. 36 Sp. 643, zu A a Sp. 646/47.

b) Die besonderen Folgen hinsichtlich der Kartelle und Syndikate.

Die zu I (S. 20) herausgestellten Betrachtungsgrundsätze gelten insbesondere auch für die Kartelle und Syndikate. Sie besagen, daß man sich bemühen muß, die Verhältnisse klar, einfach und deutlich zu sehen. Sie leiten zu der Einsicht, daß es sich bei ihnen um nichts anderes als um die gemeinsame Erledigung von Aufgaben handelt, die, falls sie nicht bestehen würden, von den einzelnen Mitgliedswerken gelöst werden müßten. Sie führen weiter zu der Erkenntnis, daß sie sich von anderen Zusammenschlüssen nur dadurch unterscheiden, daß sie den Gedanken, wenn auch nicht der Beherrschung, so doch der Ordnung und insoweit auch der Beeinflussung des Marktes verfolgen. Sie besagen schließlich, daß das Syndikat Unternehmer ist; wenn auch nicht Unternehmer eines Produktionsbetriebes, so doch eines auf den An- und Verkauf gerichteten Handelsgewerbes. Daß das Syndikat gehalten ist, alles das, was es aus dem Verkauf erzielt, seinen Mitgliedern zur Verfügung zu stellen, steht, zumindest für die steuerliche Betrachtung, auf einem anderen Blatt.

Zum Beleg sei auf das KörpStG. 25 verwiesen. Das KörpStG. 25 ging bekanntlich von dem Begriff der Erwerbsgesellschaft aus. Es unterschied zwischen der Erwerbsgesellschaft kraft Rechtsform und der Erwerbsgesellschaft kraft besonderer Betätigung. Unter der Erwerbsgesellschaft kraft Rechtsform verstand es die Kapitalgesellschaften, wie z.B. die A.-G. und GmbH. Unter Erwerbsgesellschaften kraft besonderer Betätigung begriff es Personenvereinigungen mit wirtschaftlichem Geschäftsbetrieb, deren Zweck die Erzielung wirtschaftlicher Vorteile für ihre Mitglieder war (§ 4 Abs. 1). Das KörpStG. 34 kennt den Begriff der Erwerbsgesellschaft allerdings nicht mehr. Es bleibt jedoch zu beachten, daß es — unter der Voraussetzung des § 3 — auch die nichtrechtsfähigen Vereine für persönlich steuerpflichtig erklärt.

Ferner vgl. die Ausführungen von Wewer: Zur Gesellschaftsteuer bei Verkaufssyndikaten. InduSt. 36 I S. 80. Wewer sagte hier wörtlich folgendes: „Von Grund auf anders ist es bei der Verkaufsgesellschaft, beim Verkaufssyndikat. Es soll sich aktiv im Wirtschaftsleben betätigen, soll durch wirtschaftliche Betätigung Einnahmen erzielen, es soll verdienen, wenn es auch den Überschuß abzuliefern hat. Im wirtschaftlichen Gebaren ist das Verkaufssyndikat nichts anderes wie jeder Kaufmann. Es muß Handel treiben, möglichst viel und möglichst gut verkaufen, die Belange seiner Mitglieder (Kommittenten) wahrnehmen durch größtmögliche Förderung des Absatzes, den Markt in Ordnung halten und von fremden Einflüssen bereinigen ... Im Gegensatz zur Studiengesellschaft ist also das Syndikat dazu bestimmt, Einnahmen durch gewerbliche Tätigkeit auf dem Markt zu erzielen, die nach dem natürlichen Ablauf der Dinge zunächst einmal zur Deckung der eigenen Unkosten dienen.“

Schließlich siehe auch das nachstehend zu III d (S. 29) angezogene Urteil II A 80/36 vom 11. 2. 37.

III. Die verschiedenen Versuche der Zuweisung von Sonderstellungen.

In diesem Zusammenhang ist es nicht ohne Interesse, einen kurzen Blick auf die Versuche zu werfen, die innerhalb des letzten Jahrzehnts und darüber hinaus gemacht worden sind, den Kartellen und Syndikaten eine Sonderstellung im Rahmen der Unternehmerzusammenschlüsse zuzuweisen.

a) Die wirtschaftliche Einheit.

Zunächst sind hier alle die Versuche zu nennen, die, wenn auch teilweise mit anderer Begründung und aus anderen Gesichtspunkten heraus, darauf hinauslaufen, die Kartelle, Syndikate und ihre Mitglieder als eine wirtschaftliche Einheit zu betrachten.

In Frage kommen hier die Ausführungen von R. Isay, die von Nicklisch und aus neuerer Zeit die von Schulz; ferner die Darlegungen von Wirckau.

Daß dieser Gedanke dem heutigen Steuerrecht nach keine Aussicht auf Verwirklichung hat, bedarf keiner Erörterung. Die Steuergesetze von 1934 erkennen eine wirtschaftliche Einheit nur für den Fall der Organschaft und Angestelltenschaft an. Als Organ oder Angestellte ihrer Mitglieder können die Kartelle und Syndikate jedoch nicht angesehen werden. Hierauf weist auch Wirckau selber hin. Im übrigen wird dies noch kurz im Zweiten Teil zum Schluß des Ersten Unterteils zu streifen sein.

Die verschiedenen Versuche, die in dieser Richtung verlaufen, sind jedoch meiner Ansicht nach auch wissenschaftlich nicht haltbar. Das gilt insbesondere für die Lieferungssyndikate, auf die aus Gründen der Umsatzsteuer bei allen diesen Ausführungen mehr oder weniger abgestellt wird.

Wie bereits zu B IV unter b 3 (S. 3) ausgeführt, bildet jedes Syndikat eine Gewinn- und Verlustgemeinschaft. Damit aber gelangen die Erzeugnisse bei ihrer Lieferung an das Syndikat tatsächlich aus einem Wirtschaftskreis, nämlich dem des einzelnen Mitgliedswerkes, in einen anderen, nämlich den des Syndikats. Gleichzeitig wird hiermit, jedenfalls der überwiegende Teil des Kapitals, daß das einzelne Mitgliedswerk in seinen Erzeugnissen angelegt hat, wieder verflüssigt.

Isay, R.: Das Recht am Unternehmen, S. 78, 130; Studien im privaten und öffentlichen Kartellrecht, in: Abhandlungen zum Kartellrecht und zur Kartellpolitik. 22 Heft 1 S. 27, insbes. S. 30/32; KRdsch. 25 S. 290 bei der Besprechung des Urteils des RFH. V A 97/24 vom 10. 2. 25; vgl. auch: Zur Systematik des Kartellrechts in Gruchots Beiträge zur Erläuterung des Deutschen Rechts 27 Bd. 68 S. 15. Nicklisch, H.: Das Steuerproblem der Kartelle, ZfBW. 31. S. 305. Schulz, L.: Die Organtheorie im Umsatzsteuerrecht, in: Unternehmung und Steuer, Schriftenreihe zur betrieblichen Steuerlehre. 35 Heft 5 S. 91. Wirckau: Unternehmerzusammenschluß und Umsatzsteuer. StW. 34 Sp. 697 (zu III Kartelle Konventionen, Syndikate) Sp. 705/706.

Im übrigen vgl. auch meine Ausführungen: Zum Steuerproblem der Kartelle in der ZfHF. 33.

b) Die Förderungsgemeinschaft.

Weiter ist der Gedanke der Förderungsgemeinschaft zu nennen.

In Betracht kommen hier in erster Linie die Ausführungen von Geiler; ebenso aber auch die von R. Isay, Flechtheim und aus neuerer Zeit die von Spiero.

Der Gedanke der Förderungsgemeinschaft wurde von Geiler für die Umsatzsteuer entwickelt. Er zielt, wie verständlich, auf die Lieferungssyndikate.

GEILER verneint den Gedanken, daß das Syndikat und seine Mitgliedswerke eine Wirtschaftseinheit bilden. Er meint aber, daß Umsätze an Förderungsgemeinschaften nicht als Umsätze im Sinne des UmsStG. angesehen werden könnten.

Es bedarf keiner Erörterung, daß der Gedanke von GEILER dem Umsatzsteuerrecht widerspricht. Es folgt dies ohne weiteres aus § 2 UmsStG. 34. Wie Abs. 1 ausdrücklich besagt, liegt eine gewerbliche Tätigkeit auch dann vor, wenn eine Personenvereinigung nur gegenüber ihren eigenen Mitgliedern tätig wird.

Der Gedanke der Förderungsgemeinschaft ist jedoch auch für die KörpSt. praktisch geworden. Er hat hier seinen Niederschlag darin gefunden, daß es als zulässig anerkannt wird, daß Einkaufs- und Verkaufsgesellschaften, die satzungsgemäß und dem tatsächlichen Gang der Dinge nach lediglich für ihre Mitglieder kaufen oder verkaufen, allein für Rechnung dieser tätig werden.

Der Gedanke der Förderungsgemeinschaft ist nicht ohne weiteres abzulehnen. Man wird sich jedoch hüten müssen, ihn zu überspannen. Mit der Anerkennung des Gewinnausschlusses ist ihm m. E. jedenfalls Genüge getan. Näheres siehe jedoch im Zweiten Teil; und zwar im Ersten und Dritten Unterteil (S. 30 u. 101).

GEILER: Gesellschaftsrechtliche Organisationsformen des neueren Wirtschaftsrechts, S. 12 u. 26; Entwicklung des Gesellschaftsrechts seit der Revolution, abgedruckt in JW. 21 S. 300 und in Ges.OrgF. S. 39 (S. 50); Erwerbswirtschaftliche Zusammenschlüsse, abgedruckt in JW. 21 S. 1283 und in Ges.OgrF. S. 53 (S. 53/54); Formen der wirtschaftlichen Konzentration, abgedruckt in Recht u. Wirtschaft 22 Nr. 2 u. 4 und in GesOrgF. S. 61 (S. 81); Das neue Körperschaftsteuergesetz (Ergänzungsband) 23, Anhang I C Anm. 23 S. 263. ISAY, R.: Die Umsatzsteuer der Verkaufssyndikate. DStZ. 19/20 S. 61; Steuerrecht und bürgerliches Recht (zugl. ein Beitrag zur steuerlichen Behandlung der Syndikate), BA. 20/21 S. 57. ISAY, H. und R.: Allgemeines Berggesetz, 2. Bd. Anhang I S. 423. FLECHTHEIM: Die rechtliche Organisation der Kartelle, S. 231. SPIERO: Das Recht der Syndikate unter besonderer Berücksichtigung des Quotenhandels, S. 18.

c) Die Umdeutung der Doppelgesellschaft.

Hier kommen die Versuche von H. ISAY, von GEILER und aus neuerer Zeit die von MAYER-WEGELIN in Betracht. Diese Versuche nehmen insofern eine Sonderstellung ein, als sie sich lediglich auf solche Syndikate beziehen, die rechtlich als Doppelgesellschaft gestaltet sind.

Die Verkaufs- und Geschäftsstelle, die, rechtlich betrachtet, Organ allein der Vereinigung der Mitgliedswerke ist, soll, wirtschaftlich gesehen, Organ der einzelnen Mitgliedswerke sein. Die Auffassung verkennt, daß es sich bei der Frage nach der Organschaft der Verkaufs- und Geschäftsstelle um eine Frage handelt, die mit der der Organschaft (Angestelltenschaft) des Syndikats als solchem, d. h. genau genommen der Vereinigung der Mitgliedswerke, nichts zu tun hat. Sie ist daher m. E. ebenfalls abzulehnen. Näheres siehe jedoch im Zweiten Teil zum Schluß des Ersten Unterteils (S. 48).

Die Versuche wurden für die UmsSt. angestellt. Der UmsSt.-Senat hat sie zurückgewiesen. Neuerdings kehren sie jedoch für die KörpSt. wieder. Sie haben wohl auch den KörpSt.-Senat dazu veranlaßt, die Verkaufs- und Geschäftsstelle in seiner Entscheidung I A 401/32 vom 25. 9. 34/22. 1. 35 als eine Art von halbem Organ unmittelbar der einzelnen Mitgliedswerke aufzufassen. Im einzelnen wird hierzu noch im Zweiten Teil innerhalb des Dritten Unterteils einzugehen sein.

Isay, H.: Die Umsatzsteuer der Verkaufssyndikate, S. 61; vgl. Steuerrecht und bürgerliches Recht, S. 57/59. Vgl. auch H. und R. Isay: Allgemeines Berggesetz, Bd. 2 Anh. I Anm. 31 u. 42 S. 432/35. Geiler: Erwerbswirtschaftliche Zusammenschlüsse und Umsatzsteuer. StW. 25 Sp. 1203 (Sp. 1211 u. 1214). Mayer-Wegelin: Die Gestaltung der Syndikate im jetzigen und künftigen Gesellschaftsrecht.

d) Die Marktordnung.

In letzter Zeit ist ferner der Versuch gemacht worden, den Kartellen und Syndikaten eine Sonderstellung unter dem Gesichtspunkt der Marktordnung zuzuweisen.

In Betracht kommen hier zunächst die Ausführungen von Friedrich in InduSt. 36.

Friedrich beschäftigt sich hier mit dem Begriff des wirtschaftlichen Geschäftsbetriebes. Er schließt sich der Begriffsbestimmung an, zu der ich in StW. 34 gelangt bin. Er betrachtet demgemäß einen Geschäftsbetrieb stets dann als einen wirtschaftlichen, wenn seine Tätigkeit in der Wahrnehmung von Funktionen besteht, die vor Einrichtung des Vereins oder Verbandes, der ihn betreibt, den einzelnen Mitgliedern des Verbandes obgelegen und einen Teil ihres gewerblichen Betriebes gebildet haben. Er meint dann jedoch, daß die marktordnende Tätigkeit einen wirtschaftlichen Geschäftsbetrieb nicht begründen könne. Bei der marktordnenden Tätigkeit handele es sich um etwas Zusätzliches. Soweit ein Verband eine marktordnende Tätigkeit entfalte, regele er den ungestörten Ablauf der Dinge gewissermaßen von oben herab.

Ich vermag mich dieser Auffassung nicht anzuschließen. Friedrich übersieht, daß, wenn das Kartell die Zahlungs- und Lieferungsbedingungen nicht einheitlich festsetzt, dann jedes Mitgliedswerk für sich diese Bedingungen mit seinen Abnehmern aushandeln muß. Damit aber erfüllt das Kartell auch in diesen Fällen nur Aufgaben, die, falls es nicht bestehen würde, einen Teil des gewerblichen Betriebes des einzelnen Mitgliedswerkes bilden würden. Das gelangt besonders zum Ausdruck bei der Marktbereinigung, die, ebenso wie die Marktregelung, einen Teil der Marktordnung bildet. Maßnahmen der Marktbereinigung werden aber nicht nur durch Verbände, Parallelgesellschaften, Konsortien, sondern auch von einzelnen Mitgliedswerken durchgeführt,

Weiter sind die Ausführungen von VEIEL zu nennen.

VEIEL befaßt sich mit der Marktordnung unter dem Gesichtspunkt der Gesellschaftsteuer. Die Rechtsprechung des KapVerkSt.-Senats geht hier bekanntlich dahin, daß Zahlungen, die einem Verband im Hinblick auf die Durchführung derartiger Maßnahmen von seinen Mitgliedern geleistet werden, der KapVerkSt. zu unterwerfen sind. VEIEL greift diese Rechtsprechung stark an. Die Marktordnung diene dem planvollen Aufbau der deutschen Wirtschaft. Der planvolle Aufbau der deutschen Wirtschaft erfolge aber in Wahrung der Belange des ganzen deutschen Volkes.

Wirtschaftlich sind diese Überlegungen sicherlich richtig. Steuerrechtlich dürfte ihnen eine Bedeutung jedoch nicht zukommen. Voraussetzung, diese Tatsache zu berücksichtigen wäre, daß man diese Tätigkeit als eine öffentlich-rechtliche ansehen könnte. Das aber ist zumindest bei den Zusammenschlüssen, die hier in Rede stehen, nicht der Fall.

FRIEDRICH, W.: Steuerliche Zweifelsfragen um den wirtschaftlichen Geschäftsbetrieb. InduSt. 36 I S. 225. VEIEL: Gesellschaftssteuer bei Organgesellschaften StW. 36 Sp. 993 (zu III a Sp. 1029). SCHULTZE-SCHLUTIUS: Die Rechtsprechung des Reichsfinanzhofes zum Begriff des „wirtschaftlichen Geschäftsbetriebes" unter besonderer Berücksichtigung der Körperschaft- und Vermögensteuerpflicht der Berufsverbände. StW. 34 Sp. 425.

Vgl. hierzu die Ausführungen des VermSt.-Senats in seinem kürzlich ergangenen Urteil III A 80/36 vom 11. 2. 37, Kartei RBewG. 34 § 56 Abs. 1 Ziff. 5 R. 5, RStBl. 37 Nr. 331 S. 488, StW. 37 Sp. 163, Bd. 41 S. 28. Der Senat weist hier die Darlegungen von FRIEDRICH zurück. Er sagt, daß das Kartell bei der Marktordnung nicht, wie der Regisseur im Theater, hinter der Bühne bleibe, sondern in die Arena der privatwirtschaftlichen Auseinandersetzungen als kämpfender Teilnehmer hinabsteige. Er gelangt so dazu, das Vermögen, das sich in den Händen eines Konditionenkartells befindet, als Betriebsvermögen anzusehen.

e) Treuhand.

In diesem Zusammenhang ist schließlich kurz der Treuhand zu gedenken. Sie stellt sich als neuester Versuch dar, insbesondere auch bei den Kartellen und Syndikaten weitgehend zu einer Sonderregelung zu gelangen. Auf sie wird jedoch im Zweiten Teil innerhalb des Ersten Unterteils (S. 37) noch besonders eingegangen werden.

Zweiter Teil.

Grundlegung des Steuerrechts.

Erster Unterteil.

Organlehre, Gewinnausschluß und Treuhand.

A. Organlehre.

Zunächst einige allgemeine Vorbemerkungen.

I. Organschaft und Angestelltenschaft.

Es ist zu scheiden zwischen der Organschaft und der Angestelltenschaft. Eine juristische Person kann nur Organ, eine natürliche Person, einzeln oder zusammengeschlossen, nur Angestellte sein.

Eine natürliche Person ist niemals ein völlig willenloses Werkzeug eines anderen. Ihre Unterordnung ist freiwillig. Es steht in ihrem Belieben, sich völlig oder teilweise zu binden. Auch behält sie stets die Möglichkeit, das ihre Unselbständigkeit begründende Verhältnis wieder zu lösen. Anders eine juristische Person. Eine juristische Person ist nur dann Organ, wenn sie finanziell, wirtschaftlich und organisatorisch in ein anderes Unternehmen eingegliedert ist. Voraussetzung ist also ihre völlige Abhängigkeit. Sie wird daher als Organ, anders wie die natürliche Person als Angestellte, zum willenlosen Werkzeug. Sie hat ihrerseits nicht die Möglichkeit, diese ihre vollständige Abhängigkeit wieder zu lösen.

Diese Grundsätze sind vom UmsSt.-Senat aufgestellt worden. Es handelt sich hier um seine Urteile V A 145/32 vom 23. 2. 34 und V A 480/33 vom 23. 2. 34. Die Erkenntnisse, zu denen der UmsSt.-Senat in diesen Urteilen gelangt ist, haben dann ihren Niederschlag in dem neuen UmsStG. vom 16. 10. 34 gefunden.

Es handelt sich, wie hieraus ersichtlich, an sich also nur um eine Regelung für die UmsSt. Die gleichen Grundsätze werden aber auch für das Körperschaft- und das Vermögensteuerrecht zu gelten haben. Ich werde darauf noch weiter unten zu IV (S. 33) zurückkommen.

V A 145/33 vom 23. 2. 34, Kartei UmsStG. 32 § 1 Nr. 1 R. 95, StW. 34 Nr. 467; V A 480/33 vom 23. 2. 34, Kartei UmsStG. 32 § 1 Nr. 1 R. 93/94, RStBl. 34 Nr. 549 S. 623, StW. 34 Nr. 468, Bd. 36 S. 39.

II. Organschaft im wirtschaftlichen Sinne und im Rechtssinne.

Es ist zu unterscheiden zwischen der Organschaft im wirtschaftlichen Sinne und der Organschaft im Rechtssinne. Je tiefer man in den ganzen Fragenkreis eindringt, desto klarer wird dies.

Ich habe hierauf schon an anderer Stelle hingewiesen. So einmal bei meinem Vortrag anläßlich der im Winter 1935/36 vom Verband der Deutschen Diplom-Kaufleute Berlin veranstalteten Steuerwissenschaftlichen Woche. Weiter kürzlich im Rahmen des Vortrages, den ich anläßlich der Tagung der Großbetriebsprüfer in Eisenach Mitte September 1935 halten durfte. Neuerdings wird diese Tatsache aber auch von anderer Seite herausgestellt. So z. B. von VEIEL in seinem bereits mehrfach genannten Aufsatz in StW. 36.

Das geltende Recht der Organgesellschaften. Vortrag, gehalten anläßlich der vom Verband Deutscher Diplom-Kaufleute e. B. Berlin Winter 1935/36 veranstalteten Steuerwissenschaftlichen Woche; abgedruckt in BWuSt. 36, Bd. 1. Hauptsteuerprobleme der Wirtschaft. Organschaft im Steuerrecht. Vortrag, gehalten auf der Fachwissenschaftlichen Tagung der Großbetriebsprüfer der Reichsfinanzverwaltung im September 1936 in Eisenach; abgedruckt in der DStZ. 36 S. 1347.

VEIEL: Gesellschaftssteuer bei Organgesellschaften. StW. 36 Sp. 993.

Unter Organschaft im wirtschaftlichen Sinne ist der Fall zu verstehen, daß die Kapitalgesellschaft, wirtschaftlich betrachtet, die Stellung einer auch bürgerlich-rechtlich unselbständigen Betriebsabteilung hat. Als Beispiel sei auf den bekannten Fall hingewiesen, daß ein Fabrikationsunternehmen den Vertrieb seiner Erzeugnisse nicht nur betrieblich aussondert, sich zu diesem Zweck vielmehr eine besondere GmbH. schafft.

Unter Organschaft im Rechtssinne ist dagegen der Fall zu begreifen, daß die Aufgabe der betr. Kapitalgesellschaft lediglich die ist, als „juristischer Direktor" die Geschäfte einer anderen Gesellschaft, regelmäßig einer Gesellschaft bürgerlichen Rechts — eines nichtrechtsfähigen Vereins — zu führen. Es handelt sich dabei um die sog. bereits im Ersten Teil zu D I unter c (S. 11) erwähnte Doppelgesellschaft, wie sie insbesondere bei den Syndikaten, weiter aber auch z. B. den sog. Werkaufkaufsgesellschaften üblich ist.

Dieser Unterschied klingt auch in der Rechtsprechung des RFH. an. Es zeigt sich dies zunächst beim UmsSt.-Senat. Im Falle der Organschaft im wirtschaftlichen Sinne untersucht der UmsSt.-Senat stets sehr genau, ob die finanzielle, wirtschaftliche und organisatorische Eingliederung der Kapitalgesellschaft tatsächlich gegeben ist. Im Falle der Organschaft im Rechtssinne sagt er dagegen einmal sehr fein, daß die Kapitalgesellschaft bereits dem Wesen der Sache nach Organ sei. Es sei dieserhalb auf das bereits im Ersten Teil zu D I unter c 4 (S. 16) angezogene Urteil V A 97/24 vom 10. 2. 25 verwiesen.

Sehr klar und deutlich tritt dies weiter aber auch bei der Rechtsprechung des EinkSt.-Senats in Erscheinung.

Der EinkSt.-Senat hat sich in letzter Zeit vielfach mit der Frage zu befassen gehabt, welche Bedeutung der Vereinbarung des Gewinnausschlusses für den Fall zukommt, daß es sich bei der übergeordneten Gesellschaft um eine Personengesellschaft handelt. Soweit hier eine Organschaft im wirtschaftlichen Sinne vorlag, hat er es abgelehnt, der Vereinbarung des Gewinnausschlusses für die Personengesellschaft irgendeine Bedeutung beizumessen. Er hat es grundsätzlich als unzulässig angesehen, daß die Personengesellschaft Beträge, die sie der Kapitalgesellschaft zum Zwecke der Verlustdeckung zur Verfügung stellt, als Betriebsausgabe abbucht. Er hat Überweisungen dieser Art daher nur ausnahmsweise anerkannt; und zwar dann und insoweit, als sich die Gewinnminderung, die durch sie ausgelöst wurde, unter dem Gesichtspunkt der Abschreibung von Beteiligung und Forderung auf den niedrigeren Teilwert rechtfertigen ließ. Anders was die Organschaft im Rechtssinne anbetrifft. Hier erkennt er ohne weiteres an, daß die von der Kapitalgesellschaft erarbeiteten Erträgnisse Gewinn, die Verluste, die sie erleidet, Verluste der Personengesellschaft begründen und so ihr gewerbliches Einkommen beeinflussen. Es sei dieserhalb insbesondere auf das Urteil VI A 829/33 vom 17. 10. 34 hingewiesen; daneben sei auf meine Untersuchungen in InduSt. 36 aufmerksam gemacht.

Vgl. folgende Entscheidungen des EinkSt.-Senats: einerseits VI A 829/33 vom 17. 10. 34, Kartei EinkStG. 34 § 5 Abs. 1 R. 12, StW. 35 Nr. 11 und VI A 8/35 vom 6. 5. 36, RStBl. 36 Nr. 665 S. 861, StW. 36 Nr. 282; andererseits VI A 199/28 vom 7. 11. 28, RStBl. 29 Nr. 93 S. 60, StW. 29 Nr. 165, VI A 191/33 vom 14. 4. 34, RStBl. 34 Nr. 659 S. 740, StW. 34 Nr. 303 und VI A 829/33 vom 17. 10. 34 aaO.
Organlehre und Einkommensteuer. InduSt. I S. 15.

Gleiches gilt für die Rechtsprechung des KörpSt.- und des VermSt.-Senats. Auch hier klingt eine Unterscheidung zwischen der Organschaft im Rechtssinne und der Organschaft im wirtschaftlichen Sinne an. Hierauf wird jedoch noch weiter unten zurückzukommen sein.

Über die Grenzen der Bedeutung der Unterscheidung zwischen der Organschaft im Rechtssinne und der im wirtschaftlichen Sinne, insbesondere in der Richtung, daß die Voraussetzungen für die Anerkennung einer Kapitalgesellschaft als Organ in beiden Fällen grundsätzlich die gleichen sind, vgl.: „Gewinnabführung, Treuhandschaft, Gewinnausschluß", Vortrag, gehalten auf der vom Verband Deutscher Diplom-Kaufleute e. V., Berlin, Dezember 1936 in Breslau veranstalteten Steuertagung; abgedruckt in BWuSt. 37 S. 76; ferner: Die Doppelgesellschaft und das Steuerrecht. StW. 37 Sp. 989.

III. Das Wesen der Organschaft.

Über das Wesen der Organschaft ist viel gestritten worden. Geht man der Sache auf den Grund, so zeigt es sich, daß es sich bei der Organschaft um nichts anderes als eine Tatsache, eine tatsächliche Gegebenheit, handelt. Damit aber wird man die Organschaft einer Gesellschaft streng von den sonstigen Beziehungen der Gesellschaft zu ihren Gesellschaftern, insbesondere von den gesellschaftsrechtlichen Beziehungen zu trennen haben.

IV. Voraussetzungen.

Die Voraussetzungen, die gegeben sein müssen, damit eine Gesellschaft als Organ einer anderen angesehen werden kann, sind von den verschiedenen Senaten des RFH. stets gleich bestimmt worden. Sowohl der UmsSt.- als auch der KörpSt.-Senat haben übereinstimmend eine finanzielle, organisatorische und wirtschaftliche Eingliederung verlangt. Sie haben teilweise auf die Rechtsprechung des jeweils anderen Senats Bezug genommen. Abweichungen bestehen nur hinsichtlich Sonderfragen, wie z. B der Frage der teilweisen Organschaft sowie der Organschaft unmittelbar gegenüber jedem einzelnen einer Mehrheit anderer Unternehmer.

a) Umsatzsteuer.

Für die UmsSt. hat die Organschaft eine gesetzliche Regelung erfahren. Sie ist in § 2 Abs. 2 des neuen UmsStG. enthalten. Hiernach ist eine Kapitalgesellschaft, kurz gesagt, nur dann als Organ anzusehen, wenn sie selber einen eigenen Willen überhaupt nicht mehr besitzt. Die Annahme einer teilweisen Organschaft ist damit grundsätzlich ausgeschlossen; desgleichen die einer Organschaft gegenüber jedem einzelnen einer Mehrheit anderer Unternehmer.

b) Körperschaftsteuer und Vermögensteuer.

Bei der Regelung, die das UmsStG. trifft, handelt es sich um eine Regelung allein für die UmsSt. Das ergibt sich ohne weiteres daraus, daß die Regelung im UmsStG. und nicht etwa im StAnpG. getroffen worden ist.

Die Frage ist jedoch die, ob nicht die Grundsätze, die dieser Regelung zugrunde liegen, auch für das sonstige Steuerrecht, insbesondere das Körperschaftsteuerrecht, Anwendung zu finden haben. Ich habe die Frage an anderer Stelle einer näheren Untersuchung unterzogen. Ich verweise dieserhalb auf meine Ausführungen in der DStZ. 36 S. 1347. Ich bin dort dazu gekommen, diese Frage zu bejahen.

Die Gründe, die mich dazu veranlaßt haben, ergeben sich aus den dort gemachten Darlegungen. Daher hier nur ein grundsätzlicher Hinweis. Bei der Organschaft handelt es sich, wie vor zu III (S. 32) ausgeführt, um eine Tatsache, um ein Tatbestandsmerkmal; Tatbestände sind aber gleich auszulegen; welche Folgerungen man aus dem einzelnen Tatbestand ziehen will, ist eine andere Frage.

V. Auswirkungen.

Die Auswirkungen der Organschaft sind für die einzelnen Steuergesetze durchaus verschieden. Es ist dies bekannt. Es braucht daher hier nur kurz darauf hingewiesen zu werden.

a) Umsatzsteuer.

Die größte Bedeutung kommt der Organschaft für die UmsSt. zu. Die Umsätze der Organuntergesellschaft sind Umsätze der Organobergesellschaft. Umsätze zwischen Organuntergesellschaft und Organobergesellschaft sind also nicht denkbar; desgleichen nicht zwischen Organschwestergesellschaften. Oder anders ausgedrückt: Die Organschaft führt für die UmsSt. dazu, daß auch das Unternehmen, das sich aus mehreren bürgerlich-rechtlich selbständigen Teilen zusammensetzt, als eine Einheit behandelt wird.

b) Körperschaftsteuer und Vermögensteuer.

Für die KörpSt. und VermSt. liegen, wie allerdings auch heute noch vielfach verkannt wird, die Verhältnisse anders. Hier kommt der Organschaft eine unmittelbare Bedeutung überhaupt nicht zu. Die Tatsache, daß eine Gesellschaft Organ einer anderen ist, zeitigt hier nur mittelbar gewisse Ergebnisse. Sie liegen auf dem Gebiet des Gewinnausschlusses und, was die Brücke zur VermSt. schlägt, auf dem der Treuhand; jedenfalls, was diese anbetrifft, insofern, als hier, wie sich noch zeigen wird, der Organschaft immerhin insoweit eine Bedeutung zukommt, als man in Fällen dieser Art die Voraussetzungen für die Anerkennung einer lediglich treuhänderischen Verwaltung eher annehmen kann.

c) Kapitalverkehrsteuer.

Für die KapVerkSt. kommt der Tatsache der Organschaft schließlich eine Bedeutung überhaupt nicht zu; weder eine unmittelbare noch eine mittelbare. Es erklärt sich dies daraus, daß die KapVerkSt. als Rechtsverkehrsteuer auf die rechtliche Gestaltung abstellen muß.

Diese Einstellung des KapVerkSt.-Senats ist heute auch wohl allgemein anerkannt. Soweit sich der Meinungsstreit um die Bedeutung der Organschaft dreht, betrifft er durchweg die Tatsache, daß eine Organgesellschaft nicht schlechter gestellt werden darf als eine Gesellschaft, die nicht Organ ist.

B. Gewinnausschluß und Treuhand.

Gewinnausschluß und Treuhand betreffen einen Fragenkreis, der teilweise noch recht wenig geklärt ist. Man wird sich daher immer und immer wieder bemühen müssen, auf den Kern der Dinge abzustellen. Dann aber wird man finden, daß es sich bei einerseits dem Gewinnausschluß andererseits der Treuhand um Vorgänge handelt, die grundsätzlich miteinander nichts zu tun haben. Hierauf sei in Ergänzung früherer eigener Untersuchungen ausdrücklich aufmerksam gemacht.

I. Gewinnausschluß und Treuhand in ihren Wechselbeziehungen.

Bei dem Gewinnausschluß und der Treuhand handelt es sich um Gestaltungsmöglichkeiten an sich. Sie haben beide mit der Organschaft nichts zu tun. Sie stehen sich beide auch getrennt gegenüber. Daß zwischen ihnen beiden gewisse Wechselbeziehungen bestehen, ändert an diesem grundsätzlichen Bilde nichts.

Der Gewinnausschluß bezieht sich auf die Einkommensverwendung. Er ist so Gegenstand des Körperschaftsteuerrechts. Er hat auch mit der Tätigkeit der betr. Gesellschaft unmittelbar nichts gemein. Er bedeutet lediglich die Anerkennung dessen, daß es gewisse Gesellschaften gibt, die im Gesamtrahmen aller wirtschaftlichen Zusammenschlüsse eine Sonderstellung einnehmen. Bei der Organschaft findet er seine innere Rechtfertigung darin, daß die Organgesellschaft, wirtschaftlich betrachtet, nichts anderes als eine Betriebsabteilung ist. Bei Einkaufs- und Verkaufsgesellschaften schöpft er seine Grundlage aus der Tatsache, daß diese Gesellschaften, wirtschaftlich gesehen, nur der Förderung der anderen Gesellschaften dienen sollen.

Anders die Treuhand, d.h. die treuhänderische Verwaltung und Betriebsführung. Sie stellt unmittelbar auf die Tätigkeit ab. Sie kann entgeltlich (Dienstleistung) oder unentgeltlich (Auftrag) erfolgen.

Dieser Unterschied klingt — bewußt oder unbewußt — auch in der Rechtsprechung des KörpSt.-Senats an. Es sei dieserhalb u.a. auf die Entscheidungen I A 401/32 vom 25. 9. 34/22. 1. 35 und I A 391/31 vom 31. 3. 33/31. 10. 33 verwiesen.

In seiner Entscheidung I A 401/32 erkennt der KörpSt.-Senat an, daß eine Organgesellschaft für ihre Tätigkeit eine gewisse Entlohnung erhalten könne. Er kommt also hier, praktisch gesehen, zu dem Ergebnis, daß es als zulässig zu erachten ist, daß die Organgesellschaft nur einen Teil der von ihr erarbeiteten Erträgnisse abführt. Anders die Entscheidung I A 391/31. Hier spricht er davon, daß ein Gewinnausschluß nur in der Form möglich sei, daß die Organobergesellschaft das volle Geschäftsergebnis der Organuntergesellschaft übernehme. Nach dieser Entscheidung ist also eine Gestaltung der Art, daß die Organuntergesellschaft z.B. 75% der von ihr erzielten Gewinne an die Organobergesellschaft abführt, 25% aber für sich behält, nicht möglich.

Diese beiden Entscheidungen scheinen im ersten Augenblick in einem Widerspruch zueinander zu stehen. Geht man jedoch der Sache auf den Grund, so findet man, daß dies tatsächlich nicht der Fall ist. Die erste Entscheidung ist in Sachen einer in die Form einer GmbH. gekleideten Verkaufs- und Geschäftsstelle eines als Doppelgesellschaft gestalteten Syndikats ergangen. Sie betrifft also gar nicht den Fall des Gewinnausschlusses, sondern den der treuhänderischen Betriebsführung. Anders die zweite Entscheidung. Sie befaßt sich mit dem Fall, daß eine Kapitalgesellschaft als Betriebsabteilung einer anderen Kapitalgesellschaft anzusehen ist.

Gleichzeitig wird hiermit auch für die Rechtsprechung des KörpSt.-Senats etwas ersichtlich, was hinsichtlich der Rechtsprechung des UmsSt.- und EinkSt.-Senats bereits zu A II (S. 31) erwähnt wurde; nämlich das, daß auch der KörpSt.-Senat zwischen einerseits der Organschaft im Rechtssinne, andererseits der Organschaft im wirtschaftlichen Sinne unterscheidet. Im übrigen wird hiermit bereits die Frage angeschnitten, ob und unter welchen Voraussetzungen die treuhänderische Betriebsführung anerkannt werden kann. Hierauf wird jedoch noch weiter unten zurückzukommen sein.

I A 401/32 vom 25. 9. 34/22. 1. 35, Kartei KörpStG. 34 § 7 Satz 1 R. 2/3, RStBl. 35 Nr. 286 S. 517, StW. 35 Nr. 170, Bd. 37 S. 151; I. A 391/31 vom 31. 3. 33/31. 10. 33, Kartei KörpStG. 34 § 10 R. 48/50, RStBl. 34 Nr. 601 S. 684, Bd. 34 S. 228; vgl. auch I. A 128/36 vom 8. 9./3. 11. 36, RStBl. 37 Nr. 117 S. 167.

II. Gewinnausschluß.

Beim Gewinnausschluß liegen die Verhältnisse einfach; sie sind auch bereits weitgehend geklärt. Daher hier nur einige Worte.

a) Zulässigkeit.

Der Gewinnausschluß ist zulässig einmal innerhalb des Rahmens eines Organverhältnisses, zum anderen außerhalb des Rahmens eines Organverhältnisses. Er ist außerhalb der Organschaft vom RFH. in ständiger Rechtsprechung dann zugelassen worden, wenn es sich bei der betr. Gesellschaft um eine sog. echte Ein- und Verkaufsgesellschaft handelt. Dabei bleibt zu beachten, daß der Begriff der echten Ein- und Verkaufsgesellschaft an bestimmte Voraussetzungen geknüpft ist. Die Gesellschaft darf nur für ihre Mitglieder (Gesellschafter) tätig werden. Sie darf keine Geschäfte für eigene Rechnung abschließen. Es muß dies in der Satzung (dem Gesellschaftsvertrag) festgelegt sein. Das tatsächliche Geschäftsgebaren muß dieser Bestimmung der Satzung entsprechen. Die Vereinbarung des Gewinnausschlusses muß, anders wie beim Vorliegen eines Organverhältnisses, ausdrücklich, und zwar grundsätzlich in der Satzung (dem Gesellschaftsvertrag) getroffen sein.

Da es sich hier um Fragen handelt, die für die Besteuerung der verbandsmäßigen Zusammenschlüsse nicht typisch sind, darf ich im übrigen auf meine Ausführungen: Die G. m. b. H. als Verkaufsgesellschaft. GesmbH. 36 S. 151 verweisen.

b) Wesen.

Grundlage des Gewinnausschlusses bildet, wie bereits zu Beginn dieses Abschnittes angedeutet, die Tatsache, daß es Kapitalgesellschaften gibt, die, wirtschaftlich betrachtet, in einer gewissen Abhängigkeit zu einer oder mehreren anderen Gesellschaften stehen und so, wenn sie auch nicht Organ im Sinne des Steuerrechts sind, doch von höherer Warte aus gesehen, die Stellung einer Betriebsabteilung — gegebenenfalls einer gemeinsamen Betriebsabteilung — haben. Es liegt daher auf der Hand, daß der Gewinnausschluß nur dann anerkannt werden kann, wenn er für längere Zeit berechnet ist. Ebenso ist es durchaus folgerichtig, wenn der RFH. in seiner bereits erwähnten Entscheidung I A 391/31 sagt, daß sich der Gewinnausschluß grundsätzlich auf das volle Geschäftsergebnis, zumindest das volle Geschäftsergebnis eines bestimmten Teils der Tätigkeit der verpflichteten Gesellschaft beziehen muß; desgleichen, wenn er ausführt, daß die Vereinbarung des Gewinnausschlusses nur dann anerkannt werden könne, wenn sich die berechtigte Gesellschaft umgekehrt verpflichte, die Verluste, die der verpflichteten Gesellschaft entstehen, zu decken.

I A 391/31 vom 31. 3. 33/31. 10. 33, Kartei KörpStG. 25 § 10 R. 48/50, RStBl. 34 Nr. 601 S. 684, Bd. 34 S. 228.

c) Abgrenzung.

Gewinnausschluß bedeutet Einkommensverwendung. Es versteht sich daher von selbst, daß der Gewinnausschluß dort seine Grenze findet, wo die Verwendung des Einkommens in der gedachten Richtung nicht möglich oder nicht beabsichtigt ist; nicht möglich, weil die Erträgnisse, die die verpflichtete Gesellschaft erzielt hat, bei ihr gebunden bleiben, nicht beabsichtigt, weil und soweit der Gewinn, den die verpflichtete Gesellschaft erarbeitet hat, tatsächlich der berechtigten Gesellschaft nicht zur Verfügung gestellt und von ihr nicht in ihren Bilanzen ausgewiesen wird.

Vgl. hierzu u. a. StA.34 S. 201, 228 u. 267 (Gedanken zur Steuervereinfachung. Konzerne und Verbände; Gewinnausschluß und Treuhandverhältnis; Justizrecht und Verwaltungsrecht); aus neuerer Zeit siehe DStZ. 36 S. 1347 (Organschaft im Steuerrecht).

III. Treuhand.

Auf die Treuhand muß etwas näher eingegangen werden. Sie ist in letzter Zeit von verschiedenen Seiten einer eingehenden Untersuchung unterzogen worden. Es sei in erster Linie auf die umfassenden Darlegungen von Ahlbäumer, ferner aber auch auf die von Bühler und Veiel verwiesen.

Ahlbäumer: Treuhandverhältnis im Steuerrecht. StSchrftR. 35, Heft 6. Bühler-Hasenack: Kapitalzuführung und Zahlung laufender Entgelte an Organgesellschaften. StSchrftR. 35, Heft 5. Veiel: Gesellschaftsteuer bei Organgesellschaften.

a) Die Rechtsprechung des Reichsfinanzhofes.

Zunächst ein kurzer Überblick über die Rechtsprechung des RFH.

Am engsten von allen Senaten grenzt der KapVerkSt.-Senat ab. Er erachtet die Treuhand kurz, wenn auch nicht ganz zutreffend gesagt, nur dann und insoweit als zulässig, als sie zum Selbstzweck der betr. Gesellschaft gemacht worden ist. So hat er im Falle einer Investment-A.-G. die Vereinbarung, daß die A.-G. die in ihren Händen befindlichen Wertpapiere lediglich zu getreuen Händen für die Beteiligten, ihre Aktionäre besitzen solle, allerdings anerkannt. Aber nur deswegen, weil hier der Zweck der A.-G. allein darin bestand, die betr. Wertpapiere für diese zu verwalten. Dagegen hat er die Vereinbarung lediglich treuhänderischen Besitzes z. B. abgelehnt für eine GmbH., die als Organgesellschaft einer A.-G. den Auftrag hatte, Grundbesitz für diese zu erwerben. Er berief sich dabei zur Begründung seines Standpunktes darauf, daß hier nicht die Verwaltung, sondern der Erwerb der betr. Grundstücke zum Zwecke der GmbH. gemacht worden sei, der Erwerb von Grundstücken aber notwendig entsprechende eigene Geldmittel voraussetze.

II A 103 und 104/30 vom 11. 3. 30, RStBl. 30 Nr. 297 S. 207, Bd. 26 S. 254 bzw. Kartei KapVerkStG. § 3 R. 4, RStBl. 30 Nr. 296 S. 205, Bd. 26 S. 248; II A 140/27 vom 31. 1. 28, Kartei a. a. O. § 6 zu c R. 77.

Anders der VermSt.-Senat. Er hat die Vereinbarung lediglich treuhänderischen Besitzes teilweise anerkannt, teilweise verneint.

Zu nennen ist hier zunächst das Urteil I A 32/26 vom 20. 4. 26. Der VermSt.-Senat sagt hier folgendes:

„Bei der Auffassung, daß die Kohlen-Syndikat A.-G. lediglich ein dienendes Organ der Zechenbesitzer ist, hat es nichts Auffälliges, wenn die Zechenbesitzer, die nach der Darstellung der Beschwerdeführerin mit den Aktionären des Kohlen-Syndikats nicht völlig identisch sind, dem Kohlen-Syndikat die Mittel zum Ausbau seiner Machtstellung nicht vorbehaltlos zugewiesen, sondern sich die Verfügungsgewalt über die mit den hingegebenen Mitteln erworbenen Werte durch Schaffung eines Treuhandverhältnisses vorbehalten haben.“

Weiter ist das Urteil III A 649/31 vom 19. 1. 33 zu erwähnen. In diesem Urteil hat sich der VermSt.-Senat zum letzten Male mit der Frage der Anerkennung eines Treuhandverhältnisses befaßt. Er sagt hier folgendes:

„Daß das Organverhältnis allein die Abzugsfähigkeit nicht rechtfertigt, ist bereits in dem vorerwähnten Gutachten der beiden Senate (I D 2/31 und III D 2/32 vom 26. 7. 32, Kartei KörpStG. 25 § 13 R. 203/204, RStBl. 33 Nr. 126 S. 136, StW. 32 Nr. 1093, Bd. 31 S. 297) ausgeführt worden. Ob ein Treuhandverhältnis besteht, kann nur auf Grund der zwischen der GmbH. und ihrer Muttergesellschaft getroffenen Vereinbarungen beurteilt werden. Hiernach mag dahingestellt bleiben, inwieweit zwischen einer Muttergesellschaft und einer Tochtergesellschaft überhaupt ein Treuhandverhältnis begründet werden kann (vgl. das in einer Kapitalverkehrsteuersache ergangene Urteil vom 26. Oktober 1932 — II A 666/31 — Slg. Bd. 32 S. 45, RStBl. 33 S. 60 Nr. 55).“

Der VermSt.-Senat erkennt hier einmal ein Treuhandverhältnis an, ein anderes Mal lehnt er es dagegen ab. Die beiden Urteile scheinen, ebenso wie die zu I (S. 35) erwähnten Entscheidungen des KörpSt.-Senats in Widerspruch miteinander zu stehen. Tatsächlich ist dies jedoch — ebenso wie dort — nicht der Fall. Das erste Urteil betrifft das RWKS. Es hat die in die Form der A.-G. gekleidete Verkaufs- und Geschäftsstelle zum Gegenstand, die bei ihm als das „Kohlen-Syndikat" bezeichnet wird (vgl. Erster Teil zu D (S. 8)). Das Urteil betrifft also den Fall der Organschaft im Rechtssinne. Dabei bleibt zu beachten, daß der VermSt.-Senat die Frage, wer als Treugeber anzusehen ist, die Vereinigung der Mitgliedszechen oder die einzelne Zeche, dahingestellt bleiben läßt. Das zweite Urteil dagegen ist in Sachen einer Organtochter- und Organmuttergesellschaft ergangen. Es betrifft also die Organschaft im wirtschaftlichen Sinne.

I A 32/26 vom 20.4.36, Kartei AO. § 80 Abs. 1 a. F., R. 17/18, RStBl. 26 Nr. 424 S. 314, StW. 26 Nr. 196 u. 267, Bd. 19 S. 21; III A 649/31 vom 19.1.33, Kartei RBewG. 31 § 44 Abs. 2 Nr. 2 R. 1, RStBl. 33 Nr. 177 S. 211, StW. 33 Nr. 439; vgl. hierzu die Urteile I A 473/27 vom 11.10.28, Kartei KörpStG. 25 § 13 R. 45/48, RStBl. 28 Nr. 651 S. 360, StW. 28 Nr. 846 und III A 415/29 vom 20.2.30, Kartei AO. § 80 Abs. 1 a. F. R. 33, RStBl. 30 Nr. 352 S. 251, StW. 30 Nr. 888 (alle Urteile sind in Sachen ein und desselben Konzerns ergangen; sie betreffen das Verhältnis dreier verschiedener, jedoch in derselben Lage befindlicher Tochtergesellschaften bzw. Organtochtergesellschaften — GmbH. — zu ihrer gemeinsamen Muttergesellschaft bzw. Organmuttergesellschaft (Kommanditgesellschaft).

Anders der KörpSt.-Senat. Er ist, zuletzt in seinen Entscheidungen in Sachen Röhren-Syndikat I A 401/32 und I A 402/32 in der Anerkennung treuhänderischen Besitzes sehr weit gegangen. Das Röhren-Syndikat ist als Doppelgesellschaft gestaltet. Der RFH. hat die Treuhand im Verhältnis unmittelbar der Verkaufs- und Geschäftsstelle gegenüber den einzelnen Mitgliedern (Gesellschaftern) anerkannt.

I A 401/32 vom 25.9.34/22.1.35, Kartei KörpStG. 34 § 7 Satz 1 R. 2/3, RStBl. 35 Nr. 286 S. 517, StW. 35 Nr. 170, Bd. 37 S. 151; I A 402/32 vom 25.9.34/22.1.35, Kartei KörpStG. 34 § 3 R. 1/2, RStBl. 35 Nr. 287 S. 523, StW. 35 Nr. 171, Bd. 37 S. 159.

b) § 11 Steueranpassungsgesetz.

Das neuere Schrifttum, das sich mit der Treuhand auseinandersetzt, nimmt auf § 11 StAnpG. Bezug. Es sieht in dem § 11 etwas grundsätzlich Neues. Es faßt die Bestimmung des § 11 so auf, als ob nun Treuhandverhältnisse stets anzuerkennen seien.

Das ist nicht richtig. Der § 11 StAnpG. legt nur die Erkenntnisse der Rechtsprechung des RFH. fest. Im übrigen beschränkt er sich darauf, Vorschriften über die Zurechnung zu bringen. Mit anderen Worten: er sagt lediglich, daß, wenn ein Treuhandverhältnis anzuerkennen ist, die Folgen des Treuhandverhältnisses die und die sind. Ob ein Treuhandverhältnis anerkannt werden kann, bestimmt sich dagegen gemäß § 1 StAnpG. nach dem Zweck des einzelnen Steuergesetzes.

Aber selbst wenn man davon ausgehen will, daß gemäß § 11 StAnpG. das Treuhandverhältnis grundsätzlich anzuerkennen ist, so ist klar, daß dieser Anerkennung immer noch die durch § 1 StAnpG. gezogenen Grenzen gegenüberstehen.

c) Stellungnahme.

Zunächst zwei mehr allgemeine Bemerkungen.

1. Treuhandbesitz, Treuhandverwaltung, Treuhandbetriebsführung. Die Treuhand ist von AHLBÄUMER einer eingehenden Untersuchung unterzogen worden. Hier sind nur einige Fälle von Bedeutung.

Der erste Fall, der hier hineinspielt, ist der des Treuhandbesitzes. Dabei wird unter Treuhandbesitz der auch für das bürgerliche Recht anerkannte Fall verstanden, daß jemand einen Gegenstand, der ihm gehört, einem anderen zu treuen Händen übereignet. Derartige Fälle werden im Steuerrecht z. B. bei der Gründung von Aktiengesellschaften praktisch. Sie kommen weiter, wenn auch in beschränktem Umfange, bei verbandsmäßigen Zusammenschlüssen vor. So z. B. dann, wenn die Mitglieder eines Verbandes, Kartells, Syndikats, diesem gewisse Einrichtungen lediglich zu getreuen Händen zur Verfügung stellen. Es sei hier auf die Urteile des KapVerkSt.-Senats II A 1022/24 vom 23. 9. 25 und II A 214/26 vom 8. 10. 26 verwiesen. Das Urteil II A 1022/24 betrifft eine Gesellschaft, der die Herstellung und der Vertrieb von Schlackensteinen oblag, das Urteil II A 214/26 ein Syndikat. Der RFH. hat hier anerkannt, daß die Zurverfügungstellung von Betriebseinrichtungen, so z. B. einer Buchungsmaschine, auch leihweise erfolgen könne. Er hat daher die von dem im zweiten Urteil genannten Syndikat erhobene Umlage zwecks Beschaffung der Buchungsmaschine als gesellschaftsteuerfrei erachtet.

Der zweite Fall ist der, daß einzelne Geschäfte treuhänderisch erledigt werden. Ich denke hier, was die verbandsmäßigen Zusammenschlüsse anbetrifft, z. B. an den Fall, daß ein Kartell in der Form der Einheitsgesellschaft ohne bürgerliche Rechtsfähigkeit Maßnahmen der Marktbereinigung, wie z. B. den Aufkauf eines Außenseiters wegen seiner beschränkten Handlungsfähigkeit und der mit dieser beschränkten Handlungsfähigkeit verbundenen Schwierigkeiten nicht selber vornimmt, sondern durch ein Mitglied tätigen läßt. Auch dieser Fall ist jedoch für den hier zur Erörterung stehenden Fragenkreis von nur untergeordneter Bedeutung.

Bleibt der dritte Fall. Es ist dies der Fall, daß ein ganzer Betrieb lediglich treuhänderisch geführt wird. Es ist dies der Fall, der in diesem Zusammenhang von besonderer Bedeutung ist. Auf ihn wird daher nachstehend allein abzustellen sein.

2. Die Zweckwillenstheorie des Kapitalverkehrsteuer-Senats. In diesem Zusammenhang muß auch auf die Zweckwillenstheorie des KapVerkSt.-Senats eingegangen werden.

Die Zweckwillenstheorie des KapVerkSt.-Senats ist gerade in letzter Zeit außerordentlich umkämpft und umstritten. Es sei dieserhalb insbesondere auf die bereits angezogenen Ausführungen von BÜHLER und HASENACK, weiter aber auch auf die von VEIEL verwiesen.

Grundlegend für die Zweckwillenstheorie ist das Urteil des KapVerkSt.-Senats II A 666/31 vom 26. 10. 32. Dieses Urteil ist allerdings in gewisser Beziehung mit Recht angegriffen worden. Auf der anderen Seite enthält es jedoch einen durchaus vernünftigen und gesunden Kern.

II A 666/31 vom 26. 10. 32, RStBl. 33 Nr. 55 S. 60, StW. 33 Nr. 227, Bd. 32 S. 145.

Der KapVerkSt.-Senat sagt in diesem Urteil auf der einen Seite folgendes:

„Aus der Einsicht, daß die juristische Person nichts als ein zu eigener Rechtspersönlichkeit organisierter Zweckwille ist, sie das, was ihr kraft gesetzlicher Fiktion als ihr Wille zugerechnet wird, also aus sich selbst will, ergibt sich, daß die Tochtergesellschaft im Umfang ihrer eigenen Zweckbestimmung nie Treuhänderin der Muttergesellschaft sein kann. So wenig die Tochtergesellschaft im Umfang ihrer eigenen Zweckbestimmung Treuhänderin der Muttergesellschaft sein kann, so wenig kann sie im Umfang ihrer eigenen Zweckbestimmung Kommissionärin der Muttergesellschaft sein."

Diese Einstellung geht tatsächlich zu weit. Sie führt dazu, der Gründung einer Gesellschaft u. U. Absichten unterzuschieben, die tatsächlich nicht bestanden haben. Gleichzeitig hat sie zur Folge, daß Tochtergesellschaften, insbesondere Organtochtergesellschaften, schlechter als selbständige Gesellschaften gestellt werden.

Der KapVerkSt.-Senat hat diese strenge Auffassung in der Zwischenzeit ja auch selber wieder aufgegeben. Jedenfalls teilweise. Er hat anerkannt, daß auch eine Tochtergesellschaft als Agentin oder als Kommissionärin für ihre Muttergesellschaft tätig werden kann. Es sei dieserhalb auf die Entscheidungen II A 535/32 vom 27. 9. 33 und II A 477/33 vom 12. 4. 35 verwiesen. Die Anerkennung einer treuhänderischen Betriebsführung hat er allerdings nach wie vor abgelehnt. Es ergibt sich dies bereits aus seinem Urteil II A 422/34 vom 31. 10. 35, in dem er ausspricht, daß die Gesellschaftsteuerfreiheit für Verkaufs-Tochtergesellschaften nicht auch auf Produktions-Tochtergesellschaften ausgedehnt werden könne.

II A 535/32 vom 27. 9. 33, RStBl. 33 Nr. 1139 S. 1324; II A 477/33 vom 12. 4. 35, RStBl. 35 Nr. 486 S. 748; II A 422/34 vom 31. 10. 35, RStBl. 35 Nr. 1168 S. 1518, Bd. 35 S. 309; vgl. auch II A 89/30 vom 2. 4. 37, RStBl. 37 Nr. 465 S. 609, StW. 37 Nr. 269, Bd. 41 S. 162.

Der KapVerkSt.-Senat führt aber in seinem Urteil II A 666/31 weiter auch folgendes aus:

„Wenn ein wirtschaftlicher Wille mit den ihm zu Gebote stehenden Mitteln einen bestimmten Zweck vom Boden einer GmbH. aus verwirklichen, zu diesem

Zweck als GmbH. in den Rechtsverkehr eintreten will, so bedeutet das regelmäßig, daß er auch über diese seine Mittel als GmbH. verfügen will, daß er also als GmbH. diese Mittel als Eigentümer zur Verfügung haben will. Der Wille mehrerer physischer Personen, die sich zu einer Studiengesellschaft oder zu einer Gesellschaft für gemeinschaftliche Propaganda oder zum Zwecke gemeinschaftlicher Vermögensverwaltung oder sonst zur Wahrung gemeinschaftlicher Interessen zusammenschließen, ist der Wille, dieser Person als Gesellschafter der Studiengesellschaft ihre Mittel zu dem gemeinschaftlichen Zweck entweder satzungsgemäß oder außerhalb der satzungsmäßigen Bindung und also freiwillig im Sinne von § 6 KVG. zur Verfügung zu stellen. Wer den Zweck will, muß auch die Bereitstellung der zu seiner Erreichung erforderlichen Mittel wollen.“

Und weiter:

„Damit liegt es keineswegs im Sinne des Kapitalverkehrsteuerrechts, den Wirtschaftsverkehr zur Wahl von Rechtsformen zu nötigen, die den wirtschaftlichen Bedürfnissen und den wirtschaftlichen Absichten nicht entsprechen, nur um Steueransprüche auszulösen, noch auch, daß den gewählten Rechtsformen wirtschaftliche Zwecke untergeschoben werden, die mit ihnen nicht verfolgt werden. Auch nach § 10 AO. wehrt sich das Steuerrecht nur davor, daß nicht zur Umgehung der Steuerpflicht Formen und Gestaltungsmöglichkeiten des bürgerlichen Rechts mißbraucht werden. Der wirtschaftliche Wille ist danach in keiner Weise gehindert, von sich aus zu bestimmen, für welchen besonderen wirtschaftlichen Zweck er sich zu einer neuen Kapitalgesellschaft organisieren und in welcher Art und in welchem Umfang er als dieses neue Rechtssubjekt den besonderen Zweck mit den ihm zur Verfügung stehenden Mitteln zu erreichen suchen will. Nur darf er hierbei nicht mit sich selbst in Widerspruch treten, darf die erklärte Art und der erklärte Umfang, in der die geschäftliche Tätigkeit ausgeübt werden soll, nicht in offenbarem Widerspruch mit dem wirtschaftlichen Willen stehen, als selbständige Rechtspersönlichkeit in den Verkehr einzutreten.“

Diese letzteren Ausführungen enthalten aber einen durchaus gesunden Gedanken. Z.B.: Mehrere natürliche oder juristische Personen gründen eine Kapitalgesellschaft. In diesem Falle ist es nicht nur das Natürliche und Gegebene, sondern ganz selbstverständlich, daß sie dann auch der Gesellschaft das Kapital, das die Gesellschaft benötigt, zu eigen zur Verfügung stellen. Wer den Zweck will, muß auch die Mittel dazu geben wollen.

Das klingt auch in der Rechtsprechung der anderen Senate, insbesondere der Rechtsprechung des KörpSt.-Senats an. Es sei hier z.B. auf die Entscheidung I A 623/28 vom 26. 3. 29/14. 11. 29 verwiesen. Die Entscheidung betrifft die in die Form einer GmbH. gekleidete Verkaufs- und Geschäftsstelle eines als Doppelgesellschaft gestalteten Syndikats. Die GmbH. war verpflichtet, das Delkredere zu übernehmen. Der RFH. führt aus, daß ihr dann auch die Gesellschafter die entsprechenden Mittel zu eigenem Recht hingeben müßten. Und zwar durchaus zu Recht. Die Übernahme des Delkrederes würde andernfalls vollkommen in der Luft gehangen haben.

I A 623/28 vom 26. 3. 29/14. 11. 29, Kartei EinkStG. 25 § 13 R. 194/95, RStBl, 30 Nr. 68 S. 41, StW. 30 Nr. 165, Bd. 26 S. 124.

3. Ergebnis. Ich halte eine treuhänderische Verwaltung und Betriebsführung auch steuerrechtlich für beachtlich. Ich stehe ferner auf dem Standpunkt, daß sie mit der Tatsache der Organschaft, jedenfalls unmittelbar, nichts zu tun hat, die Tatsache der Organschaft lediglich ein Beweisanzeichen bildet.

Ich erachte jedoch eine lediglich treuhänderische Betriebsführung nur unter den folgenden beiden Voraussetzungen für zulässig:

Die treuhänderische Betriebsführung muß satzungsgemäß und tatsächlich der ausschließliche Zweck der betr. Gesellschaft sein. Eine Gesellschaft ins Leben rufen, ihr den Zweck geben, selber als Unternehmer tätig zu sein, gleichzeitig aber vereinbaren, daß sie alles, was sie besitzt, lediglich als Treuhänderin besitzt, halte ich für unzulässig. Es ist dies ein Widerspruch in sich selbst.

Weiter ist Voraussetzung, daß die treuhänderische Betriebsführung nach der Verkehrsanschauung üblich ist und sich nicht mit dem Zweck der einzelnen Steuergesetze in Widerspruch setzt.

Ob und inwieweit eine treuhänderische Betriebsführung hiernach als zulässig zu erachten ist, ist Tatfrage. Was die Üblichkeit anbetrifft, so wird man zum Vergleich auf die Verhältnisse bei natürlichen Personen abstellen müssen. Bei natürlichen Personen zeigt sich aber, daß sie in Fällen dieser Art mehr oder weniger von den Anweisungen anderer abhängig sind. Der Rechtsanwalt, der eine Vermögensverwaltung führt, hat sich nach den Angaben seines Klienten zu richten. Der Inspektor, der ein Gut verwaltet, ist an die Weisungen des Gutsbesitzers gebunden. Der Betriebsführer eines gewerblichen Betriebes, einer Fabrik, hat den Anweisungen der Betriebsinhaber Folge zu leisten.

Auch für Kapitalgesellschaften wird man daher das Vorhandensein einer einheitlichen Anweisung fordern müssen. Damit soll nicht gesagt sein, daß eine treuhänderische Betriebsführung nur im Falle der Organschaft in Betracht kommt. Es soll auch damit nicht gesagt sein, daß unter allen Umständen die an sich lockeren Bindungen der Angestelltenschaft gegeben sein müssen. Immerhin wird die Tatsache der Organschaft ins Gewicht fallen. Dabei wird auch der Unterschied der Organschaft im Rechtssinne und im wirtschaftlichen Sinne eine Rolle spielen.

Ich habe, was die verbandsmäßigen Zusammenschlüsse, d. h. die Kartelle und Syndikate anbetrifft, keine Bedenken, eine derartige treuhänderische Betriebsführung in folgenden Fällen anzuerkennen. So zunächst bei Kartellen und Syndikaten in der Form der Einheitsgesellschaft mit besonderem Verbandsbüro. Das Verbandsbüro, der Geschäftsführer, wird hier klar und deutlich nicht aus eigenem Recht tätig; er führt die Geschäfte treuhänderisch für die Gesellschaft. Er ist dabei den Weisungen der Gesellschaft unterworfen. Ich halte eine treuhänderische Betriebsführung weiter aber auch im Falle der Doppelgesellschaft seitens der Verkaufs- und Geschäftsstelle zugunsten der Vereinigung der Mitgliedswerke für zulässig. Die Verkaufs- und Geschäftsstelle ist, wie im Ersten Teil zu D I unter c 3 (S. 15) ausgeführt, juristischer Direktor. Sie ist daher mit dem Geschäftsführer in Gestalt einer natürlichen Person des zuerst genannten Falles in Parallele zu stellen. Auf der anderen Seite halte ich jedoch eine treuhänderische Betriebsführung z. B. für ausgeschlossen seitens eines rein körperschaftlich als Nebenleistungs-GmbH. gestalteten Syndikats gegenüber den einzelnen Mitgliedswerken. Der Zweck, zu dem die GmbH. errichtet wurde, ist hier nicht der der Betriebsführung. Der Zweck der GmbH. ist hier vielmehr der, die syndizierten Erzeugnisse zu vertreiben. Auch fehlt es an einer einheitlichen Anweisung, wie sie auch bei natürlichen Personen Voraussetzung ist. Der Wille der einzelnen Mitgliedswerke wird in diesem Falle nicht von außen an die GmbH. herangetragen; er bildet sich vielmehr in der GmbH. selbst.

Daß schließlich — dritte Voraussetzung — die Treuhand nur dann anerkannt werden kann, wenn die Beteiligten die ihnen zustehenden Werte in ihren Bilanzen ausweisen, versteht sich von selbst.

IV. Verrechnung.

Eine andere Frage ist die, worauf bei der Verrechnung abzustellen ist; auf die Handelsbilanz oder die Steuerbilanz. Diese Frage wird sowohl für den Gewinnausschluß als auch für die treuhänderische Betriebsführung praktisch.

Der KörpSt.-Senat hat bisher auf die Steuerbilanz abgestellt. So ausdrücklich in seiner Entscheidung in Sachen Röhren-Syndikat I A 401/32.

Diese Einstellung des KörpSt.-Senats hat zur Folge, daß das sog. steuerliche Mehr auf die Berechtigten zu übernehmen ist, d. h. ihren Gewinn erhöht; es hat naturgemäß umgekehrt zur Folge, daß das steuerliche Weniger, das sich bei der verpflichteten Gesellschaft ergibt, von dem Gewinn der Berechtigten abgesetzt werden muß.

Ich habe gegen diese Auffassung doch gewisse Bedenken. Ich habe hierauf bereits an anderer Stelle hingewiesen. So z. B. im Wirtschaftsblatt der Industrie- und Handelskammer zu Berlin.

Zunächst der Gewinnausschluß.

Der Gewinnausschluß betrifft die Verwendung des Einkommens. Der Gewinnausschluß findet daher, wie bereits zu II unter c (S. 37) ausgeführt, dort seine Grenze, wo die beabsichtigte Verwendung des Einkommens nicht durchgeführt wird. Das bringt an sich eine einfache und klare Grenzziehung. Indem man aber auf die Steuerbilanz abstellt, wird diese klare Grenzziehung mittelbar wieder aufgehoben. Daneben bleibt, worauf KENNERKNECHT mit Recht hinweist, zu beachten, daß sich die vertraglichen Abmachungen nicht auf das Ergebnis der Steuerbilanz, sondern auf das der Handelsbilanz beziehen.

Nunmehr zur treuhänderischen Betriebsführung.

Die treuhänderische Betriebsführung ist, wie vor zu III unter c 3 (S. 43) ausgeführt, wenn überhaupt, so nur dann anzuerkennen, wenn die treuhänderische Betriebsführung den ausschließlichen Zweck der betr. Gesellschaft bildet. Diese grundsätzliche Betrachtung schließt jedoch nicht aus, daß der betr. Gesellschaft im einzelnen Falle auch Aufgaben zu eigenem Recht übertragen werden können, sie demgemäß auch eigener Mittel bedarf und eigene Mittel besitzt. Es folgt dies daraus, daß es ja auch Fälle gibt, in denen eine natürliche oder juristische Person lediglich einzelne Geschäfte treuhänderisch erledigt.

Nunmehr zum Gewinnausschluß und zur treuhänderischen Betriebsführung.

Die Stellungnahme des KörpSt.-Senats bedeutet, daß dem Berechtigten einmal mehr, einmal weniger anzurechnen ist, als er tatsächlich erhalten hat.

Z. B.: Eine Gesellschaft weist in der Handelsbilanz einen Gewinn von 100000 RM aus. Für die Steuerbilanz kann sie jedoch für eine ihr zugeflossene Dividendenzahlung von 25000 RM das Schachtelprivileg geltend machen. Der steuerliche Gewinn beträgt nur 75000 RM. Und weiter: eine Gesellschaft weist in der Handelsbilanz einen Gewinn von 100000 RM aus. Für die Steuerbilanz sind jedoch verschiedene Wirtschaftsgüter um 100000 RM höher zu bewerten. Ihr Gewinn beträgt 200000 RM.

Die Einstellung des KörpSt.-Senats führt aber auch dazu, daß unter Umständen tatsächlich erfolgte Überweisungen wieder rückgängig gemacht werden müssen.

Z. B.: Eine Organuntergesellschaft weist nach ihrer Handelsbilanz einen Verlust von 200000 RM aus. Die Organobergesellschaft überweist ihr zur Deckung dieses Verlustes 200000 RM. Nach der Steuerbilanz ergibt sich lediglich ein Verlust von 100000 RM. Damit ergibt sich zugleich steuerrechtlich ein Gewinn von 100000 RM. Diese 100000 RM sind der Organobergesellschaft wieder zuzurechnen.

Die Einstellung des KörpSt.-Senats bedingt so zwangsläufig, daß Handelsbilanz und Steuerbilanz mehr und mehr voneinander abweichen. Damit aber widerspricht sie dem Grundgedanken des EinkStG. Die ganzen Bestimmungen des § 6 laufen doch letzten Endes darauf hinaus, Steuerbilanz und Handelsbilanz einander näherzubringen.

Dazu kommt, daß diese Auffassung des RFH., genau genommen, zu einer Berichtigung der Steuerbilanzen der beteiligten Gesellschaften führt, diese Berichtigung aber nicht nur Arbeit verursacht, sondern auch in den weiteren Entwicklungen der Steuerbilanzen zu erheblichen Unklarheiten führt. Tatsächlich hilft sich die Praxis denn ja auch so, daß sie die Steuerbilanzen der beteiligten Gesellschaften nicht abändert, das sich z.B. bei Organuntergesellschaften ergebende steuerliche Mehr bzw. Weniger bei der Organobergesellschaft durch Zu- bzw. Absetzungen außerhalb der Steuerbilanz berücksichtigt.

Schließlich sprechen auch Erwägungen der Zweckmäßigkeit mit.

Der Standpunkt des KörpSt.-Senats besagt, daß in Fällen dieser Art die Veranlagung nicht der verpflichteten, sondern der berechtigten Gesellschaft zu berichtigen ist. Das aber bringt für die Verwaltung eine erhebliche Arbeit und Mühe mit sich. Es zeigt sich dies schon bei größeren Konzernen. Es gilt dies insbesondere für verbandmäßige Zusammenschlüsse, in erster Linie für die Syndikate, vor allem die, die über eine größere Anzahl von Mitgliedern verfügen.

Ich neige denn auch, ebenso wie KENNERKNECHT, dazu, für die Verrechnung von der Handelsbilanz auszugehen, d.h. das steuerliche Mehr bei der verpflichteten Gesellschaft zu erfassen, das steuerliche Weniger dort zu belassen. Es ist dies m.E. die praktischste Lösung. Sie deckt sich auch mit dem vom RFH. bestätigten Grundsatz der Bilanzverkoppelung, d.h. damit, daß Gewinnausschluß und treuhänderische Betriebsführung nur dann und insoweit als ernstlich gemeint anerkannt werden können, als die Berechtigten die ihnen zustehenden Werte tatsächlich in ihren Bilanzen ausweisen.

Gewinnabführung, Treuhandschaft und Gewinnausschluß. Wirtschaftsblatt der Industrie- und Handelskammer zu Berlin. 36 S. 1274, 1308 u. 1357.

KENNERKNECHT: Kommentar zum Körperschaftsteuergesetz vom 16. 10. 1934, § 7 B IV f 3 Anm. 20 S. 262.

V. Zusammenfassung.

Ich habe mich bemüht, Gewinnausschluß und Treuhandverhältnis einmal von höherer Warte aus zu betrachten. Das Ergebnis, zu dem ich hier gelange, deckt sich jedoch mit dem, zu dem mich meine frühere Einzeluntersuchungen geführt haben.

Vgl. hinsichtlich der verbandsmäßigen Zusammenschlüsse Syndikat und Steuer. VJfStuFR. 32 S. 743; Zum Steuerproblem der Kartelle. ZfHF. S. 311 u. 337; Zur Frage der Körperschaftsteuer- und Vermögensteuerpflicht der Syndikate. KRdsch. 34 S. 390 u. 455.

Ich weiß, daß das Ergebnis, zu dem ich gelange, vielfach als zu eng empfunden wird. Ich halte hieran jedoch fest. Dabei sind es zwei Erwägungen, die mich dazu bestimmen.

Die erste Erwägung ist sachlicher Art.

Organschaft, Gewinnausschluß und Treuhand verlaufen alle in derselben Richtung. Sie gehen alle dahin, einzelnen Kapitalgesellschaften eine besondere steuerrechtliche Beurteilung zu verschaffen.

Vgl. die Urteile VI A 829/33 vom 17. 10. 34, Kartei EinkStG. 34 § 5 Abs. 1 R. 12, StW. 35 Nr. 11 und II A 422/34 vom 31. 10. 35, RStBl. 35 Nr. 1168 S. 1518,

StW. 35 Nr. 721, Bd. 35 S. 309, wo der EinkSt.-Senat und der KapVerkSt.-Senat darauf hinweisen, daß die Anerkennung des Gewinnausschlusses und der treuhänderischen Betriebsführung die Anerkennung der Organtheorie bedeuten würde, die Organtheorie jedoch für das EinkStG. und das KapVerkStG. nicht zugelassen werden könne.

Der Streit um die Organschaft ist ausgekämpft. Die Organschaft hat im UmsStG. 34 eine gesetzliche Regelung gefunden. Die Grundsätze, die zu dieser Regelung geführt haben, haben auch für die KörpSt. und die VermSt. zu gelten. Der Gewinnausschluß ist grundsätzlich geklärt. Sein Wesen liegt klar zutage. Fragen, die noch offen stehen, haben mit der grundsätzlichen Beurteilung nichts zu tun.

Anders die Treuhand. Bei der Treuhand handelt es sich um einen verhältnismäßig jungen, erst teilweise geklärten Fragenkreis.

Organschaft, Gewinnausschluß und Treuhand laufen im Ergebnis alle darauf hinaus, Gesellschaften als Betriebsabteilungen eines einzelnen oder mehrerer anderer Unternehmen zu erklären. Das zeigt sich klar und deutlich auch in den Untersuchungen von Ahlbäumer. Auf S. 78/79 seiner an sich sehr lesenswerten Ausführungen kommt Ahlbäumer auch auf die Einmann-GmbH. zu sprechen. Er erkennt an, daß die Einmann-GmbH. nicht als Organ ihres Gesellschafters betrachtet werden könne. Jedenfalls solange nicht, als der Gesellschafter nicht Unternehmer, d. h. Unternehmer eines anderen Unternehmens ist. Er meint dann jedoch, daß nichts im Wege stände, daß die GmbH. ihren Betrieb lediglich treuhänderisch führe. Gemäß § 11 Abs. 3 StAnpG. sei alles das, was der Treuhänder erwerbe, dem Treugeber zuzurechnen. Damit würde der hinter der Einmann-GmbH. stehende Gesellschafter selber zum Unternehmer.

Vgl. zu den Ausführungen von Ahlbäumer auch: Gewinnabführung, Treuhandschaft, Gewinnausschluß. Vortrag, gehalten auf der vom Verbande Deutscher Diplom-Kaufleute e. V., Berlin, Dezember 36 in Breslau veranstalteten Steuertagung; abgedruckt in BWuSt. 37 S. 76.

Bei dem Kampf um die Anerkennung der Treuhand handelt es sich um den alten Kampf zwischen Wirtschaft und Steuerrecht — ein Kampf, der stets wiederkehrt und immer wiederkehren wird, wenn auch einmal in dieser, einmal in jener äußeren Form.

Es ist Aufgabe der Wissenschaft, zu untersuchen, zu prüfen, zu wägen. Die Wissenschaft hat auch schon manche dankbare Anregung gegeben. Manche Ergebnisse, zu denen die wissenschaftliche Betrachtung geführt hat, haben später in der einen oder anderen Form ihren gesetzlichen Niederschlag gefunden. Die Wissenschaft muß sich jedoch hüten, die tatsächlichen Gegebenheiten außer acht zu lassen. Sie gerät sonst in Gefahr, sich von dem Boden der Wirklichkeit zu entfernen. Zu den tatsächlichen Gegebenheiten gehört aber auch die Beachtung der Bedürfnisse des Staates. Auch die Wissenschaft wird sich daher nach dem Willen des Gesetzgebers, wie er in den einzelnen Steuergesetzen zum

Ausdruck kommt, ausrichten müssen. Das KörpStG. will aber grundsätzlich eine doppelte, gegebenenfalls sogar eine mehrfache Besteuerung. Ersteres ergibt sich klar und deutlich aus der Änderung des KörpStG. vom 27. 8. 36. Der Körperschaftsteuersatz ist hier dem durchschnittlichen Einkommensteuersatz, den natürliche Personen zu zahlen haben, angepaßt. Letzteres folgt daraus, daß das Gesetz selber eine Befreiung auch bei finanzieller Verflechtung nur bei 25% Beteiligung (Schachtelprivileg des § 9) kennt. Gleiches gilt vom VermStG. Dabei bleibt zu beachten, daß gemäß § 6 VermStG. jede Kapitalgesellschaft auf jeden Fall einen Betrag in Höhe des gesetzlich zulässigen Mindestkapitals — bei der A.-G. danach allerdings noch 50000 RM — zu versteuern hat.

Gesetz zur Änderung des Körperschaftsteuergesetzes vom 27. 8. 36, RGBl. I S. 701, RStBl. S. 873.

In diesem Zusammenhang ist es nicht ohne Bedeutung, auf die Folgen hinzuweisen, die sich aus den Urteilen VI A 836/36 vom 28. 10. 36, RStBl. 37 Nr. 79 S. 95 und I A 169/36 vom 22. 9. 36, RStBl. 36 Nr. 972 S. 1181, Bd. 40 S. 40 für das Schachtelprivileg ergeben. Abgesehen davon, daß Zinsen für den Erwerb einer Schachtelbeteiligung den steuerpflichtigen Gewinn auch dann nicht schmälern dürfen, wenn die Beteiligung ein Erträgnis nicht gebracht hat, kann es zumindest zweifelhaft sein, ob Abschreibungen von Schachtelbeteiligungen auf den niederen Teilwert das steuerliche Ergebnis beeinflussen dürfen; vgl. Carius: DStZ. 37 S. 134 u. 333, InduSt. 37 I S. 187; ferner Stachelhaus: InduSt. 37 I S. 147 und Wachter: InduSt. 37 I S. 149.

Damit aber sind auch der wissenschaftlichen Untersuchung Grenzen gesetzt. Insbesondere wird auch sie anerkennen müssen, daß die Anerkennung der Treuhand nur im gewissen Rahmen möglich ist.

Dazu kommt für mich noch eine andere, mehr förmliche Erwägung. Sie liegt darin, daß eine zu weitgehende Anerkennung der treuhänderischen Betriebsführung dazu zwingt, auch die gebundenen Werte auf die Beteiligten zu verteilen. Eine derartige Umlegung bringt aber erhebliche Verwaltungsarbeit mit sich. Der KörpSt.-Senat spricht ja auch in seiner Entscheidung I A 401/32 sehr vorsichtig davon, daß der von ihm aufgezeigte Weg der Umlegung dieser Werte auf die Beteiligten zumindest einmal versucht werden müsse. Die Steuergesetzgebung ist aber kein Justizrecht. Sie ist Verwaltungsrecht. Ein Verwaltungsrecht gibt sich aber auf, wenn es zu weit in Einzelheiten geht.

C. Die Bedeutung der Organlehre für die verbandsmäßigen Zusammenschlüsse.

I. Organschaft (Angestelltenschaft) des Verbandes.

a) Organschaft im Rechtssinne — Organschaft (Angestelltenschaft) im wirtschaftlichen Sinne.

Auch bei den verbandsmäßigen Zusammenschlüssen — oder richtiger insbesondere — ist zwischen der Organschaft im Rechtssinne und der

Organschaft im wirtschaftlichen Sinne zu unterscheiden. Die Organschaft im Rechtssinne wird nur bei solchen Zusammenschlüssen praktisch, die als Doppelgesellschaft gestaltet sind. Sie bezieht sich hier allein auf das Verhältnis der Verkaufs- und Geschäftsstelle zu der ihr übergeordneten Vereinigung der Mitgliedswerke.

b) Rechtsform.

Die Rechtsform, in die ein Verband gekleidet ist, ist belanglos. Bei Kartellen, insbesondere Syndikaten in Form der Doppelgesellschaft hängt die Frage, ob das Syndikat als solches Organ ist, davon ab, ob die Vereinigung der Mitgliedswerke als Angestellte der einzelnen Mitgliedswerke angesehen werden kann.

c) Ergebnis.

Die Organschaft — soweit die betr. Zusammenschlüsse der bürgerlichen Rechtsfähigkeit entbehren, die Angestelltenschaft — der verbandsmäßigen Zusammenschlüsse gegenüber ihren Mitgliedswerken ist zu verneinen. Es folgt dies ohne weiteres daraus, daß unter einem Verband schon rein begriffsmäßig ein Zusammenschluß mit einem gewissen Selbstbestimmungsrecht und Aufsichtsrecht, einer Zwangsmöglichkeit gegenüber dem einzelnen Mitglied zu verstehen ist. Es sei dieserhalb auf die Ausführungen des Ersten Teils zu B I (S. 1) verwiesen. Es gilt dies für alle verbandsmäßigen Zusammenschlüsse. Es gilt dies für die wirtschaftlichen Vereine und Verbände allgemeiner Art. Es gilt dies erst recht für die Kartelle. Und es gilt dies insbesondere für die Syndikate; auch, wenn gerade hinsichtlich der Syndikate aus naheliegenden Gründen vor allem darzulegen versucht worden ist, daß sie Organ oder Angestellte der einzelnen Mitgliedswerke seien.

II. Organschaft (Angestelltenschaft) der Mitglieder.

Abzulehnen ist auch der vielfach gemachte Versuch, die einzelnen Mitgliedswerke als Organe — Angestellte — des Verbandes hinzustellen. Es scheitert dies schon allein daran, daß die Mitgliedswerke keineswegs ihre gesamte Tätigkeit den gemeinsamen Verbandszwecken widmen. Es ist dies vom RFH. bisher allerdings nur für die Syndikate ausgesprochen worden. Was für die Syndikate gilt, gilt aber erst recht für die anderen verbandsmäßigen Zusammenschlüsse. Es folgt dies ohne weiteres daraus, daß die Eingriffe in die freie Wirtschaftstätigkeit ihrer Mitglieder bei diesen Zusammenschlüssen bedeutend geringer als bei den Syndikaten sind.

Vgl. zu dem ganzen Absatz: Umsatzsteuer der Unternehmerzusammenschlüsse. Vortrag, gehalten auf der Umsatzsteuertagung der Reichsfinanzverwaltung in Garmisch-Partenkirchen im März 37; abgedruckt in DStZ. 37 S. 893.

D. Die Bedeutung des Gewinnausschlusses und der Treuhand für die verbandsmäßigen Zusammenschlüsse.

Der Gewinnausschluß ist lediglich für die KörpSt., die Treuhand, jedenfalls soweit im Rahmen dieser Darstellung zu berücksichtigen, lediglich für die KörpSt., VermSt. und KapVerkSt. von Bedeutung. Auf den Gewinnausschluß und die Treuhand wird daher innerhalb der entsprechenden Unterteile eingegangen werden.

Zweiter Unterteil.

Umsatzsteuer.

A. Die allgemeinen Grundlagen.

Zunächst einige allgemeine Hinweise.

I. Die persönliche Steuerpflicht.

Die UmsSt. ist eine Verkehrssteuer. Sie stellt daher den Steuergegenstand: die Leistung oder Lieferung in den Vordergrund. Andererseits versteht es sich von selbst, daß auch ein Träger der Leistung oder Lieferung vorhanden sein muß. Das zeigt sich insbesondere bei den verbandsmäßigen Zusammenschlüssen. Hier ist diese Frage häufig vorab zu prüfen.

Das UmsStG. 34 knüpft an den Begriff des Unternehmers an. Gemäß § 2 Abs. 1 ist Unternehmer jedoch jeder, der selbständig eine gewerbliche oder berufliche Tätigkeit ausübt.

Der Begriff des Unternehmers ist so sehr weit gezogen. Unternehmer kann nicht nur eine juristische Person, sondern auch eine natürliche Person, einzeln oder zusammengeschlossen, sein. Voraussetzung ist allein, daß sie sich in nach außen erkennbarer Weise am rechtsgeschäftlichen Verkehr beteiligt.

Diese Voraussetzung ist aber bei verbandsmäßigen Zusammenschlüssen stets gegeben. Wie im Ersten Teil zu B I (S. 1) ausgeführt, ist unter einem Verband schon begriffmäßig ein Gebilde mit einem gewissen Eigenleben, eigener Behausung, eigener Buchführung, meist mehr oder weniger großem eigenem Vermögen zu verstehen, das in aller Regel auch nach außen in Erscheinung tritt.

Im übrigen darf die Bedeutung dieser Voraussetzung nicht überschätzt werden.

Tätigt ein Verband Außenleistungen, so braucht die Frage, ob er nach außen auftritt, überhaupt nicht untersucht zu werden. Das Auftreten nach außen ist notwendige Voraussetzung. Beschränkt sich die Tätigkeit des Verbandes darauf, mit seinen Mitgliedswerken in einen Leistungsaustausch zu treten, so kann die Frage, ob er auch nach außen auftritt, dahingestellt bleiben. Wie sich zwangsläufig aus der Natur der Umsatzsteuer als Verkehrssteuer ergibt, vom RFH. zudem bereits entschieden ist, sind Binnenleistungen — sofern die sonstigen Voraussetzungen gegeben sind — auch dann umsatzsteuerpflichtig, wenn es sich bei dem Verband, der Gesellschaft, um eine reine Innengesellschaft handelt.

Da auch Zusammenschlüsse natürlicher und juristischer Personen Unternehmer im Sinne des UmsStG. sind — oder doch sein können —, ist die Rechtsform, in die der betr. Verband gekleidet ist, belanglos. Belanglos ist auch der zweckhafte Aufbau. Bei Einheitsgesellschaften mit besonderem Verbandsbüro ist auf die Gesellschaft und nicht auf das Büro, den Geschäftsführer, abzustellen. Gleiches gilt für Zusammenschlüsse in Form der Doppelgesellschaft. Hier ist Träger der umsatzsteuerpflichtigen Leistungen und Lieferungen die Vereinigung der Mitgliedswerke. Es sei dieserhalb auf die Darlegungen im Ersten Teil zu D (S. 8) verwiesen.

Daß alle verbandsmäßigen Zusammenschlüsse selbständig sind, also nicht als Organ (Angestellte) ihrer Mitglieder aufgefaßt werden können, wurde bereits im Ersten Unterteil dieses Zweiten Teils zu C I (S. 48) ausgeführt.

II. Die sachliche Steuerpflicht.

a) Außenleistungen — Binnenleistungen.

Es ist zu unterscheiden zwischen den Außenleistungen und den Binnenleistungen. Unter Außenleistungen sind die Leistungen gegenüber dritten, fremden, Personen zu verstehen. Unter Binnenleistungen sind dagegen die Leistungen gegenüber den einzelnen Mitgliedern zu begreifen.

Die Steuerpflicht der Außenleistungen richtet sich nach den allgemeinen Bestimmungen. Auf die Steuerpflicht der Binnenleistungen muß dagegen etwas näher eingegangen werden.

b) Leistungen einer Gesellschaft gegenüber ihren Gesellschaftern.

Daß auch Binnenleistungen der Umsatzsteuer unterliegen, ergibt sich aus dem Gesetz. Es folgt dies aus § 2 Abs. 1 UmsStG. Wie dort ausdrücklich gesagt wird, wird die Annahme einer gewerblichen und beruflichen Tätigkeit nicht dadurch ausgeschlossen, daß eine Personenvereinigung nur gegenüber ihren eigenen Mitgliedern tätig wird.

Die Annahme eines Leistungsaustausches ist jedoch beschränkt. Rein gesellschaftsrechtliche Vorgänge vermögen eine Umsatzsteuer nicht auszulösen. Das wird bestätigt durch die Bestimmung des § 4 Ziff. 9, die ausdrücklich sagt, daß Umsätze, die unter das KapVerkStG. Teil I (Gesellschaftsteuer) fallen, steuerfrei sind.

Im Grunde genommen ist im Verhältnis einer Gesellschaft zu ihren Gesellschaftern — eines Verbandes zu seinen Mitgliedern — zwischen drei Fällen zu unterscheiden. Der erste Fall ist der, daß der Verband zwar eine Leistung tätigt, für diese Leistung jedoch nichts gezahlt wird. Der zweite Fall ist der, daß auf seiten des Verbandes eine Leistung vorliegt, für diese Leistung auch etwas vergütet wird, es sich jedoch um einen Vorgang auf gesellschaftsrechtlicher Grundlage handelt, der gemäß § 4 Ziff. 9 UmsStG. ausdrücklich freigestellt ist. Der dritte und letzte Fall ist dann der, daß die Leistung des Verbandes und das Entgelt, das dafür gegeben wird, einen Leistungsaustausch im Sinne des § 1 UmsStG. begründen.

Der erste Fall ist klar. Eine Umsatzsteuerpflicht wird — wie die Leistung auch immer beschaffen sein mag — mangels Entgelts nicht ausgelöst. Er dürfte auch im praktischen Leben verhältnismäßig selten sein. Alle Verbände sind grundsätzlich darauf angewiesen, daß ihnen die Mitglieder die Beträge, die sie zur Erfüllung ihrer Aufgaben benötigen, zur Verfügung stellen. Er kann daher hier unberücksichtigt bleiben.

Im übrigen vgl. hierzu Vortrag, gehalten auf der von der Reichsfinanzverwaltung in Garmisch-Partenkirchen März 37 veranstalteten Umsatzsteuertagung; abgedruckt in DStZ. 1937 S. 893.

1. Die Rechtsprechung des RFH. Zunächst die Rechtsprechung des RFH.

aa) Gesellschaftsrechtliche Vorgänge — Leistungsaustausch. Die Rechtsprechung des RFH. hat im Laufe der Zeit eine gewisse Wandlung durchgemacht. Der RFH. hat zwar immer unterschieden, ob sich die Tätigkeit der betr. Gesellschaft in der Gewährung von Gesellschaftsrechten erschöpft oder aber sich zu einer Sonderdienstleistung verdichtet. In der Art der Abgrenzung hat er jedoch geschwankt.

In den Anfängen seiner Rechtsprechung neigte er dazu, darauf abzustellen, ob die Tätigkeit des Verbandes ihren Ursprung allein in der Gesellschaftsbildung als solcher hat. Der RFH. ist hierbei jedoch bald auf Schwierigkeiten gestoßen. Und zwar deswegen, weil sich auch eine Tätigkeit, die den satzungsmäßigen Zweck der Gesellschaft bildet, als Sonderdienstleistung darstellen kann. Es sei hier aus dem Kreis der verbandsmäßigen Zusammenschlüsse auf die Vermittlungssyndikate verwiesen. Die Vermittlungssyndikate werden ausschließlich oder doch in erster Linie zu dem Zweck errichtet, den Vertrieb der syndizierten Erzeugnisse ihrer Mitglieder zu vermitteln. Daß aber in der Tätigkeit, die sie bei der Vermittlung entfalten, eine Sonderdienstleistung liegt, ist — jedenfalls der heutigen Betrachtungsweise nach — klar.

Im weiteren Verlauf seiner Rechtsprechung ist dann der RFH. zu einer doppelten Abgrenzung gelangt. Er hat einmal auf den sachlichen Gehalt abgestellt; d.h. darauf, ob dem betr. Mitglied ein besonderes Anrecht auf die Tätigkeit der Gesellschaft zusteht. Daneben hat er jedoch auch die Art der Erhebung der Unkosten entscheidend sein lassen. Er hat einen Unterschied gemacht, ob die Unkosten nach der Inanspruchnahme durch das einzelne Mitgliedswerk oder lediglich nach seiner Leistungsfähigkeit erhoben werden. Dabei ist dann die Abstellung auf die äußere Gestaltung im Laufe der Zeit mehr und mehr in den Vordergrund getreten.

Anders die Rechtsprechung der neueren Zeit. Sie kehrt dazu zurück, den tatsächlichen Gehalt der Vorgänge in den Vordergrund zu stellen.

Grundlegend ist die Entscheidung V A 587/33 vom 5. 10. 34. Die Entscheidung ist in Sachen der Wagenbau-Vereinigung Berlin ergangen. Der UmsSt.-Senat unterscheidet hier, ob die Tätigkeit des Verbandes der Wahrnehmung der Gesamtbelange aller Mitglieder oder aber der der Sonderbelange des einzelnen Mitgliedes dient. Er weist dabei ausdrücklich darauf hin, daß der Art der Erhebung der Unkosten nur die Bedeutung eines Beweisanzeichens zukomme. Im einzelnen sagt er, soweit hier von Bedeutung, folgendes:

„Zur Feststellung, welche Zweckbestimmung im vorliegenden Fall anzunehmen ist, hat sich das FG. darauf beschränkt, zu prüfen, ob die Beiträge nach der Leistungsfähigkeit der Mitgliedswerke bemessen sind; es ist zur Bejahung dieser Frage gelangt. Sie reicht jedoch zur Rechtfertigung der Umsatzsteuerfreiheit der Beiträge ebensowenig aus wie der Hinweis des FG. darauf, daß nach der Rechtsprechung des RFH. der Bemessungsmaßstab der Leistungsfähigkeit nicht der einzige sei, aus dem sich die Eigenschaft der so bemessenen Zahlungen als echte Mitgliederbeiträge ableiten lasse, daß es vielmehr darauf ankomme, daß die Zahlungen nach einem für alle Mitglieder in gleicher Weise geltenden Maßstab in der Art einer gestaffelten Steuer berechnet werden...

Gleichheit oder Gleichmäßigkeit der Zahlungen ist die Voraussetzung für die Annahme echter Mitgliederbeiträge. Wo sie fehlen, kommen auch Mitgliederbeiträge nicht in Frage. Daß aber nicht schon allein aus der Gleichheit oder aus einem gleichen Bemessungsmaßstab auf die Eigenschaft der Zahlungen als echter Mitgliederbeiträge geschlossen werden darf, liegt auf der Hand. Ein gleicher Bemessungsmaßstab der Mitgliederzahlungen schließt keineswegs aus, daß sie Entgelte für Sonderleistungen des Vereins darstellen. Vielmehr wird auch das Entgelt für eine Sonderleistung bestimmter Art regelmäßig nach einem für alle Empfänger der Sonderleistung gleichen Maßstab berechnet werden, beispielsweise nach der Größe der von einem Dampfkessel-Überwachungsverein überwachten Kessel (Entsch. d. RFH. Bd. 12 S. 215). Auch in diesem Falle werden die Beiträge nach einem für alle Mitglieder in gleicher Weise geltenden Maßstab berechnet. Allerdings nicht nach der Art einer gestaffelten Steuer, die ohne besondere Leistung des Steuergläubigers eingezogen, sondern nach Art einer gestaffelten Gebühr, die als Entgelt für eine Sonderleistung des Gebührengläubigers erhoben wird. Ebenso ist es sehr wohl möglich und wird häufig vorkommen, daß die Inanspruchnahme der Tätigkeit eines Vereins durch seine Mitglieder mit deren wirklicher Leistungsfähigkeit wächst, so daß in solchen Fällen die Bemessungsstäbe der Inanspruchnahme und der Leistungsfähigkeit nicht im Gegensatz zueinander stehen, sich vielmehr decken...

Der Bemessungsmaßstab kann daher ein Beweisanzeichen dafür sein, daß die Mitgliedszahlungen echte Gesellschafterbeiträge oder Sonderleistungsentgelte sind, er kann jedoch nicht ein Eingehen auf die Grundfrage entbehrlich machen, ob die Zahlung zur Gelddeckung des den Belangen der Gesamtheit der Mitglieder dienenden verbandlichen Gemeinschaftszweckes oder zur Abgeltung von den Sonderbelangen einzelner Mitglieder dienender Sonderleistungen bestimmt sind, ob sie also ohne Rücksicht auf die tatsächliche oder vermutete Inanspruchnahme der Verbandstätigkeit durch das einzelne Mitglied oder ihr entsprechend erhoben werden.“

In der gleichen Richtung verläuft das Urteil V A 269/33 v. 5. 4. 35. Das Urteil ist in Sachen eines Syndikats der Drahtindustrie ergangen.

Der RFH. vergleicht hier die Tätigkeit des Verbandes, soweit er als Vermittlungssyndikat tätig wurde, mit der eines Abschlußagenten. Auch die Provisionen, die einem Handlungsagenten gewährt würden, stellten nicht auf den Arbeitsaufwand ab, der dem Agenten im einzelnen Falle entstehe. Eine pauschale Festsetzung der Vergütungshöhe nach einem bestimmten Schlüssel sei mit der Annahme eines Entgelts für Sonderleistungen durchaus vereinbar.

Der UmsSt.-Senat sagt dabei, soweit in diesem Zusammenhang von Interesse, wörtlich folgendes:

„Es kann aber auch kein Rechtsirrtum oder Verstoß gegen den klaren Akteninhalt gefunden werden, in der wesentlich auf einer Würdigung tatsächlicher Verhältnisse beruhenden und deshalb nur in dem beschränkten Rahmen des § 288 AO. im Rechtsbeschwerdeverfahren nachprüfbaren Feststellung, daß im Streitfall ein Leistungsaustausch vorläge, soweit die Geschäftsstelle des Verbandes für die Verbandsmitglieder Abschlüsse vermittelt und die durch die Vermittlungstätigkeit erwachsenen, als Vertriebsunkosten bezeichneten Unkosten auf die Mitglieder nach Maßgabe der ... menge umgelegt hat, die durch die vermittelten Abschlüsse umgesetzt wurden. Daß die auf Erzielung von Abschlüssen gerichtete Tätigkeit der Geschäftsstelle den einzelnen am Absatz von ... beteiligten Verbandsmitgliedern unmittelbar oder nur diesen zugute kommt, daß also insoweit die Verbandstätigkeit sich in bestimmten Leistungen gegenüber bestimmten Mitgliedern verwirklicht, kann nicht wohl in Zweifel gezogen werden. Die Verbandstätigkeit ist insoweit durchaus als die eines Abschlußagenten zu werten. Auch der Umstand, daß diese Verbandstätigkeit zu den satzungsmäßig festgelegten Zwecken des Verbandes gehört, ist nicht geeignet, den Vermittlungsleistungen ihre Natur als Sonderleistungen gegenüber den am Absatz beteiligten Mitgliedern zu nehmen (vgl. Bd. 19 S. 320; StW. 32 Nr. 949). Den Entgeltcharakter der als Vertriebsunkosten umgelegten und von den Mitgliedern bezahlten Beträge hat das Berufungsgericht mit Recht daraus gefolgert, daß dieser Teil der Unkosten nach dem Verhältnis der für die einzelnen Mitglieder getätigten Abschlüsse, also nach dem Maß der tatsächlichen Inanspruchnahme der Verbandsgeschäftsstelle für Vermittlungszwecke umgelegt worden ist (Bd. 37 S. 30, 35). Hierbei hat das Berufungsgericht mit Recht auch den Einwand zurückgewiesen, daß Entgelte für Sonderleistungen schon deshalb nicht angenommen werden können, weil die Umlegung der Vertriebsunkosten nach Maßgabe der durch die vermittelten Abschlüsse umgesetzten ... menge eine Berücksichtigung des im Einzelfalle tatsächlich geleisteten Arbeitsaufwandes nicht zulasse. Daß es darauf für die Frage, ob ein Entgelt für Sonderleistungen vorliegt oder nicht, nicht entscheidend ankommen kann, ergibt schon die Erwägung, daß auch die Provision des selbständigen Handlungsagenten im Regelfalle nach dem Preis oder der Menge der Ware, die durch die vermittelten Abschlüsse umgesetzt werden, bemessen wird, ohne Rücksicht darauf, welcher Arbeitsaufwand im Einzelfalle für das Zustandebringen des Abschlusses erforderlich gewesen ist. Eine pauschale Festsetzung der Vergütungshöhe nach einem bestimmten Schlüssel ist also mit der Annahme eines Entgelts für Sonderleistungen durchaus vereinbar (vgl. hierzu auch das Urteil des Ersten Senats vom 6. Dezember 1932, I A 196/32, Bd. 32 S. 161, 165)."

Von Bedeutung ist bei diesem Urteil insbesondere, daß sich der UmsSt.-Senat, wie aus dem vor wiedergegebenen Auszug aus dem Urteil ersichtlich, auf die Rechtsprechung des KörpSt.-Senats beruft (I A 196/32 vom 6. 12. 32). Es wird so die Brücke auch zur Rechtsprechung des KörpSt.-Senats geschlagen. Der KörpSt.-Senat hat sich aber in ständiger Rechtsprechung auf den Standpunkt gestellt, daß bei solchen Zusammenschlüssen, die dem privatwirtschaftlichen Vorteil ihrer Mitglieder dienen, von Mitgliederbeiträgen grundsätzlich nicht gesprochen werden könne.

Von Bedeutung in diesem Zusammenhang ist ferner auch das zeitlich allerdings weiter zurückliegende Urteil V A 472/33 vom 8. 6. 34. Das Urteil wurde in der DStZ. 34 besprochen.

Der UmsSt.-Senat hatte sich hier mit der Frage auseinanderzusetzen, ob bei Vermittlungssyndikaten der Unkostenersatz auch dann steuerpflichtig ist, wenn die Umlegung der Geschäftsunkosten nach der Beteiligungsziffer erfolgt. Der RFH. hat dies in Abweichung von seinem Urteil V A 267/21 vom 5. 5. 22 bejaht. Er sagt im einzelnen folgendes:

„Ohne Rechtsirrtum hat das FG. den Verband als reines Vermittlungssyndikat angesehen, das durch die Vermittlung der . . .lieferung der Werke an ihre Kunden eine selbständige gewerbliche Tätigkeit im Sinne von § 1 Nr. 1 UmsStG. 1932 ausübt, wenn sie entgeltlich ist. Da die Tätigkeit dem satzungsmäßigen Zweck des Verbandes entspricht, so müßte nach ständiger Rechtsprechung des Senats (vgl. Entsch. RFH. Bd. 29 S. 28/29) ein steuerpflichtiger Leistungsaustausch verneint werden, wenn die Unkostenumlage nach einem für alle Mitglieder gleichen Maßstab unabhängig insbesondere von der wirklichen oder vermuteten Inanspruchnahme der Vermittlungstätigkeit des Verbandes erfolgte und deshalb einen für alle Mitgliedswerke nach solchem Maßstab gleichen Gesellschaftsbeitrag darstellte. Das FG. hat aber ohne Verstoß wider den klaren Akteninhalt festgestellt, daß die Quote, nach der die Verteilung der Beiträge zunächst, also in der Regel erfolgt und die Quote der Unkostenumlage die gleiche ist, daß diese Quote eine Absatzquote ist und daß sie daher, wenn sie auch von Anfang an festgelegt ist und im wesentlichen unverändert bleibt, den tatsächlichen Anteilen des einzelnen Mitgliedswerkes an der Gesamtheit der jeweils vermittelten Lieferungsanträge ungefähr entspricht. Bei dieser Sachlage kann es nicht als rechtsirrig angesehen werden, daß das FG. das Vorliegen eines steuerfreien Mitgliederbeitrages verneint und einen steuerpflichtigen Lieferungsaustausch bejaht hat.'

V A 587/33 vom 5. 10. 34, Kartei UmsStG. 34 § 1 Ziff. 1 R. 1/2, RStBl. 35 Nr. 361 S. 621, StW. 35 Nr. 247, Bd. 37 S. 30; V A 269/33 vom 5. 4. 35, Kartei UmsStG. 34 § 1 Ziff. 1 R. 19, RStBl. 35 Nr. 543 S. 809, StW. 35 Nr. 443; V A 472/33 vom 8. 6. 34, besprochen in DStZ. 34 S. 724 (Neues zur Umsatzsteuerpflicht der Vermittlungssyndikate); V A 267/21 vom 5. 5. 22, Kartei UmsStG. 19 § 1 Nr. 1 Satz 1 R. 31, RStBl. 22 Nr. 277, StW. 22 Nr. 1016, Bd. 10 S. 1.

bb) Mehrere Tätigkeiten — Verflüchtigen. Wird eine Gesellschaft — ein Verband — seinen Gesellschaftern — Mitgliedern — gegenüber in verschiedener Form tätig, dient die eine der Tätigkeiten der Wahrnehmung der Gesamtbelange aller Mitgliedswerke, so ist zu unterscheiden, ob beide Tätigkeiten einander gleichgeordnet sind oder nicht. Sind beide Tätigkeiten einander gleichgeordnet, so ist jede der beiden Tätigkeiten für sich zu betrachten. Leisten die Mitglieder einen einheitlichen Beitrag, so ist er gegebenenfalls zu zerlegen. Der

Teil des Beitrages, der auf die Kosten entfällt, die durch die Wahrnehmung der Gesamtbelange aller Mitglieder anfallen, ist als Mitgliederbeitrag umsatzsteuerfrei; der andere Teil, der zur Deckung derjenigen Kosten bestimmt ist, die dem Verband durch die Tätigkeit erwachsen, die den Sonderbelangen des einzelnen Mitgliedes dient, ist als Entgelt für eine Sonderdienstleistung umsatzsteuerpflichtig. Stellt sich dagegen eine der Tätigkeiten lediglich als untergeordneter Nebenzweck dar, so ist sie unberücksichtigt zu lassen.

Daneben steht der Grundsatz des Verflüchtigens. Sind beide Tätigkeiten zwar einander gleichgeordnet, verflüchtigt sich jedoch der für eine dieser Tätigkeiten geleistete Beitrag so in dem, der für die andere Tätigkeit gezahlt wird, daß er nicht ausgesondert werden kann, so teilt er das Schicksal dieses. Er ist also entweder mit diesem Teil umsatzsteuerfrei oder aber umsatzsteuerpflichtig.

2. Die Bedeutung der Rechtsprechung für die verbandsmäßigen Zusammenschlüsse. Die hier zunächst ganz allgemein entwickelten Grundsätze gelten auch für die verbandsmäßigen Zusammenschlüsse. Es ergibt sich dies ohne weiteres daraus, daß die vor angeführten Entscheidungen alle in Sachen verbandsmäßiger Zusammenschlüsse ergangen sind.

Die Grundsätze gelten zunächst für die wirtschaftlichen Vereine und Verbände. Die Vertretung der wirtschaftlichen Interessen der Mitglieder erfolgt in Wahrnehmung der Gesamtbelange aller. Eine Umsatzsteuerpflicht wird daher nicht ausgelöst.

Die Grundsätze gelten aber auch für die Kartelle und Syndikate. Sie führen hier, wie sich noch zeigen wird, dazu, daß zwischen den verschiedenen Tätigkeiten, die den Kartellen und Syndikaten obliegen, zu trennen ist. Bei der Festsetzung der Preise seitens eines Kartells handelt es sich um einen Vorgang, der die Gesamtheit aller Mitgliedswerke berührt; die Festsetzung der Preise erfolgt nicht für das eine oder das andere Mitgliedswerk, sondern für alle. Gleiches gilt für den Fall, daß ein Kartell, Syndikat, das Werk eines Außenseiters aufkauft und stilllegt, Schutzverträge und Schutzabkommen mit anderen inländischen oder ausländischen Unternehmen und Kartellen schließt; auch hier handelt es sich um Vorgänge, die allen Beteiligten zugute kommen. Anders, was den Vertrieb der syndizierten Erzeugnisse durch das Syndikat anbetrifft. Der Vertrieb erfolgt für das einzelne Mitgliedswerk; er berührt so in jedem einzelnen Falle die Sonderbelange dieses.

Die marktordnende Tätigkeit (die marktregelnde und marktbereinigende Tätigkeit) ist streng von der Tätigkeit beim Verkauf zu trennen. Die marktordnende Tätigkeit erfolgt in Wahrung der Gesamtbelange aller Mitgliedswerke; eine Umsatzsteuerpflicht wird nicht ausgelöst; die Zahlungen der Mitgliedswerke erfolgen zur Deckung desjenigen Geldbedarfs, der dem Kartell, Syndikat, in Erfüllung des den Belangen der

Gesamtheit dienenden verbandlichen Gemeinschaftszwecks erwächst; sie tragen den Charakter von Mitgliederbeiträgen. Der Vertrieb der syndizierten Erzeugnisse erfolgt dagegen in Wahrnehmung der Sonderbelange des einzelnen Mitgliedes; er stellt sich daher, soweit er im Wege der Vermittlung geschieht, als Sonderdienstleistung dar; er führt so zu einem umsatzsteuerpflichtigen Leistungsaustausch; die Zahlungen des einzelnen Mitgliedswerkes begründen Entgelt.

Die marktordnende Tätigkeit ist allerdings nicht stets für sich allein zu betrachten. Bei den Kartellen bildet sie Hauptzweck. Bei den Syndikaten stellt sie sich häufig als untergeordneter Nebenzweck dar.

Die Aufgabe des reinen Syndikats ist der Vertrieb der von seinen Mitgliedswerken hergestellten Erzeugnisse. Das Syndikat vertreibt diese Erzeugnisse grundsätzlich zu jeweils denselben Preisen, den gleichen Zahlungs- und Lieferungsbedingungen. Das Syndikat setzt so auch die Preise fest und bestimmt die Bedingungen, unter denen die Lieferung erfolgt. Die Festsetzung der Preise und der Bedingungen stellt sich hier jedoch als notwendige Voraussetzung für den Vertrieb der syndizierten Erzeugnisse dar; sie ist so, wie man zu sagen pflegt, untrennbar mit dem Vertrieb verbunden.

Damit aber ist, um das gleich hier zu sagen, grundsätzlich zwischen den Kartellen und Syndikaten zu unterscheiden.

Das Kartell hat mit dem Verkauf der von seinen Mitgliedswerken hergestellten Erzeugnisse nichts zu tun. Die marktordnende Tätigkeit, die es ausübt, ist daher stets selbständig; sie ist daher immer für sich allein zu betrachten. Anders beim Syndikat. Hier ist zu scheiden, ob die marktordnende Tätigkeit selbständig neben dem Verkauf steht oder notwendig mit dem Verkauf verbunden ist.

Wann dies der Fall ist, ist Tatfrage. Dem augenblicklichen Stand der Rechtsprechung nach läßt sich folgende Aufteilung geben.

Als Verkaufstätigkeit und notwendig mit ihr verbundene marktordnende Tätigkeit haben zu gelten:

der Verkauf,

die Festsetzung der Preise, Zahlungs- und Lieferungsbedingungen,

die Kontingentierung, die Festsetzung des Selbstverbrauchs usw., jedenfalls solange, als sie nicht zur Grundlage besonderer Umlagen gemacht wird,

die Reklame und Propaganda, es sei denn, daß sie für ein bestimmtes einzelnes Werk auf Grund besonderen Auftrags und gegen besondere Vergütung erfolgt.

Als selbständige marktordnende Tätigkeit sind anzusehen:

der Aufkauf von Außenseiterwerken,

der Aufkauf von Mitgliedswerken,

der Aufkauf oder die Anpachtung von Beteiligungsziffern,

der Abschluß von Schutzverträgen,

der Erwerb von Alt- und Neumaterial sowie die Veräußerung desselben nach Verschrottung.

Getrennt ist auch die sonstige, selbständig neben dem Verkauf stehende Tätigkeit zu betrachten. In Frage kommen hier die echte, d. h. über die reine Vorleistung hinausgehende Finanzierung, die Zahlung von Beiträgen und Spenden an andere Vereine und Verbände, Stiftungen an Anstalten usw., sowie die durch die selbständige marktordnende Tätigkeit aber auch die anderer Art bedingte Schaffung eines gemeinsamen Sach- und Finanzvermögens.

Vgl. hierzu: Grundriß der Umsatzsteuerpflicht der Kartelle, Syndikate und ihrer Mitglieder. KRdsch. 36 S. 528, und: Die Umsatzsteuer bei Syndikaten und Kartellen. StWa. 37 S. 96, wo auch die verschiedenen Entscheidungen des RFH. wiedergegeben sind.

3. Die Würdigung der Rechtsprechung. Die Rechtsprechung des RFH. ist in den letzten Jahren von verschiedenen Seiten einer kritischen Würdigung unterzogen worden.

Zu nennen sind hier zunächst die Ausführungen von NICKLISCH in seiner bereits angezogenen Abhandlung: „Das Steuerproblem der Kartelle“.

NICKLISCH unterzieht die Rechtsprechung des RFH. einer ziemlich scharfen Kritik. Er führt aus, daß sich der RFH. an Äußerlichkeiten gehängt habe. Der Kritik ist für die damalige Zeit eine gewisse Berechtigung nicht abzusprechen. Wie bereits vor zu 1aa dieses Unterabschnittes (S. 52) ausgeführt, hat die doppelte Abstellung des RFH. auf einmal den sachlichen Gehalt, zum anderen die Art der Erhebung der Unkosten den RFH. in der Tat dahin geführt, die äußere Gestaltung eine Zeitlang in den Vordergrund zu stellen. Das zeigen ja auch die Ausführungen des FG. in dem ebenfalls bereits in Bezug genommenen Urteil VA 587/33. Heute liegen die Verhältnisse allerdings anders. Die Kritik von NICKLISCH ist als überholt anzusehen. Wie der RFH. in eben dem Urteil VA 587/33 klar und deutlich herausstellt, ist allein der sachliche Gehalt entscheidend.

Die Rechtsprechung des RFH. ist weiter einer Kritik von FISCHER unterzogen worden. Die Ausführungen von FISCHER liegen allerdings zeitlich weit zurück. Sie fallen in das Jahr 1922. Sie sind jedoch deswegen von Interesse, weil sie die Frage der Abgrenzung der UmsSt. zur KapVerkSt. berühren.

FISCHER sagt in seinem Aufsatz: „Kartelle und Umsatzsteuer“ folgendes:

„Nach Ansicht des Reichsfinanzhofes (vgl. RFH. Bd. 4 S. 174, 179, neuerdings bestätigt durch Urteil vom 27. 6. 21, RStBl. 21 S. 324, ferner POPITZ: DStZ. aaO.) sollen diese Beiträge ‚keine Vergütung für besondere Leistungen der Kartellgesellschaft an die Kartellmitglieder bilden, ein Leistungsaustausch im Sinne des UmsStG. soll fehlen‘; es soll kein ‚Entgelt‘ vorliegen. Diese Ansicht ist m. E. nicht zutreffend. Es ist nicht erforderlich, daß die umsatzsteuerpflichtige Leistung sich als eine ‚besondere‘ konkretisiert. Beauftragen beispielsweise eine Reihe von Firmen eines bestimmten Geschäftszweiges einen Agenten allgemein mit der Wahrnehmung von Aufgaben, die im gemeinsamen Interesse aller dieser Firmen liegen, so sind die von den Agenten vereinnahmten Entgelte — seine Selbständigkeit vorausgesetzt — ohne Bedenken gemäß § 1 UStG. als umsatzsteuerpflichtig anzusehen. In diesem Sinne erklärt auch Popitz (Komm. S. 151) z.B. den Generalagenten einer Versicherungsgesellschaft, der zur Wahrnehmung der Gesamtinteressen der Versicherungsgesellschaft in einem bestimmten Bezirk verpflichtet ist, nur deshalb für umsatzsteuerfrei, weil er als Angestellter der betr. Versicherungsgesellschaft anzusehen sei. Es ist daher m.E. nicht einzusehen, warum die Leistung des Kartells, bestehend in der Vertretung der Interessen der Kartellmitglieder, nach Maßgabe des Kartellvertrages und die Verpflichtung des Kartellmitgliedes zur Beitragszahlung nicht als Leistung und Gegenleistung in Wechselwirkung zueinander stehen sollen, wenn die — zudem sogar wirtschaftliche — Leistung des Kartells gemäß dem Kartellvertrage von der Verpflichtung zur Zahlung des Beitrages abhängig gemacht ist. Daß das Kartell gegenüber den einzelnen Kartellmitgliedern selbständig ist, erkennt auch Popitz, DStZ. aaO., an. Ob und inwieweit die vorherrschende Meinung auch hinsichtlich der Beiträge zu sog. Indealvereinen abzulehnen ist, mag hier dahingestellt bleiben."

Grundsätzlich in der gleichen Richtung habe auch ich einmal die Rechtsprechung des RFH. einer kritischen Würdigung unterzogen. Es handelt sich um meine Ausführungen im BuBPr. 34.

Ich habe damals zwischen drei Fällen unterschieden. Als ersten Fall habe ich den bezeichnet, daß der konkretisierten Leistung ein konkretisiertes Entgelt gegenübersteht. Als zweiten Fall habe ich den genannt, daß sich zwar die Leistung zu einer besonderen konkretisiert, das Entgelt dagegen unkonkretisiert bleibt. Als dritten Fall habe ich dann den herausgestellt, daß sowohl die Leistung als auch das Entgelt unkonkretisiert bleiben. Ich habe dann gesagt, daß, jedenfalls im zweiten Fall — also bei konkretisierter Leistung, aber unkonkretisiertem Entgelt — ein steuerpflichtiger Leistungsaustausch anzunehmen sei. Ich habe ferner ausgeführt, daß ich selber allerdings dazu neige, einen steuerpflichtigen Leistungsaustausch auch für den dritten Fall — unkonkretisierte Leistung, unkonkretisiertes Entgelt — anzunehmen; jedenfalls in all den Fällen, in denen mit der Gründung des betr. Verbandes privatwirtschaftliche Vorteile erstrebt würden, zumindest aber dann, wenn der betr. Zusammenschluß seiner ganzen Zweckbestimmung nach dazu da sei, mit seinen Mitgliedern gewerbliche Leistungen im eigentlichen Sinne des Wortes auszutauschen. Der Gedanke, der mich dabei geleitet hat, war der, möglichst zu einer vollständigen Übereinstimmung der Rechtsprechung des UmsSt.-Senats und des KörpSt.-Senats zum Begriff des Mitgliederbeitrages zu gelangen.

Der RFH. hat mittlerweile Gelegenheit gehabt, sich mit diesen Gedankengängen auseinanderzusetzen. Es handelt sich um das bereits angezogene Urteil VA 269/33 vom 5. 4. 35.

Zu dem Fall zwei — konkretisierte Leistung, unkonkretisiertes Entgelt — hat der RFH. Stellung allerdings nicht genommen. Soweit aus seinem Urteil ersichtlich, dürfte jedoch auch er der Auffassung sein, daß in diesem Falle ein steuerpflichtiger Leistungsaustausch anzunehmen ist. Es ist dies jedenfalls aus seinem Hinweis zu schließen, daß eine pauschale Festsetzung der Vergütungshöhe nach einem bestimmten Schlüssel mit der Annahme eines Entgelts für Sonderdienstleistungen durchaus vereinbar sei. Es sei dieserhalb auf den bereits vor zu 1aa dieses Unterabschnittes (S. 52) wiedergegebenen Teil dieses Urteils verwiesen.

Zu dem dritten Fall — unkonkretisierte Leistung, unkonkretisiertes Entgelt — führt der RFH. in seiner Entscheidung folgendes aus:

Die weit ausholenden Ausführungen in der Beschwerdeschriftbegründung des FA. lassen sich im wesentlichen auf zwei Hauptgesichtspunkte zurückführen.

In Übereinstimmung mit Nicklisch: ZfBW. Jg. 31 Heft 11 S. 305 — zu vgl. auch der Aufsatz von Schultze-Schlutius: Verbandssteuerrecht, Steuerreform und Rechtsprechung des Reichsfinanzhofs in der Zeitschrift BuBPr. Jg. 34 Heft 2 S. 13, Heft 3 S. 28 und das im Manuskript vorliegende Werk „Verbandssteuerrecht" des gleichen Verfassers — setzt das Finanzamt zunächst an der Rechtsprechung des erkennenden Senats eine rein formale und dem Wesen der Dinge nicht gerecht werdende Betrachtungsweise aus. Es erblickt diese darin, daß der Senat zu der Frage, ob Umlagen, die von Vereinigungen zur Deckung ihrer Unkosten erhoben werden, steuerfreie echte Mitgliederbeiträge oder steuerpflichtige Entgelte für Sonderleistungen darstellen, allein auf die Art und Weise der Unkostenerhebung abstelle, insbesondere bei Vermittlungssyndikaten steuerpflichtige Entgelte annehme, wenn die Umlegung nach der Menge oder dem Wert des Gegenstandes der Vermittlungstätigkeit, also nach der tatsächlichen Inanspruchnahme des Syndikats erfolge, steuerfreie Mitgliederbeiträge aber, wenn der satzungsmäßig festgelegte Jahresumsatz, die Beteiligungsquote, also die Leistungsfähigkeit des Mitgliedes zugrundegelegt werde. ... Diese Bemängelung der Rechtsprechung des Senats geht jedoch fehl, darf insbesondere durch das inzwischen ergangene, oben bereits angeführte Urteil, Amtl. Slg. Bd. 37 S. 30 (V A 587/33 vom 5. 10. 34 in Sachen der Wagenbau-Vereinigung Berlin) im wesentlichen als überholt angesehen werden ... Diese Frage aber führt zu dem zweiten Hauptgesichtspunkt der Beschwerdebegründung der Steuerbehörde. Das FA. geht nämlich von der Ansicht aus, daß jedes Syndikat ohne Rücksicht auf seine rechtliche Organisation, steuerrechtlich betrachtet, eine Erwerbsgesellschaft mit besonderer Zielsetzung (monopolistische Marktbeherrschung) sei. Danach vertritt das FA. die Auffassung, daß jede von einem Syndikat entfaltete Tätigkeit, also auch die auf die Förderung der Gesamtbelange sämtlicher Mitglieder gerichtete Tätigkeit, zu den erhobenen Mitgliederbeiträgen im Verhältnis von Leistung zu Gegenleistung stehe, daß es mithin einer besonderen ‚Konkretisierung' der Leistung nicht bedürfe. Es nimmt hiernach an, daß insoweit schlechthin ein zur Umsatzsteuerpflicht führender Leistungsaustausch vorliege, ohne daß es darauf ankomme, welchen Zwecken die eingehobenen Beträge dienen sollen und nach welchen Maßstäben sie erhoben werden. Dieser Auffassung gegenüber kann zugegeben werden, daß eine wirksame Förderung der Gesamtbelange aller Mitglieder vielfach mittelbar auch jedem einzelnen Mitglied zugute kommen wird. Das reicht aber nicht aus, um die auf die Belange der Mitgliedergesamtheit gerichtete Verbandstätigkeit als eine Reihe von den einzelnen Mitgliedern gegenüber bewirkten Leistungen, die Verwaltungsunkostenbeiträge als Entgelte für diese Leistungen erscheinen zu lassen. Denn es darf nicht übersehen werden, daß die auf die Förderung der Gesamtbelange aller Mitglieder gerichtete Tätigkeit keineswegs immer den häufig sehr verschieden gearteten Sonderbelangen der einzelnen Mitglieder Rechnung tragen kann, vielmehr zuweilen sogar diesen Sonderbelangen zuwiderlaufen wird und muß (vgl. das Urteil vom 10. 11. 33, V A 941/32, RStBl. 34 S. 575). Aus dieser Erwägung folgt, daß es der genannten Art der Verbandstätigkeit regelmäßig an einer ausreichend greifbaren unmittelbaren Beziehung zu dem einzelnen Mitglied fehlt. Eine solche Abstellung der Verbandstätigkeit aber auf die Sonderbelange der einzelnen Mitglieder, für die man statt des vom FA. gewählten Ausdrucks „Konkretisierung" wohl besser die Bezeichnung „Individualisierung" verwenden kann, hat der erkennende Senat bisher in seiner Rechtsprechung als unerläßliche Voraussetzung für die Annahme eines steuerpflichtigen Leistungsaustauschs im Sinne des Umsatzsteuerrechts angesehen (zu vgl. das bereits angezogene Urteil Bd. 37 S. 30); er sieht auch gegenüber den Ausführungen des beschwerdeführenden FA. keinen Anlaß, von dieser Ansicht abzugehen. Eine Preisgabe der von ihm vertretenenen Auffassung würde letzten Endes zu einer völligen Verwischung des Unterschieds zwischen echten Mitgliederbeiträgen und Entgelten für Sonderleistungen führen. Denn auch bei solchen Vereinigungen, bei denen die echte Beitragsnatur der erhobenen Umlage und damit deren Umsatzsteuerfreiheit bisher in Rechtsprechung und Schrifttum niemals in Zweifel gezogen ist, dient die satzungsmäßige Tätigkeit irgendwie der Förderung der Belange ihrer Mitglieder; eine mittelbare Wechselbeziehung zwischen dieser Tätigkeit und den Beitragszahlungen der Mitglieder, wie sie das FA. für den Streitfall als genügend für die Annahme eines Leistungsaustauschs ansehen will, ist also auch hier regelmäßig gegeben und würde vom Standpunkt des FA. aus zur Besteuerung der Umlagen auch in solchen Fällen führen müssen. Eine derartige Folgerung läßt sich nicht vertreten. Der vom FA. geforderte Verzicht auf das Erfordernis der Individualisierung der Leistung, der auch schwerlich der im Verkehr üblichen Auffassung entsprechen würde, ist hiernach nicht haltbar."

Diesen Ausführungen des RFH. ist zuzustimmen. Ich habe dies bereits in meiner Besprechung des Urteils in der KRdsch. 35 Heft 6 S. 483 zum Ausdruck gebracht; ferner kürzlich in meinem Vortrag, den ich auf der Umsatzsteuertagung der Reichsfinanzverwaltung Anfang März dieses Jahres in Garmisch-Partenkirchen halten durfte. Die vom RFH. geäußerten Bedenken, daß die Preisgabe der Individualisierung letzten Endes zu einer völligen Verwischung des Unterschiedes zwischen echten Mitgliederbeiträgen und Entgelten für Sonderleistungen führen würde, läßt sich nicht von der Hand weisen.

Zwischen FA. und RFH. hatte sich allerdings ein Mißverständnis eingeschlichen. Das FA. wollte den von ihm vertretenen Standpunkt nur auf die reinen Vermittlungssyndikate angewandt wissen. Das ergibt sich zwangsläufig daraus, daß das FA., anders als der RFH., der Auffassung war, daß es sich bei dem fraglichen Verband um ein reines Vermittlungssyndikat, das sich lediglich mit der Verkaufsvermittlung der syndizierten Erzeugnisse seiner Mitglieder befaßte, handelte. Gleiches gilt für meine Ausführungen in dem in Bezug genommenen Aufsatz im BuBPr. Desgleichen für meine Ausführungen in meinem „Verbandssteuerrecht". In meinen Ausführungen im BuBPr. mag dies vielleicht nicht so klar in Erscheinung getreten sein. Es liegt dies daran, daß sich meine Ausführungen im BuBPr. auf die Wiedergabe einzelner Teile meines Verbandssteuerrechts beschränken, der innere Zusammenhang meiner Ausführungen daher hier vielleicht nicht so klar in Erscheinung tritt. Anders, was mein „Verbandssteuerrecht" anbetrifft. Hier tritt das, was ich tatsächlich meinte, klar in Erscheinung. Näher hierauf einzugehen, ist jedoch unnötig. Das „Verbandssteuerrecht" wurde bereits 1933 abgesetzt. Es ist daher durch diese Grundlegung überholt, im übrigen nur noch als — private — Materialsammlung von Bedeutung.

Für die Ausführungen des RFH. ist diese Tatsache jedoch belanglos. Was für das reine Vermittlungssyndikat gilt, gilt auch für andere verbandsmäßige Zusammenschlüsse. Damit aber würde die Annahme eines umsatzsteuerpflichtigen Leistungsaustauschs auch für den Fall, daß nicht nur das Entgelt, sondern auch die Leistung unkonkretisiert bleibt, tatsächlich leicht zu einer Verwischung des Unterschiedes zwischen Mitgliederbeiträgen und Entgelten für Sonderleistungen führen.

Im übrigen handelt es sich um einen Streit um Worte. Daß reine Vermittlungssyndikate mit dem von ihnen vereinnahmten Unkostenersatz grundsätzlich der Umsatzsteuer unterliegen, ist auch Auffassung des RFH. Es darf hier auf die Ausführungen vor zu 1aa (S. 52) dieses Unterabschnittes und das dort weiterhin angegebene Urteil VA 472/33 vom 8. 6. 34 verwiesen werden. Damit aber kommt der Frage, ob — was, wie festgestellt, zu verneinen — ein Leistungsaustausch auch für den Fall drei — unkonkretisierte Leistung, unkonkretisiertes Entgelt — anzunehmen ist, für die Vermittlungssyndikate tatsächlich eine Bedeutung nicht zu.

Gleichzeitig eine Bemerkung zur Abgrenzung der UmsSt. gegenüber der KörpSt.

Der Gedanke, der mich bei der kritischen Würdigung der Rechtsprechung des RFH. im BuBPr. 34 leitete, war der, möglichst zu einer völligen Gleichschaltung der Rechtsprechung des UmsSt.-Senats und des KörpSt.-Senats zu gelangen. Eine derartige völlige Gleichschaltung wird jedoch, je tiefer man in den ganzen Fragenkreis eindringt, desto zweifelhafter. Die Verhältnisse liegen für die UmsSt. anders wie für die KörpSt. Für die UmsSt. kommt es stets auf die einzelne Leistung an. Für die KörpSt. ist dagegen, wie im Dritten Unterteil (S. 101) noch zu erörtern sein wird, das Gesamtbild maßgebend. Was sich daher erreichen läßt, ist lediglich eine grundsätzliche Gleichrichtung. Für die Vermittlungssyndikate wird man daher zwar zu denselben Ergebnissen gelangen. Hier ist auch für die UmsSt. davon auszugehen, daß ihre Zweckbestimmung die ist, mit ihren Mitgliedern eine Reihe von Einzelleistungen auszutauschen. Anders, was z. B. die Kartelle anbetrifft. Hier zeigt sich klar und deutlich, daß eine völlige Gleichschaltung nicht möglich ist. Es sei dieserhalb auf einmal das Urteil des KörpSt.-Senats IA 196/32 vom 6. 12. 32, zum anderen das Urteil des UmsSt.-Senats VA 84/32 vom 24. 6. 32 verwiesen. Beide Urteile sind offensichtlich in derselben Sache, und zwar in Sachen des Schwachstromkabel-Verbandes Berlin, ergangen. Trotzdem kommen KörpSt.- und UmsSt.-Senat zu verschiedenen Ergebnissen. Der KörpSt.-Senat verneint das Vorliegen von Mitgliederbeiträgen. Anders der UmsSt.-Senat. Er sieht im Gegensatz zum KörpSt.-Senat die Zahlungen der Mitglieder als Mitgliederbeiträge an.

NICKLISCH: Das Steuerproblem der Kartelle. ZfBW. 31 S. 305. FISCHER: Kartelle und Umsatzsteuer. StA. 22 S. 58. SCHULTZE-SCHLUTIUS: Verbandssteuerrecht, Steuerreform und Rechtsprechung des RFH. BuBPR. 34 S. 13 u. 28.

I A 196/32 vom 6. 12. 32, Kartei KörpStG. 25 § 4 Abs. 1 R. 25, RStBl. 33 Nr. 295 S. 329, StW. 33 Nr. 236, Bd. 32 S. 161; V A 84/32 vom 24. 6. 32, RStBl. 33 Nr. 240 S. 278, StW. 32 Nr. 947.

4. Ergebnis. Den Richtlinien, die der RFH. in seinem mehrfach angezogenen Urteil V A 587/33 vom 5. 10. 34 herausgearbeitet hat, ist daher beizutreten. Die Frage, die man aufwerfen könnte, ist allein die, ob man die Voraussetzungen nicht noch etwas genauer fassen kann. Vielleicht in der Form, daß man sagen würde, daß die Gewährung von Gesellschaftsrechten, jedenfalls grundsätzlich, nur dann anzunehmen ist, wenn es sich bei der Tätigkeit des betr. Verbandes um eine einheitliche Tätigkeit handelt, die in eben dieser ihrer einheitlichen Geschlossenheit der Wahrung der Gesamtbelange aller Mitglieder dient. Umgekehrt könnte man dann — immer grundsätzlich betrachtet — den Begriff der umsatzsteuerpflichtigen Sonderleistung dahin bestimmen, daß eine Sonderleistung nur dann anzunehmen ist, wenn es sich bei der Tätigkeit des Verbandes um eine Reihe selbständig nebeneinanderstehender Einzelleistungen handelt, die in ihrer Einzelheit unmittelbar lediglich die Sonderbelange desjenigen Mitgliedes berühren, das sie in Anspruch nimmt.

c) Entgelt.

Gemäß § 39 Abs. 1 Satz 2 UStDB. in der Fassung vom 21. 8. 36 gehört zum Entgelt auch das, was ein anderer als der Empfänger dem Unternehmer für die Lieferung oder sonstige Leistung gewährt.

Den Begriff eines besonderen zusätzlichen Entgelts allein zum Zwecke der Berechnung der Umsatzsteuervergütungen (Ausfuhrhändlervergütung und Ausführvergütung) gibt es also nicht. Auch das von dritter Seite gewährte Entgelt ist Entgelt im eigentlichen engeren Sinne des Wortes, im Sinne des § 5 Abs. 1 UmsStG. Ich habe hierauf bereits in InduSt. 36 I S. 111 hingewiesen. Es wird dies auch, wenn auch mit einer gewissen Resignation, von FRIEDRICH in seiner Abhandlung in StW. 36 Sp. 1339 zugegeben.

§ 39 Abs. 1 aaO. zieht die Schlußfolgerung aus der Rechtsprechung des RFH. Es sei dieserhalb auf die Entscheidungen des UmsSt.-Senats V A 506/34 vom 4. 10. 35 und V A 315/34 vom 5. 4. 35 verwiesen. Trotzdem wäre es falsch, die Bedeutung der Ergänzung des § 39 Abs. 1 UStDB.

allein in einer Klarstellung zu sehen. Die UmsSt. bildet das Rückgrat der Reichsfinanzen. Damit aber ist in der Neufassung des § 39 Abs. 1 zugleich der Hinweis des Gesetzgebers zu erblicken, der Frage des zusätzlichen Entgelts erhöhte Aufmerksamkeit zu schenken.

Die Tatsache, daß Entgelt auch das ist, was ein Dritter zahlt, ist auch für die verbandsmäßigen Zusammenschlüsse, insbesondere die Kartelle und Syndikate von Bedeutung. Ich habe hierauf bereits in meiner Abhandlung in StW. 36 Sp. 1317 hingewiesen. Es versteht sich daher von selbst, daß die Beurteilung der verschiedenen Vorgänge, vor allem bei den Kartellen und Syndikaten, einer Nachprüfung bedarf; auch dann, wenn der RFH. früher zu ihnen bereits Stellung genommen hat. Allerdings wird man dabei gut tun, sich von vornherein klarzumachen, daß die Anwendung des § 39 Abs. 1 aaO. an gewisse bestimmte, in ihren wesentlichen Zügen genau umrissene Bedingungen gebunden ist. Die Annahme zusätzlichen Entgelts ist stets an zwei Voraussetzungen geknüpft. Bei dem, der zahlt, muß es sich um einen ,,anderen" handeln. Als ,,anderer" kann aber nur jemand angesehen werden, der außerhalb der Lieferkette steht. Daneben ist Voraussetzung, daß der ,,andere" das, was er dem Unternehmer gewährt, ihm deshalb zur Verfügung stellt, damit der Empfänger der Leistung, der Lieferung, diese erhält. Die Zahlung muß mit der Leistung (Lieferung) in einem organischen Zusammenhang stehen. In dem Wortlaut des § 39 Abs. 1 aaO. gelangt dies allerdings nicht zum Ausdruck. Es ergibt sich jedoch aus dem Begriff des Entgelts sowie der ganzen Entstehungsgeschichte, der Begründung, die der Gesetzgeber selber mit Rderl. vom 15. 9. 36 gegeben hat und der Entscheidung des UmsSt.-Senats V A 459/36 vom 20. 11. 36.

Ob daher z. B. Zahlungen eines Mitgliedes, eines Kartells, z. B. eines Kontingentierungskartells — auf die Verhältnisse bei den sog. Lieferungssyndikaten wird weiter unten zu C II unter c (Preisausgleich) (S. 92) noch besonders eingegangen werden — an ein anderes Mitglied als zusätzliches Entgelt aufgefaßt werden können, bedarf doch wohl der näheren Prüfung. Zahlungen eines Mitgliedes an das andere aus Anlaß der Überschreitung der Beteiligungsziffer hat der RFH. als Schadenersatzleistung angesehen. Ob dies auch für den reinen Preisausgleich angenommen werden kann, mag dahingestellt bleiben. Was sich fragt, ist jedoch, ob es sich hierbei nicht um einen Vorgang handelt, der mit der Gewinn- und Verlustpoolung bei Interessengemeinschaften auf eine Stufe zu stellen ist. Ich darf dieserhalb auf meine zeitlich allerdings bereits weiter zurückliegenden Ausführungen in: Zeitgemäße Steuer- und Bilanzfragen 31 S. 270 verweisen.

Anders bei der Ausfuhrförderung. Hier wird die Annahme zusätzlichen, von dritter Seite gewährten Entgelts häufiger in Betracht kommen. Ein Fall dieser Art ist z. B. der, den der RFH. in seiner Entscheidung VA 171 und 172/35 vom 31. 1. 36 angeschnitten hat. Der Fall betrifft ein Lieferungssyndikat. Syndiziert war lediglich der Inlandsabsatz. Der Auslandsabsatz war frei. Die anläßlich des nichtsyndizierten Auslandsabsatzes erzielten geringeren Preise wurden zu Lasten des syndizierten Inlandsabsatzes aufgebessert. In diesem Falle stellen sich auch m. E. die Zahlungen, die das Inlands-Syndikat den einzelnen Werken für den nichtsyndizierten Auslandsabsatz zukommen läßt, als, wenn auch zwar steuerfreies, so aber doch zusätzliches Entgelt im Sinne des § 39 Abs. 1 UStDB. dar. Von einer Gewinn- und Verlustvergemeinschaftung allein in Ergänzung der Syndizierung kann jedenfalls keine Rede sein.

Wie genau im übrigen die Frage, ob zusätzliches Entgelt im Sinne des § 39 Abs. 1 Satz 2 UStDB. vorliegt, geprüft werden muß, zeigen die Ausführungen von BIEDERMANN in der StWa. 36 S. 462 und 37 S. 127 über die Umsatzsteuerpflicht der Avi-Vergütungen sowie meine Entgegnungen dazu in der StWa. 36 S. 645 u. 687 sowie 37 S. 128.

Zum Schluß an dieser Stelle nur noch der kurze Hinweis, daß auch der reine Unkostenersatz steuerpflichtiges Entgelt begründet.

Verordnung zur Änderung der Durchführungsbestimmungen zum Umsatzsteuergesetz vom 21. 8. 36, RGBl. I S. 643, RStBl. S. 870. Änderung der Durchführungsbestimmungen zum Umsatzsteuergesetz. Rderl. des RdF. vom 15. 9. 36 (S 4030—20 III), RStBl. S. 913.

SCHULTZE-SCHLUTIUS: Lieferungssyndikate. Zur Frage der Umsatzsteuer- und Kapitalverkehrsteuer des Syndikats und der Mitgliedswerke. InduSt. 36 I S. 111; Ausfuhrförderung. StW. 36 Sp. 1317; Zur Frage der Umsatzsteuer der Syndikatsmitglieder. Zeitgemäße Steuer- und Bilanzfragen 31 S. 270; Avi-Vergütung und Umsatzsteuerpflicht. StWa. 36 S. 645 u. 687; vgl. auch StWa. 37 S. 128.

FRIEDRICH, W.: Wann sind Zuwendungen Dritter Entgelt im Sinne des Umsatzsteuergesetzes StW. 36 Sp. 1339; vgl. auch StW. 37 Sp. 517. BIEDERMANN: Avi-Vergütung und Umsatzsteuerpflicht. StWa. 36 S. 462 u. 37 S. 127.

V A 506/34 vom 4. 10. 35, RStBl. 36 Nr. 409 S. 592, StW. 35 Nr. 745, Bd. 38 S. 229; V A 315/34 vom 5. 4. 35, Kartei UmsStG. 34 § 1 Ziff. 1 R. 22, RStBl. 35 Nr. 630 S. 896, StW. 35 Nr. 545, Bd. 37 S. 309; V A 459/36 vom 20. 11. 36, RStBl. 37 Nr. 17 S. 12; V A 171 u. 172/35 vom 31. 1. 36, RStBl. 36 Nr. 202 S. 220, StW. 36 Nr. 255.

B. Die Grundlagen bei den verschiedenen Arten verbandsmäßiger Zusammenschlüsse.

Das UmsStG. stellt den Steuergegenstand in den Vordergrund. Verbandsmäßige Zusammenschlüsse sind, wie vor zu A I (S. 50) ausgeführt, stets fähig, Träger von Leistungen und Lieferungen im Sinne des UmsStG. zu sein. Inwieweit für sie Leistungen und Lieferungen in Betracht kommen, richtet sich daher allein nach der Art der ihnen übertragenen Tätigkeit. Damit aber empfiehlt es sich auch hier, von der im Ersten Teil gegebenen Gliederung auszugehen. Dabei können die wirtschaftlichen Vereine und Verbände allerdings zusammengefaßt und gemeinsam behandelt werden.

I. Die wirtschaftlichen Vereine und Verbände allgemeiner Art.

Die Tätigkeit der wirtschaftlichen Vereine und Verbände erschöpft sich, wie im Ersten Teil zu B III und IV unter a (S. 2 u. 3) ausgeführt, grundsätzlich in der Wahrnehmung der allgemeinen wirtschaftlichen Belange ihrer Mitglieder.

Außenleistungen kommen daher bei ihnen nicht in Betracht. Eine Ausnahme bildet lediglich der Fall, daß sie dieselbe Tätigkeit, die sie ihren Mitgliedern gegenüber entfalten, auch Nichtmitgliedern zugute kommen lassen. Es sei dieserhalb auf die Dampfkessel-Überwachungsvereine hingewiesen.

Auch steuerpflichtige Binnenleistungen werden in aller Regel nicht in Betracht kommen. Es wird sich dies im einzelnen jedoch nur von Fall zu Fall bestimmen lassen. Will man daher versuchen, einen Überblick zu geben, so wird man zwischen den wirtschaftlichen Vereinen und Verbänden trennen müssen. Bei den wirtschaftlichen Vereinen werden steuerpflichtige Binnenleistungen verhältnismäßig selten sein. Sie kommen nur als Ausfluß einer ihnen obliegenden Nebentätigkeit in Betracht. So z. B. bei den technischen Vereinen, Studien- und Forschungsgesellschaften, soweit sie für einzelne Mitglieder gegen Sondervergütung tätig werden. Anders bei den wirtschaftlichen Verbänden. Hier kann und wird vielfach der Umfang der steuerpflichtigen Binnenleistungen einen größeren Umfang annehmen. Es kann sogar sein, daß die steuerpflichtigen Binnenleistungen Haupttätigkeit des betr. Verbandes sind. Es sei dieserhalb auf die Rabattsparvereine aufmerksam gemacht.

II. Die Kartelle.

Bei den Kartellen liegen die Verhältnisse einfach. Die Tätigkeit der Kartelle erschöpft sich in der Marktordnung; und zwar in aller Regel in der Marktregelung. (Vgl. Erster Teil zu B IV unter b 1 und 2, S. 3.)

Das Kartell hat mit dem Verkauf der Erzeugnisse seiner Mitglieder nichts zu tun. Außenleistungen als Haupttätigkeit scheiden daher aus. Soweit sie in Betracht kommen, bilden sie lediglich Ausfluß einer dem Kartell obliegenden Nebentätigkeit. Der Fall ist z. B. dann gegeben, wenn das Kartell über die Marktregelung hinaus Maßnahmen der Marktbereinigung durchführt. Z. B.: Das Kartell kauft ein Außenseiterwerk auf; die anläßlich des Aufkaufs miterworbenen Maschinen verkauft es an dritte fremde Personen.

Auch steuerpflichtige Binnenleistungen gehören bei den Kartellen zur Seltenheit. Als Haupttätigkeit kommen sie nicht in Betracht. Die Maßnahmen der Marktregelung dienen der Wahrnehmung der Gesamtbelange aller Mitglieder. Es darf dieserhalb auf die Ausführungen vor zu A II unter b 2 (S. 56) verwiesen werden. Gleiches gilt für die Maßnahmen der Marktbereinigung. Bleiben steuerpflichtige Binnenleistungen als Ausfluß einer gewissen Nebentätigkeit. Als Beispiel sei auch hier wieder auf den Aufkauf von Außenseiterwerken verwiesen. Hier erfolgt eine steuerpflichtige Binnenleistung dann, wenn das Kartell die beim Aufkauf miterworbenen Maschinen nicht an dritte fremde Personen, sondern an einzelne Mitgliedswerke veräußert. Als weiteres Beispiel sei auf die Submissionskartelle aufmerksam gemacht. Es sei hier auf die Entscheidung des RFH. V A 147/35 vom 27. 5. 36 verwiesen. Der RFH. behandelt hier den Fall, daß ein derartiges Submissionskartell eine besondere Ausgleichsstelle besitzt.

Daß die Mitgliedswerke Zahlungen an das Kartell und Zahlungen an andere Mitgliedswerke von dem Entgelt, das sie für ihre Lieferungen unmittelbar an ihre Abnehmer vereinnahmen, nicht absetzen dürfen, versteht sich schließlich von selbst. Dasselbe gilt übrigens für die Mitglieder der wirtschaftlichen Vereine und Verbände allgemeiner Art.

V A 147/35 v. 27. 5. 36, RStBl. 36 Nr. 630 S. 838, StW. 36 Nr 437, Bd. 39 S. 273.

III. Die Syndikate.

Auf die Syndikate muß entsprechend ihrer Bedeutung näher eingegangen werden. Dabei soll allerdings entsprechend dem Charakter dieser Darstellung als Grundlegung eines Verbandssteuerrechts nur das Grundsätzliche herausgestellt werden.

a) Vermittlungssyndikate — Lieferungssyndikate.

Unter Vermittlungssyndikaten versteht man diejenigen Syndikate, die beim Vertrieb der syndizierten Erzeugnisse ihrer Mitglieder im Namen dieser tätig werden. Unter Lieferungssyndikaten begreift man diejenigen Syndikate, die hierbei im eigenen Namen auftreten.

1. Grundsätzliches. Das Vermittlungssyndikat hat der ständigen Rechtsprechung des RFH. nach eine dem Agenten ähnliche Stellung, das Lieferungssyndikat eine Stellung ähnlich dem Kommissionär. Bei Vermittlungssyndikaten ist daher nur eine Lieferung gegeben: von dem einzelnen Mitgliedswerk durch Vermittlung des Syndikats an seine Abnehmer. Bei den Lieferungssyndikaten sind dagegen zwei Lieferungen anzunehmen: eine erste Lieferung von dem Mitgliedswerk an das Syndikat und eine zweite Lieferung von dem Syndikat an den Abnehmer.

2. Abgrenzung. Die Abgrenzung des Vermittlungssyndikats vom Lieferungssyndikat kann im einzelnen Falle Schwierigkeiten bereiten.

Die Rechtsprechung, die für die Abgrenzung der Stellung des Agenten von der des Kommissionärs gilt, findet zwar entsprechende Anwendung.

Es bleibt jedoch zu beachten, daß das Rechtsverhältnis zwischen Mitgliedswerk und Syndikat in seinen Rechtswirkungen vielfach dadurch beeinflußt wird, daß es Bestandteil eines Gesellschaftsvertrages bildet. Der RFH. spricht denn ja auch stets vorsichtig davon, daß das Vermittlungssyndikat eine dem Agenten, das Lieferungssyndikat eine dem Kommissionär ähnliche Stellung habe. Ferner bleibt zu berücksichtigen, daß die tatsächliche Handhabung öfters von der vertraglichen Regelung abweicht. Für das UmsStG. ist jedoch allein die tatsächliche Handhabung maßgebend. Sie muß daher vielfach erst im Wege genauer Untersuchung herausgeschält werden.

Näher auf diese Frage einzugehen, ist jedoch nicht beabsichtigt. Es handelt sich hierbei allerdings um eine Frage, die verbandstypisch ist. Die Frage der gegenseitigen Abgrenzung im einzelnen zu untersuchen, würde jedoch über den Rahmen dieser Ausführungen hinausgehen. Ich muß daher schon bitten, auf meine Ausführungen in der KRdsch. 34 S. 65 verweisen zu dürfen. Was dort gesagt ist, gilt jedoch auch noch heute. Urteile, in denen der RFH. in der einen oder anderen Form nochmals zur Frage der Abgrenzung Stellung genommen hätte, sind in der Zwischenzeit nicht ergangen.

Akute Fragen der Syndikatsbesteuerung. KRdsch. 34 S. 65.

3. Bedeutung. Die Bedeutung der Unterscheidung zwischen Vermittlungssyndikaten und Lieferungssyndikaten liegt in der verschiedenen Zahl der Lieferungen, die in dem einen oder dem anderen Falle anzunehmen sind und in der sich aus dieser verschiedenen Zahl der Lieferungen ergebenden Folgen für die Mitgliedswerke.

Beim Vermittlungssyndikat ist, wie ausgeführt, nur eine Lieferung anzunehmen. Diese Lieferung des Werkes an seine Abnehmer ist mit 2% steuerpflichtig. Dazu tritt die Steuerpflicht des Syndikats. Das Syndikat ist, wie noch auszuführen sein wird, grundsätzlich mit dem Unkostenersatz, den es für die Verkaufsvermittlung erhält, steuerpflichtig. Der Steuersatz beträgt auch hier 2%. Wie hoch die Unkosten sind, die dem Syndikat durch die Verkaufsvermittlung entstehen, ist Tatfrage. Wenn man sie mit 5% des Verkaufspreises annimmt, so wird man auf alle Fälle damit zurechtkommen. 2% Umsatzsteuer von 5% des Verkaufspreises bedeutet aber eine weitere Belastung des Verkaufspreises mit 0,1%. Damit ergibt sich für das Vermittlungssyndikat, daß der Verkaufspreis, den das einzelne Mitgliedswerk erzielt, mit 2,1% Umsatzsteuer belastet ist.

Z.B. der Verkaufspreis beträgt 1000 RM. Dann hat das betr. Mitgliedswerk hiervon zunächst 2% Umsatzsteuer zu entrichten. Ferner hat das Syndikat dann von 5% dieser 1000 RM = 50 RM. nochmals 2% an Umsatzsteuer, also 1 RM zu zahlen. Das macht zusammen 21 RM. Oder anders gerechnet: 2,1% von 1000 RM ebenfalls = 21 RM.

Bei den Lieferungssyndikaten ist der Unkostenersatz, den das Syndikat für den Vertrieb der syndizierten Erzeugnisse erhält, umsatzsteuerfrei. Es wird dies noch weiter unten zu erörtern und zu begründen sein. Dagegen liegen beim Lieferungssyndikat zwei Lieferungen vor. Das Werk hat seine Lieferung an das Syndikat mit 2% zu versteuern. Das Syndikat hat, unterstellt, daß es im Großhandel absetzt, für seine Lieferung an seine Abnehmer nochmals 0,5% Umsatzsteuer zu entrichten. Dabei bleibt allerdings zu berücksichtigen, daß das Werk für seine Lieferung an das Syndikat nur den vom Syndikat erzielten Verkaufserlös abzüglich der Unkosten zu versteuern hat, die dem Syndikat durch den Verkauf entstehen. Der im Endergebnis vom Mitgliedswerk erzielte Verkaufserlös wird daher nicht mit der Summe der beiden Steuersätze = 2,5%, sondern nur, aber doch immerhin, mit 2,4% belastet. Dabei wird auch hier angenommen, daß der Satz der Verkaufsunkosten 5% des Verkaufspreises beträgt. Die Mitglieder des Lieferungssyndikats stehen sich also — grundsätzlich, wie ich bemerken möchte — schlechter als die des Vermittlungssyndikats. So groß, wie man im allgemeinen denkt, ist der Unterschied allerdings nicht; er beträgt aber, wie diese Rechnung zeigt, immerhin 0,3%.

Dieser Berechnung ist dasselbe Zahlenmaterial zugrundegelegt wie in dem für die Vermittlungssyndikate gebildeten Beispiel. Von dem Verkaufserlös von 1000 RM hat das Syndikat 0,5% zu zahlen; das sind 5 RM. Von dem Verkaufserlös von 1000 RM gehen 5% = 50 RM an Verkaufsunkosten ab. Es bleibt ein Betrag von 950 RM. Diesen hat dann das Mitgliedswerk mit 2% zu versteuern. Das macht 19 RM. Zusammen ergeben sich also 24 RM. Oder anders gerechnet: 2,4% von 1000 RM ebenfalls = 24 RM.

Das Bild kann sich jedoch auch umdrehen. Das gilt dann, wenn es sich bei den syndizierten Erzeugnissen um Massengüter im Sinne des § 21 UStDB handelt. Der Absatz von Massengütern im Großhandel ist gemäß § 4 Ziff. 4 UmsStG. steuerfrei. In diesem Falle ergibt sich für das Mitgliedswerk des Lieferungssyndikats eine Belastung des für ihn im Endergebnis erzielten Verkaufspreises statt von 2,4 von 1,9%.

Beispiel: Zahlenmaterial wie bei den anderen beiden Beispielen. Zu versteuern sind lediglich die 950 RM, die das Mitgliedswerk für seine Lieferung an das Syndikat von diesem erhält. 2% von 950 RM = 19 RM. Oder anders gerechnet: 1,9% von 1000 RM, die das Syndikat von seinem Abnehmer erlangt, ergibt gleichfalls 19 RM.

4. Umgründung. Für das UmsStG. 32 galt das sog. Zwischenhandelsprivileg (§ 7). Die Frage, ob der Großhändler umsatzsteuerpflichtig war oder nicht, richtete sich, kurz gesagt, danach, ob er die Ware einlagerte. Nahm er die Ware auf Lager, so war er steuerpflichtig, andernfalls war er dagegen steuerfrei.

Mit dem UmsStG. 34 trat hierin eine grundlegende Änderung ein.

Die Frage der Lagerhaltung spielt keine Rolle mehr. Entscheidend ist allein, ob es sich bei den Erzeugnissen um sog. Massengüter handelt.

Hiermit wurden auch die Syndikate vor eine neue Lage gestellt. Syndikate, die als Vermittlungssyndikate gestaltet waren, fanden sich auf einmal, wenn es sich bei den von ihnen syndizierten Erzeugnissen um Massengüter handelte, schlechter gestellt, als wenn sie als Lieferungssyndikate aufgezogen gewesen wären. Ebenso umgekehrt Lieferungssyndikate, die Erzeugnisse vertrieben, die nicht unter die Bestimmung des § 4 Ziff. 4 UmsStG. 34, § 21 UStDB., fielen.

Aus diesem Grunde ging daher die Wirtschaft dazu über, ihre Syndikate teilweise umzugestalten. Es ergab sich die Frage, ob derartige Umgründungen als zulässig zu erachten seien.

M. E. bestehen gegen derartige Umgründungen grundsätzlich keine Bedenken. Welcher Gestaltungsmöglichkeit sich die Werke eines bestimmten Wirtschaftskreises bei ihrer Syndizierung bedienen wollen, bleibt ihnen überlassen. Voraussetzung ist allerdings, daß es sich bei der Form, die sie wählen, um eine übliche Form handelt. Üblich und anerkannt ist aber sowohl das Vermittlungssyndikat als auch das Lieferungssyndikat. Allerdings wird gefordert werden müssen, daß die Umgründung ernsthaft gemeint ist. Dies wird aber nur dann angenommen werden können, wenn die Werke bei Umgründung ihres Syndikats in eine andere Form diese Form so nehmen, wie sie typisch ist. Gründen z.B. Werke ihr Syndikat aus einem Vermittlungssyndikat in ein Lieferungssyndikat um, so wird man verlangen müssen, daß sie dann auch, wenn dies bisher nicht der Fall war, den Geldverkehr in die Hände des Syndikats legen. Der RFH. hat zwar der Frage, ob der Geldverkehr in Händen der Werke oder in Händen des Syndikats liegt, für die Abgrenzung nach der einen oder anderen Seite hin eine Bedeutung nicht beigemessen. Es bleibt aber zu beachten, daß es ein typisches Zeichen der Lieferungssyndikate ist, daß sich der Geldverkehr in ihren Händen befindet. Es soll damit nicht gesagt werden, daß nun nur diejenigen Syndikate als Lieferungssyndikate anerkannt werden können, die auch selber den Geldverkehr übernehmen. Bei Umgründungen wird man dies jedoch wohl verlangen müssen.

Im übrigen vgl. hierzu die Ausführungen von Kübel: Kartelle, Umsatzsteuer und Beseitigung des Zwischenhandelsprivilegs. Lieferungssyndikat oder Vermittlungssyndikat. DStZ. 34 S. 1083; ferner siehe meine Ausführungen in der KRdsch. 34 S. 702 (Das neue Umsatzsteuergesetz und seine Bedeutung für die Syndikatsbesteuerung).

5. Die Scheidung und ihre innere Berechtigung. In letzter Zeit ist von verschiedenen Seiten die Frage aufgeworfen worden, ob die Scheidung zwischen Vermittlungssyndikat und Lieferungssyndikat innerlich gerechtfertigt ist. Es sei dieserhalb auf die Ausführungen von Wirckau in

StW. 34 Sp. 697 und StW. 36, Sp. 589 u. 705, die Abhandlung von L. SCHULZE: Die Organtheorie im Umsatzsteuerrecht und die Ausführungen von KÜBEL in der DStZ. 34 S. 1083 verwiesen.

In allen diesen Ausführungen wird die innere Berechtigung der Scheidung zwischen Vermittlungssyndikat und Lieferungssyndikat verneint. Die Ausführungen sind an sich sehr lehrreich. Ich vermag mich jedoch nicht ihnen anzuschließen.

Ich habe innerhalb des Ersten Teils zu E II unter b (S. 24) bereits darauf hingewiesen, daß sich die Syndikate von anderen Zusammenschlüssen nur dadurch unterscheiden, daß ihnen die Absicht der Marktbeherrschung oder doch Marktbeeinflussung innewohnt. Ich greife hierauf zurück. Ich weise ergänzend darauf hin, daß häufig Unternehmerzusammenfassungen in der einen oder anderen Form zwecks gemeinsamen Vertriebs der von den einzelnen Unternehmen hergestellten Erzeugnisse auch als reine Zweckgemeinschaften, also ohne Absicht der Marktbeherrschung oder Marktbeeinflussung, erfolgen. Schließen sich aber natürliche oder auch juristische Personen zwecks gemeinsamen Vertriebs ihrer Erzeugnisse zusammen, sei es in Gestalt einer Kapitalgesellschaft, sei es in einer anderen Rechtsform, so muß es ihnen überlassen bleiben, ob sie wollen, daß dieser Zusammenschluß als Agent oder als Kommissionär auftritt. Damit aber läuft die Frage, ob die Scheidung zwischen Vermittlungssyndikat und Lieferungssyndikat gerechtfertigt ist, letzten Endes darauf hinaus, ob man überhaupt diese doppelte Gestaltungsmöglichkeit, einmal als Agent, zum anderen als Kommissionär, anerkennen soll. Damit aber wird man sich darüber klar sein müssen, daß die Verneinung der Unterscheidung zwischen Vermittlungssyndikat und Lieferungssyndikat im Endergebnis darauf hinausläuft, daß man die unterschiedliche Gestaltung als Agent und als Kommissionär überhaupt nicht anerkennen will. Daß diese doppelte Gestaltungsmöglichkeit jedoch nicht einfach abgelehnt werden kann, liegt auf der Hand. Es kann einem Fabrikationsunternehmen, das den Vertrieb seiner Erzeugnisse nicht nur betrieblich aussondert, sich zu diesem Zweck vielmehr eine Kapitalgesellschaft, eine Werkhandelsgesellschaft in Form z. B. der GmbH. schafft, nicht verwehrt werden, daß es diese GmbH. nach seiner Wahl entweder als Agent oder als Kommissionär auftreten läßt. Es kann insbesondere aber auch einer natürlichen Person nicht die Wahl versagt werden, ob sie für eine Firma als Agent oder als Kommissionär tätig werden will.

In StW. 34 Sp. 707 lehnt WIRCKAU allerdings einen derartigen Vergleich ab. Er sagt dies zwar nicht wörtlich. Es ergibt sich aber mittelbar aus seinen Ausführungen. Er beruft sich dabei darauf, daß sich in diesem Falle nicht nur rechtlich, sondern auch wirtschaftlich selbständige Personen gegenüberständen. Ich vermag WIRCKAU jedoch auch hier nicht zuzustimmen. Ich verweise auch hier wieder auf die Ausführungen im Ersten Teil zu B IV unter b 4 und zu E II unter b (S. 4 u. 24). Wie ich dort ausgeführt habe, handelt es sich bei dem Wirtschaftskreis des einzelnen Mitgliedes und dem Wirtschaftskreis des Syndikats tatsächlich um zwei verschiedene Wirtschaftskreise, die selbständig nebeneinanderstehen. Auch gehen, wie sich daraus ergibt, bei Lieferungssyndikaten die Erzeugnisse der Mitgliedswerke bei der Lieferung an das Syndikat tatsächlich in einen anderen Wirtschaftskreis über.

Es kommt aber noch etwas anderes dazu. Es liegt dies darin, daß der Unterschied zwischen Vermittlungssyndikat und Lieferungssyndikat auch wirtschaftlich gerechtfertigt ist. Auf diesen Punkt werde ich jedoch am Schluß dieses Unterteils zu D (S. 97) noch näher eingehen.

WIRCKAU: Unternehmerzusammenschluß und Umsatzsteuer. StW. 34 Sp. 697; Zum geltenden Steuerrecht der Organ- insbesondere der Ein- und Verkaufsgesellschaften; zugleich eine Besprechung von vier neueren einschlägigen Schriften. StW. 36 Sp. 589 u. 705. SCHULZE, L.: Die Organtheorie im Umsatzsteuerrecht. KÜBEL: Kartelle, Umsatzsteuer und Beseitigung des Zwischenhandelsprivilegs. Lieferungssyndikat oder Vermittlungssyndikat DStZ. 34 S. 1083.

b) Vermittlungssyndikate.

Das Vermittlungssyndikat hat, wie bereits ausgeführt, eine Stellung ähnlich der des Agenten. Es ist daher auch nur eine Lieferung gegeben: von dem einzelnen Mitgliedswerk durch Vermittlung des Syndikats an seinen Abnehmer.

1. Das Syndikat. Zunächst einige Bemerkungen über das Syndikat selber.

aa) Außenleistungen. Außenleistungen als Haupttätigkeit kommen beim Vermittlungssyndikat nicht in Betracht. Das ergibt sich daraus, daß, wie oben ausgeführt, nur eine Lieferung vorliegt. Es gilt also grundsätzlich für das Vermittlungssyndikat dasselbe wie für das Kartell.

Außenleistungen als Nebentätigkeit werden im allgemeinen jedoch in einem größeren Umfang wie beim Kartell vorkommen. Es ergibt sich dies daraus, daß die Maßnahmen z. B. der Marktbereinigung beim Vermittlungssyndikat im allgemeinen ein größeres Ausmaß wie beim Kartell annehmen.

bb) Binnenleistungen. Bei den Binnenleistungen ist zwischen der selbständigen marktordnenden Tätigkeit und der Verkaufsvermittlung zu unterscheiden. Es sei dieserhalb auf die Ausführungen vor zu A II unter b 2 (S. 56) verwiesen.

α) Selbständige marktordnende Tätigkeit. Die selbständige marktordnende Tätigkeit erfolgt wie bei den Kartellen in Wahrung der Gesamtbelange aller Mitgliedswerke. Eine Umsatzsteuerpflicht wird daher nicht ausgelöst.

β) *Verkaufsvermittlung.* Anders, was die Tätigkeit des Syndikats bei der Verkaufsvermittlung anbetrifft. Die Verkaufsvermittlung stellt sich als Sonderdienstleistung dar. Auf die Art der Erhebung der Unkosten kommt es, wie die Ausführungen vor zu A II unter b 2 (S. 56) zeigen, nicht an. Das Syndikat ist daher grundsätzlich mit den Beträgen, die es von seinen Mitgliedswerken zwecks Ersatz der ihm durch die Verkaufsvermittlung entstandenen Unkosten erhält, umsatzsteuerpflichtig.

γ) *Kosten des Eigenlebens.* Eines besonderen Hinweises bedürfen noch die Kosten des Eigenlebens. Die Kosten des Eigenlebens werden meistens mit denen erhoben, die dem Syndikat durch die Verkaufsvermittlung entstehen. Sie werden sich in diesen durchweg so verflüchtigen, daß sie nicht ausgesondert werden können. Sie unterliegen daher in aller Regel mit diesen zusammen der Umsatzsteuer.

2. **Mitgliedswerke.** Hinsichtlich der Mitgliedswerke gilt dasselbe wie hinsichtlich der Mitgliedswerke der Kartelle. Die Mitgliedswerke haben der Umsatzsteuer das gesamte Entgelt zu unterwerfen, das sie für ihre Lieferungen unmittelbar an ihre Abnehmer vereinnahmen. Die Abgaben (Umlagen) an das Syndikat, Zahlungen an andere Mitgliedswerke, gleichviel zu welchem Zweck, dürfen ihr Entgelt nicht schmälern.

c) Lieferungssyndikate.

Die Verhältnisse bei den Lieferungssyndikaten liegen etwas verwickelter. Es muß daher etwas näher auf sie eingegangen werden. Daß auch hier wieder nur das Grundsätzliche herausgestellt werden kann, ergibt sich aus dem Zweck der Darstellung als einer allgemeinen Grundlegung.

1. **Vorbemerkung.** Zunächst der besseren Übersicht halber zwei Hinweise.

aa) Die Bedeutung der Trennung zwischen selbständiger marktordnender Tätigkeit und Verkaufstätigkeit. Der Tatsache, daß bei Syndikaten zwischen einerseits der selbständigen marktordnenden Tätigkeit, andererseits der Verkaufstätigkeit zu scheiden ist, kommt für die Lieferungssyndikate eine doppelte Bedeutung zu. Die Tatsache ist einmal, wie bei dem Vermittlungssyndikat, für die Steuerpflicht des Syndikats, zum anderen und insbesondere aber auch für die Frage von Bedeutung, was die Mitgliedswerke der Umsatzsteuer als Entgelt für ihre Lieferungen an das Syndikat zu unterwerfen haben.

bb) Senkrechter Zahlungsverkehr — waagerechter Zahlungsverkehr. Es fragt sich, ob man bei dem Geldverkehr — auch wenn er in Händen des Syndikats liegt — nicht zwischen dem senkrechten Zahlungsverkehr und dem waagerechten Zahlungsverkehr zu unterscheiden hat.

Näher wird auf diese Frage erst weiter unten zu C II unter c (Preisausgleich) (S. 92) eingegangen. Es erscheint jedoch zweckmäßig, bereits hier festzuhalten, daß, falls man diese Trennung für geboten hält, unter dem senkrechten Geldverkehr die Zahlungen vom Abnehmer an das Syndikat und von diesem an das einzelne Mitglied, unter waagerechtem Geldverkehr dagegen die — zusätzlichen — Zahlungen von einem Mitglied an das andere zu verstehen sind, sei es unmittelbar von Mitglied an Mitglied, sei es mittelbar, d. h. über das Syndikat.

Z. B.: Syndiziert ist der Inlands- und Auslandsabsatz. Die geringeren Erlöse aus dem Auslandsverkauf werden aufgebessert. Zu diesem Zweck wird eine besondere Umlage erhoben. Die Umlage ruht auf dem Nichtsyndikatsabsatz, und zwar dem sog. Werkselbstverbrauch.

2. Das Syndikat. Das Lieferungssyndikat hat eine dem Kommissionär ähnliche Stellung. Es sind daher stets zwei Lieferungen gegeben: eine erste von dem Mitgliedswerk an das Syndikat und eine zweite vom Syndikat an den Abnehmer. Es sei hierauf nochmals ausdrücklich hingewiesen.

aa) Außenleistungen. Den Außenleistungen kommt beim Lieferungssyndikat eine erhöhte Bedeutung zu. Die Außenleistungen treten hier als Ausfluß einer Haupttätigkeit in Erscheinung. In welchem Umfange Außenleistungen auch als Ausfluß einer Nebentätigkeit in Betracht kommen, ist Tatfrage. Es gilt hier dasselbe wie für die Vermittlungssyndikate.

Ob und inwieweit das Syndikat mit seinen Lieferungen der Umsatzsteuer unterliegt, bestimmt sich nach den allgemeinen Vorschriften.

Zu beachten bleibt, daß der Absatz seitens des Syndikats, wie bereits an anderer Stelle angedeutet, sich grundsätzlich im Großhandel vollzieht, es sich bei den syndizierten Erzeugnissen meist um Massengüter handelt (§ 21 UStDB.). Handelt es sich um Massengüter, so ist das Syndikat daher umsatzsteuerfrei (§ 4 Ziff. 4 UmsStG.). Handelt es sich nicht um Massengüter, so kommt immer noch der ermäßigte Steuersatz von 0,5% in Betracht (§ 7 Abs. 3 UmsStG.).

bb) Binnenleistungen. Bei den Binnenleistungen ist, wie bei den Vermittlungssyndikaten, streng zwischen der selbständigen marktordnenden Tätigkeit und der Tätigkeit beim Verkauf zu unterscheiden.

α) *Selbständige marktordnende Tätigkeit.* Hinsichtlich der selbständigen marktordnenden Tätigkeit gilt dasselbe wie für die Vermittlungssyndikate. Aus der selbständigen marktordnenden Tätigkeit als Haupttätigkeit folgt daher ein umsatzsteuerpflichtiger Leistungsaustausch nicht. Ob und inwieweit die selbständige marktordnende Tätigkeit als Nebentätigkeit zu einem umsatzsteuerpflichtigen Leistungsaustausch führt, bestimmt sich nach dem einzelnen Fall. In Betracht kommt auch hier wieder vornehmlich, daß das Syndikat z.B. Maschinen, die es beim Aufkauf eines Außenseiterwerks mit erworben hat, gegen besonderes Entgelt an seine Mitgliedswerke veräußert.

β) *Verkauf.* Anders, was die Verkaufstätigkeit anbetrifft. Hier weicht die steuerliche Beurteilung notwendig von der ab, die für die Vermittlungssyndikate gilt. Die Zahlungen der Mitgliedswerke an das Syndikat zur Deckung derjenigen Kosten, die dem Syndikat durch den Verkauf erwachsen, stellen sich, da zwei Lieferungen vorliegen, als Zwischenhandelsgewinn dar. Der Zwischenhandelsgewinn ist aber nicht nochmals steuerpflichtig, d.h. seine Versteuerung erfolgt im Rahmen der Versteuerung des vom Syndikat vereinnahmten Entgeltes; bleibt das Entgelt, das das Syndikat für seine Lieferung vereinnahmt, steuerfrei, z.B. weil es sich bei den syndizierten Erzeugnissen um Massengüter handelt, so auch der Zwischenhandelsgewinn.

γ) *Kosten des Eigenlebens.* Die Kosten des Eigenlebens werden meist mit den Beträgen eingehoben, die der Deckung der durch den Verkauf entstandenen Unkosten dienen. Sie werden sich in ihnen verflüchtigen und sind daher — schon aus diesem Grunde — umsatzsteuerfrei.

3. Die Mitgliedswerke. Die Frage, was das einzelne Mitgliedswerk für seine Lieferungen an das Syndikat zu versteuern hat, bestimmt sich nicht zuletzt danach, ob man bei dem ganzen Geldverkehr nicht, wie bereits zu c 1 bb dieses Unterabschnittes (S. 73) bemerkt, zwischen zwei sich zwar ergänzenden, aber doch unabhängig nebeneinander stehenden Teilen, nämlich dem senkrechten und dem waagerechten Zahlungsverkehr, zu scheiden hat.

aa) Senkrechter Zahlungsverkehr. Auf diesen Fragenkreis wird jedoch, wie ebenfalls bereits bemerkt, abschließend erst weiter unten zu C II unter c (S. 92) eingegangen. Hier soll unter diesem Leitwort zunächst die Frage behandelt werden, was als Entgelt der Gesamtheit der Werke für ihre Lieferungen an das Syndikat anzusehen ist. Anschließend daran wird dann auf die weitere Frage eingegangen, welche Aufwendungen und Kosten, die dem Syndikat erwachsen, die Mitgliedswerke auch mit Wirkung für die UmsSt. von den ihnen für ihre Lieferungen an das Syndikat zufließenden Beträgen absetzen dürfen. Beide Fragen stehen allerdings, wie an sich selbstverständlich, in engen gegenseitigen Wechselbeziehungen. Es erscheint jedoch der besseren Übersicht halber zweckmäßig, beide Fragen für sich getrennt zu behandeln.

α) *Entgelt.* $\alpha\alpha$) Rechtsprechung des RFH. Der ständigen Rechtsprechung des RFH. nach bildet Entgelt der Gesamtheit der Mitgliedswerke für ihre Lieferungen an das Syndikat der vom Syndikat erzielte Verkaufserlös abzüglich der dem Syndikat durch den Verkauf entstandenen Unkosten. Dieser Betrag stellt die Höchst-, zugleich aber auch die Mindestgrenze dessen dar, was die Mitgliedswerke für ihre Lieferungen an das Syndikat der UmsSt. zu unterwerfen haben. Sonstige Einnahmen des Syndikats, wie z. B. Gewinne aus Beteiligungen, Zinsen aus Wertpapierbesitz usw., vermögen Entgelt der Werke für ihre Lieferungen an das Syndikat nicht zu begründen.

ββ) Würdigung der Rechtsprechung. Es ist in letzter Zeit die Frage aufgeworfen worden, ob nicht auch die sonstigen Einnahmen des Syndikats Entgelt der Werke für ihre Lieferungen an das Syndikat begründen können; jedenfalls dann, wenn das Syndikat sie in die Abrechnung hineinwirft und sie so auch äußerlich als Entgeltzahlung behandelt.

Der Gedanke liegt an sich nahe. Er ist auch bereits früher vertreten worden. Und zwar vom FG. beim LFA. in D. in einem Verfahren, das eine Mitgliedszeche des RWKS. betraf. Der RFH. hat jedoch die Auffassung des FG. abgelehnt. Er hat gerade in diesem Verfahren — mit seinem Urteil V A 233/30 vom 6. 2. 31 — den eingangs herausgestellten Satz geprägt, daß alle Werke eines Lieferungssyndikats insgesamt nicht mehr zu versteuern hätten, als das Syndikat aus dem Verkauf der syndizierten Erzeugnisse erzielt habe.

Der Gedanke hat auch, wie zugegeben werden muß, etwas Bestechendes. Seine Durchführung würde es ermöglichen, an die Abrechnung anzuknüpfen, so wie sie das Syndikat aufstellt; jedenfalls was die Frage nach dem Entgelt anbetrifft. Er ist daher auch bereits einmal von mir aufgeworfen worden; und zwar im BuBPr. 34. Es bleiben jedoch, je mehr man sich mit dieser Frage beschäftigt, je mehr man sich bemüht, den ganzen Fragenkreis von höherer Warte aus zu sehen, eine Reihe von Punkten, mit denen man sich vorher auseinanderzusetzen hat.

Die Tätigkeit der Syndikate geht über den Vertrieb der syndizierten Erzeugnisse hinaus. Die Syndikate stellen sich, wie im Ersten Teil zu B IV unter b 4 (S. 4) dargelegt, als Zusammenballung der verschiedensten Zweckgemeinschaften: Verkaufsgemeinschaft, Nutzungsgemeinschaft, Finanzkonsortium usw. dar. Neben dem Verkauf steht eine Reihe anderer selbständiger Tätigkeiten; insbesondere, wie vor zu A II unter b 2 (S. 56) ausgeführt, die selbständige marktordnende Tätigkeit. Die sonstigen Einnahmen, wie z. B. Zinsen aus Wertpapierbesitz, werden aber häufig, wenn nicht meist, aus Vermögen stammen, das beim Syndikat nicht aus Anlaß des Vertriebes der syndizierten Erzeugnisse, sondern aus anderen Gründen, insbesondere aus Anlaß der selbständigen marktordnenden Tätigkeit, wie z. B. die der Marktbereinigung, gebunden ist. Damit aber würde die Betrachtung auch dieser sonstigen Einnahmen als Entgelt der Mitgliedswerke gegen die systematische Aufgliederung verstoßen. Ob sich dies vertreten läßt, bedarf aber doch wohl einer genaueren

Untersuchung. Und zwar deswegen, weil diese Aufgliederung — abgesehen davon, daß sie sich nicht wegdenken läßt — auch in anderer Hinsicht von Bedeutung ist. So, was die UmsSt. anbetrifft, z.B. für die Vermittlungssyndikate. Weiter aber auch für die KapVerkSt.

Dazu kommt, daß der Gedanke, diejenigen sonstigen Einnahmen des Syndikats als Entgelt der Gesamtheit der Werke anzusehen, die das Syndikat in die Abrechnung hineinwirft, leicht dazu führen kann, sich an die äußere Gestaltung zu hängen. Das aber ist etwas, was m.E. gerade bei der Beurteilung der verbandsmäßigen Zusammenschlüsse unter allen Umständen vermieden werden muß. Der Tatbestand ist hier häufig doch sehr verwickelt, Abstellung auf den Kern der Dinge daher erstes Gebot.

Weiter sprechen auch Gründe der Zweckmäßigkeit mit. Der Satz, daß Entgelt der Werke nur das ist, was das Syndikat aus dem Verkauf der syndizierten Erzeugnisse erlöst hat, hat sich eingebürgert. Die ganze Praxis, jedenfalls der letzten Jahre, baut auf ihm auf. Diesen Satz aufgeben, würde daher eine Unmenge neuer Fragen und Zweifel entstehen lassen und so zu einer Beunruhigung der Wirtschaft, weiter aber auch zu einer Belastung der FÄ. führen.

Schließlich bleibt auch zu beachten, daß die praktischen Auswirkungen verhältnismäßig geringe sein würden. Sobald der RFH. seine Rechtsprechung ändern sollte, würden auch die Syndikate ihren Abrechnungen eine andere Gestalt geben. Sie würden die sonstigen Einnahmen, die ihnen anfallen, nicht mehr in die Abrechnung hineinwerfen, sondern außerhalb der Abrechnung an die Werke ausschütten. Damit aber würde sich, soweit ich die Verhältnisse zu beurteilen vermag, ein Mehr an Steuern höchstens für eine gewisse Übergangszeit, niemals aber für die Dauer ergeben.

Im übrigen bleibt immer zu berücksichtigen, daß die Verwirklichung dieses Gedankens allein einen völligen Anschluß an die Abrechnung der Syndikate nicht zur Folge haben würde. Voraussetzung, einen solchen vollständigen Anschluß erreichen zu können, wäre, daß man die bisherige Rechtsprechung auch hinsichtlich der Umlagen als überholt ansehen, die — zusätzlichen — Zahlungen von einem Mitgliedswerk an das andere in vollem Umfang als Korrektur des Entgelts, das dem einzelnen Mitgliedswerk für seine Lieferungen an das Syndikat gezahlt wird, auffassen würde. Hierüber siehe jedoch zu β sowie zu C II unter c (S. 79 und 92).

Eine andere Frage ist allerdings die, was unter Verkaufserlös zu verstehen ist.

Der Begriff des Verkaufserlöses geht, wie bereits erwähnt, auf das Urteil VA 233/30 vom 6. 2. 31 zurück. In diesem Urteil hat der RFH. seine grundsätzliche Einstellung in die Worte gefaßt: „daß sämtliche dem Syndikat angeschlossenen Zechen zusammengerechnet auf Grund des Leistungsaustauschs mit dem Syndikat keinesfalls mehr Einnahmen zu versteuern brauchten, als das Syndikat für alle seine Lieferungen an die Abnehmer im ganzen vereinnahmt habe, abzüglich seiner Unkosten".

Aus diesen Ausführungen des RFH. hat dann das FG. beim OFP. in D. in seinem im zweiten Rechtsgang ergangenen Urteil IV 462/32 vom 30. 11. 32 den Schluß gezogen, daß umsatzsteuerpflichtiges Entgelt der Syndikatsmitglieder für ihre Lieferungen an das Syndikat stets nur dann und insoweit gegeben sei, als es sich um Beträge handele, die dem Syndikat seitens seiner Abnehmer selber, also aus der Hand seiner Abnehmer, zugeflossen seien. Ich vermag mich dieser Auffassung des FG. nicht anzuschließen. Das FG. hat sich dabei wohl durch den Wortlaut der weiteren Darstellung des RFH. beeinflussen lassen, daß das Syndikat: „(wäre es) nicht nach § 7 des Gesetzes (UmsStG. 26) umsatzsteuerfrei, so den vollen Preis zu versteuern (hätte), den der Abnehmer für die Lieferung zahle".

Daß diese Auffassung des FG. zu eng ist, ergibt sich ohne weiteres daraus, daß gemäß § 39 Abs. 1 UStDB. in der Fassung vom 21. 8. 36 Entgelt gegebenenfalls auch das ist, was ein Dritter zahlt. Es folgt dies weiter aus dem Urteil des RFH. V A 506/34 vom 4. 10. 35. Nach diesem Urteil bilden Ausgleichsbeträge im Scrips-Verfahren Entgelt; wenn auch umsatzsteuerfreies Entgelt, so aber doch Entgelt im Sinne des § 5 Abs. 1 UmsStG. Es unterliegt aber wohl keinem Zweifel, daß das, was auf seiten des Syndikats Entgelt bildet, — wenn auch umsatzsteuerfreies Entgelt — gleichzeitig Entgelt der Mitgliedswerke begründet. Ich werde auf diese Frage noch in anderem Zusammenhang, und zwar weiter unten zu C I unter c dieses Unterteils (S. 83) zurückkommen.

M. E. ist daher der Begriff des Verkaufserlöses weiter zu fassen. Zum Verkaufserlös ist meiner Ansicht nach alles das zu rechnen, was dem Syndikat anläßlich seiner Tätigkeit als Verkaufsgemeinschaft anfällt. Also z. B. auch Umsatzsteuervergütungen (Ausfuhrhändlervergütungen). Es ergibt sich dies zwangsläufig daraus, daß die Syndikate dem Syndikatsvertrage nach gehalten sind, alles das, was sie aus dem Verkauf der syndizierten Erzeugnisse erzielen, ihren Mitgliedswerken zur Verfügung zu stellen. In welcher Form das Syndikat diese Beiträge seinen Mitgliedswerken weiterleitet, ist dabei grundsätzlich belanglos. So sind z. B. die Umsatzsteuervergütungen m. E. auch dann als Entgelt der Mitglieder für ihre Lieferungen anzusehen, wenn das Syndikat sie seinen Werken außerhalb der Abrechnung zur Verfügung stellt. Im übrigen wird sich, geht man diesen Verhältnissen nach, durchweg herausstellen, daß das Syndikat diese Beträge letzten Endes doch seinen Mitgliedern als Entgelt für ihre Lieferungen gibt. Auch hierauf werde ich jedoch noch weiter unten, und zwar zu C I unter c 2 dieses Unterteils (S. 86) zurückkommen.

Meiner Ansicht nach ist daher als Entgelt der Mitgliedswerke für ihre

Lieferungen an das Syndikat, wie ich dies u. a. bereits in der KRdsch. 36 S. 528 herausgestellt habe, — zumindest — anzusehen:

alles das, was Entgelt des Syndikats für seine Lieferungen an seine Abnehmer bildet (Verkaufserlös im engeren Sinne des Wortes), ferner aber auch

alles das, was, wenn es auch nicht als Entgelt des Syndikats für seine Lieferungen anzusehen sein sollte, dem Syndikat anläßlich des Verkaufs der syndizierten Erzeugnisse anfällt (Verkaufserlös im weiteren Sinne des Wortes).

V A 233/30 vom 6. 2. 31, Kartei UmsStG. 26 § 1 Nr. 1 R. 211, StW. 31 Nr. 594; V A 506/34 vom 4. 10. 35, RStBl. 36 Nr. 409 S. 592, StW. 35 Nr. 745 Bd. 38 S. 299.

BuBPr. 34 S. 127 (Die Umsatzsteuerpflicht der Mitglieder von Lieferungssyndikaten. Der augenblickliche Stand der Rechtsprechung, Zweifelsfragen, Unzuträglichkeiten, Möglichkeiten der Vereinfachung); KRdsch. 36 S. 528 (Grundriß der Umsatzsteuerpflicht der Kartelle, Syndikate und ihrer Mitglieder).

β) *Unkosten.* Nunmehr zu der Frage, welche Aufwendungen und Kosten des Syndikats, die Mitgliedswerke auch mit Wirkung für die UmsSt. absetzen dürfen.

$\alpha\alpha$) Selbständige marktordnende Tätigkeit — Verkaufstätigkeit. Es ist zunächst, wie bei der Frage nach dem Entgelt, zwischen der selbständigen marktordnenden Tätigkeit und der Verkaufstätigkeit zu unterscheiden.

Als abzugsfähig können lediglich die Zahlungen (Abgaben, Umlagen) angesehen werden, die die Mitgliedswerke dem Syndikat leisten, um diejenigen Unkosten zu decken, die dem Syndikat durch den Verkauf der syndizierten Erzeugnisse entstanden sind. Die Zahlungen, die zur Dekkung derjenigen Aufwendungen bestimmt sind, die dem Syndikat durch die selbständige marktordnende Tätigkeit — und die ihr gleichzustellende sonstige selbständige Tätigkeit — erwachsen, sind also nicht abzugsfähig.

$\beta\beta$) Abgaben auf Nichtsyndikatsabsatz. Abgaben auf Nichtsyndikatsabsatz dürfen das Entgelt der Werke für ihre Lieferungen an das Syndikat der ständigen Rechtsprechung des RFH. nach nicht schmälern. Der RFH. stützt sich dabei auf den allgemeinen Grundsatz, daß nur solche Abgaben abgesetzt werden können, die mit der einzelnen Lieferung in einem unmittelbaren oder zumindest doch mittelbaren Zusammenhang stehen. Ein derartiger Zusammenhang sei aber bei Abgaben auf Grund des Nichtsyndikatsabsatzes nicht gegeben.

$\gamma\gamma$) Zusammenfassung. Die Abgaben, die die Mitgliedswerke an das Syndikat zu leisten haben, sind daher der Rechtsprechung des RFH. nach nur unter zwei Voraussetzungen abzugsfähig; sie müssen auf dem Syndikatsabsatz ruhen; sie müssen ferner ausschließlich zur Deckung derjenigen Unkosten dienen, die dem Syndikat durch den Verkauf entstanden sind.

Es ergibt sich jedoch eine Frage; insbesondere dann, wenn man der Auffassung ist, daß gegebenenfalls auch die sonstigen Einnahmen, die das Syndikat erzielt, Entgelt der Werke für ihre Lieferungen au das Syndikat begıünden können. Sie geht dahin, ob man nicht bei den Abgaben auf Nichtsyndikatsabsatz auf den Verwendungszweck abstellen muß.

Ich selber habe diese Frage vor Jahren einmal aufgeworfen; und zwar im DStBl. 31. Ich möchte hier diese Frage jedoch unentschieden lassen. Ich werde auf sie erst weiter unten zu C II unter c (S. 92) zurückkommen.

DStBl. 31 S. 695, 857 u. 925 (Lieferungssyndikate — Umsatzsteuer der Werke).

bb) Waagerechter Zahlungsverkehr. Vgl. zu C II unter c (S. 92).

IV. Gemischte Verbände.

Wie im Ersten Teil zu B II (S. 2) ausgeführt, ist die Gliederung in wirtschaftliche Vereine, wirtschaftliche Verbände allgemeiner Art, Kartelle und Syndikate nicht streng durchzuführen. Das Wirtschaftsleben ist vielgestaltig. Es gibt daher Verbände, deren Tätigkeit so umfangreich und so vielseitig ist, daß sie zu den verschiedenen Gruppen gehören.

Auf die gemischten Verbände finden die Grundsätze Anwendung, die vor zu A II unter b 2 (S. 56) niedergelegt sind. Bei den gemischten Verbänden ist daher zwischen ihren verschiedenen Tätigkeiten zu unterscheiden. Der UmsSt.-Senat hat gerade in letzter Zeit verschiedentlich Gelegenheit gehabt, sich mit derartigen gemischten Verbänden zu befassen.

Für die gemischten Verbände gilt also dasselbe wie für die Syndikate. Es besteht auch im Grunde genommen ein Unterschied zwischen den gemischten Verbänden und den größeren Syndikaten nicht. Wenn von den größeren Syndikaten nicht als von gemischten Verbänden gesprochen wird, so deswegen, weil die verschiedenen Tätigkeiten für die größeren Syndikate typisch sind. Syndikate, die sich allein auf den Vertrieb der syndizierten Erzeugnisse ihrer Mitglieder beschränken, werden daher als reine Syndikate bezeichnet.

Umgekehrt folgt hieraus, daß es sich bei den größeren Syndikaten tatsächlich um verschiedene, gesondert nebeneinander stehende Tätigkeiten handelt. Es ergibt sich dies ja zudem ohne weiteres daraus, daß Maßnahmen der Marktbereinigung nicht nur von Syndikaten, sondern auch von Parallelgesellschaften, sog. Werkkaufsgesellschaften, ferner von Konsortien, schließlich aber auch selbständig von einzelnen Unternehmern durchgeführt werden. Es sei dieserhalb auf die Ausführungen im Ersten Teil zu E II unter b (S. 24) hingewiesen.

V. Hilfsgeschäfte.

Vorstehend wurde nur ein Überblick über die Umsatzsteuerpflicht der verbandsmäßigen Zusammenschlüsse gegeben. Es wurde dabei allerdings nicht nur die Haupttätigkeit, — bzw. die Haupttätigkeiten — sondern auch die Nebentätigkeit berücksichtigt; jedenfalls insoweit, als beide als gleichgeordnete Tätigkeiten im Sinne der Ausführungen vor zu A II b 2 (S. 56) zu werten sind. Es bleibt jedoch zu beachten, daß sich bei allen verbandsmäßigen Zusammenschlüssen daneben häufig noch Hilfstätigkeiten (Hilfsgeschäfte) finden. In Betracht kommen insbesondere einmal der Verkauf von Inventar, zum anderen der Verkauf von Preislisten, Werbeschriften, Kalkulationsunterlagen usw.; erstere an Mitglieder und Dritte, letztere nur an Mitglieder. Es versteht sich von selbst, daß auch diese Hilfsgeschäfte der UmsSt. unterliegen.

C. Sonderfragen.

Im Anschluß an diese grundsätzliche Betrachtung zu B einige Sonderfragen, die die Kartelle und Syndikate betreffen.

I. Bei Kartellen und Syndikaten.

a) Überschreitung der Beteiligung. Ausgleich von Anspruch und Pflicht.

Bei Kontingentierungskartellen wird der Anteil des einzelnen Mitgliedes an der Gesamterzeugung in Gestalt einer Beteiligungsziffer festgelegt. Desgleichen bei Syndikaten der Anteil des einzelnen Mitgliedes am Gesamtabsatz — und damit mittelbar zugleich an der Erzeugung. Es sei dieserhalb auf die Ausführungen im Ersten Teil zu B IV unter b 2 und 3 (S. 3) verwiesen.

Es versteht sich von selbst, daß sich die Festlegung der einzelnen Mitgliedswerke auf diese Beteiligung nie bis ins kleinste durchführen läßt. Am Schluß eines jeden Geschäftsjahres ergibt sich stets, daß eine Reihe von Werken zu wenig geliefert, andere zuviel hergestellt, zuviel abgesetzt haben. Von den ersteren Werken spricht man dabei als sog. Anspruchswerken. Die letztere Gruppe der Werke bezeichnet man als Pflichtwerke.

Diese Überschreitungen und Unterschreitungen müssen in irgendeiner Form ausgeglichen werden.

Die Form des Ausgleichs schwankt. Es gibt die verschiedensten Möglichkeiten. Der Hauptfall ist der des sog. Barausgleichs. Er besteht darin, daß das Pflichtwerk dem Anspruchwerk eine entsprechende Geldzahlung leistet. Eine andere Art des Ausgleichs ist der Ausgleich durch Vortrag auf neue Rechnung. Der Ausgleich erfolgt hier in der Form, daß das Anspruchwerk berechtigt wird, im kommenden Geschäftsjahr entsprechend mehr zu erzeugen und abzusetzen, demgemäß in einem entsprechend größeren Umfang an den Lieferungen des Syndikats beteiligt wird, das Pflichtwerk entsprechend weniger. Eine andere Art des Ausgleichs ist schließlich der Ausgleich durch Warenlieferungen. Die

Arten dieses Ausgleichs sind in sich wiederum verschieden. Die eine Form besteht darin, daß das Pflichtwerk dem Anspruchwerk an Stelle der Geldzahlung unentgeltlich eine bestimmte, in ihrem Wert dem dieser Geldzahlung entsprechenden Warenmenge zur Verfügung stellt. Eine andere Form ist die, daß das Anspruchwerk die Warenmenge, um die sein Absatz in Verfolg der Überlieferung des Pflichtwerkes gekürzt wurde, nunmehr anstatt an dritte Abnehmer an das Pflichtwerk liefert, und zwar zu denselben Preisen, zu denen es an dritte, fremde Abnehmer geliefert haben würde.

Auf alle diese verschiedenen Fragen hier einzugehen, würde zu weit führen. Es sei mir daher gestattet, auf meine Ausführungen in der ZfBW. 36 S. 114 zu verweisen. Im übrigen lediglich einige Worte zum Barausgleich.

Beim Barausgleich handelt es sich, wie der RFH. in ständiger Rechtsprechung anerkannt hat, um Zahlungen allein von Mitgliedswerk an Mitgliedswerk. Die Abgaben, die das Pflichtwerk zu leisten hat, sind nicht abzugsfähig, die Empfänge, die das Anspruchwerk erhält, bilden kein zusätzliches Entgelt. Die Zahlungen erfolgen, wie der RFH. sagt, um das Anspruchwerk zu entschädigen.

Daß die Abgaben das Entgelt der Mitgliedswerke nicht kürzen dürfen, versteht sich von selbst. Bei den Kartellen und Vermittlungssyndikaten folgt dies daraus, daß hier nur eine Lieferung unmittelbar von dem betr. Mitgliedswerk an den Abnehmer vorliegt. Für die Lieferungssyndikate ergibt sich dies daraus, daß die Zahlungen nicht an das Syndikat, sondern an das andere Mitgliedswerk geleistet werden. Wesentlich ist jedoch, daß auch der RFH. anerkennt, daß die Empfänge auf seiten des Anspruchwerks kein zusätzliches Entgelt bilden. Es ist dies von Bedeutung auch für die Frage des reinen Preisausgleichs. Hierauf wird jedoch noch weiter unten zu C II unter c dieses Unterteils (S. 92) zurückgekommen werden.

Umsatzsteuer bei innergesellschaftlichem Ausgleich und Übertragung von Beteiligungsziffern. ZfBW. 36 S. 114.

b) Übertragung von Beteiligungsziffern.

Die Beteiligungsziffer wird häufig übertragen.

Im einzelnen sind auch hier wieder die verschiedensten Fälle denkbar. Die Beteiligungsziffer kann zusammen mit dem Werk, dem sie gehört, aber auch allein übertragen werden. Der Übergang kann endgültig sein (Quotenkauf). Der Übergang kann aber auch nur für eine bestimmte Zeit erfolgen (Quotenpacht). Erwerber der Beteiligungsziffer kann ein anderes Mitgliedswerk sein, aber auch das Kartell, Syndikat, selber. Das Kartell, Syndikat, kann die Beteiligungsziffer ruhen lassen. Es kann sie aber auch gegen Entgelt für immer oder zeitweise an ein oder mehrere andere Mitgliedswerke weiter übertragen.

Die Übertragung der Beteiligungsziffer ist grundsätzlich steuerpflichtig. Es ergibt sich dies aus dem Urteil des RFH. V A 584/33 vom 19. 10. 34/21. 1. 35. Ausnahmen gelten nur bei der Internationalen Kartellierung und Syndizierung; d. h. für den Fall, daß ein nationales Kartell oder Syndikat seine Beteiligung an einem internationalen Kartell oder Syndikat an ein anderes ansländisches Kartell, Syndikat oder Einzelunternehmen überträgt.

Im einzelnen auf diese Frage einzugehen, würde den Rahmen dieser Darstellung sprengen. Es sei mir daher auch hier wieder gestattet, auf meine Ausführungen an anderer Stelle, und zwar in der KRdsch. 36 S. 236 und 313 hinzuweisen.

V A 584/33, Bescheid vom 19. 10. 34, Urteil vom 21. 1. 35, Kartei UmsStG. 34 § 1 Ziff. 1 R. 17, RStBl. 35 Nr. 396 S. 661, StW. 35 Nr. 309, Bd. 37 S. 268.

Beteiligungsziffer und Steuerrecht. KRdsch. 36 S. 236 u. 313. Hier werden im übrigen sämtliche Steuerfragen besprochen, die mit der Beteiligungsziffer zusammenhängen; also nicht nur Fragen des Umsatzsteuerrechts, sondern auch Fragen des Körperschaft- und des Vermögensteuerrechts.

c) Ausfuhrförderung.

Eine andere Frage ist die der Ausfuhrförderung; d. h. die, welche Rückwirkungen die verschiedenen zu diesem Zweck ergriffenen Maßnahmen auf die umsatzsteuerrechtlichen Verpflichtungen, aber auch Berechtigungen (Ausfuhrhändlervergütung, Ausfuhrvergütung) der Kartelle, Syndikate und ihrer Mitglieder zeitigen.

Die Maßnahmen, die seit der Inflation, insbesodnere aber während der letzten Jahre zum Zwecke der Ausfuhrförderung ergriffen worden sind, sind zahlreich. Es ist zunächst zu unterscheiden zwischen der staatlichen Ausfuhrförderung und der freiwilligen Ausfuhrförderung. Bei der staatlichen Ausfuhrförderung ist dann wieder zu scheiden zwischen der Förderung im Wege der Zurverfügungstellung von Dollarbonds, Freidevisen, der Gewährung von Zuschüssen im Scripsverfahren, der Ausfuhrförderung durch Steuernachlaß (Umsatzsteuervergütung) usw. Bei der freiwilligen Ausfuhrförderung ist wieder zu trennen zwischen erstens dem Avi-Abkommen des Jahres 1925 zwischen einerseits der eisen- und stahlerzeugenden Industrie, andererseits der Arbeitsgemeinschaft der eisenverarbeitenden Industrie (Avi) im damaligen Reichsverband der Deutschen Industrie, der heutigen Reichsgruppe Industrie, zweitens der Ausfuhrförderung im Wege des Zusammenschlusses mehrerer Kartelle, Syndikate, zu Ausfuhrförderungsgemeinschaften und drittens der Ausfuhrförderung innerhalb des einzelnen Kartells, Syndikats.

Der Fragen, die hier auftauchen, sind viele. Sie sind auch nicht immer einfach zu entscheiden. Näher hierauf einzugehen, verbietet sich jedoch. Hinsichtlich des Gesamtfragenkreises sei mir daher auch hier wieder gestattet, auf meine Darstellung an anderer Stelle, und zwar in

StW. 36 Sp. 1317, hinzuweisen. Im übrigen nur einige Worte einmal zur Frage der Avi-Vergütungen, zum anderen zur Frage der umsatzsteuerrechtlichen Behandlung der Umsatzsteuer-Vergütungen gemäß § 16 UmsStG.

Ausfuhrförderung. StW. 36 Sp. 1317.

1. Avi-Vergütungen. Wenn ich hier mit einigen Worten auf die Avi-Vergütungen eingehe, so sind dabei für mich zwei Gründe maßgebend. Der erste Grund ist der, daß die Vorgänge in der Praxis auch heute noch vielfach falsch beurteilt werden. Der zweite Grund liegt darni, daß der RFH. es abgelehnt hat, den Preisausgleich in Gestalt der Zahlungen in und aus dem Avi-Fonds als innergesellschaftlichen Ausgleich zu behandeln, sich gerade hier jedoch zeigt, zu welchen Schwierigkeiten dies führt.

Bei dem ganzen Fragenkreis ist stets zwischen den fremden Abnehmern und den Werken zu scheiden, die Mitglieder der Rohstahlgemeinschaft (RG.) sind.

Bei den fremden Werken, d.h. um dies nochmals zu betonen, den Werken, die nicht Mitglieder der RG. sind, liegen die Verhältnisse einfach. Die Werke kaufen bei den einzelnen Verkaufsverbänden der RG. Falls sie das von diesen Verbänden bezogene Rohmaterial zu Ausfuhrzwecken verwenden, erstatten ihnen die Verbände den Unterschiedsbetrag zwischen dem niederen Weltmarktpreis gegenüber dem höheren Inlandspreis (Avi-Vergütungen).

Bei den Werken, die Mitglieder der RG. sind, liegen die Verhältnisse verwickelter. Es ist hier zunächst zu scheiden zwischen den Einzahlungen in und den Auszahlungen aus dem sog. Avi-Fonds. Bei den Auszahlungen ist dann weiter danach zu trennen, wofür die Auszahlungen verwendet werden.

Sämtliche Werke der RG. leisten eine gewisse Abgabe. Diese Abgabe ruht auf ihrer Rohstahl-Erzeugung. Die Abgabe wird in dem sog. Avi-Fonds angesammelt. Der Avi-Fonds liegt bei der RG. Die in dem Avi-Fonds angesammelten Beträge werden zunächst dazu verwandt, den einzelnen Verkaufsverbänden den Ausfall zu ersetzen, der ihnen durch die Gewährung der Avi-Vergütungen an die fremden Abnehmer entstanden ist (Verlusterlösausgleich). Die einzelnen Verkaufsverbände werden so in den Stand gesetzt, ihren Mitgliedswerken für die von ihnen gelieferten Rohmaterialien denselben Preis zu bezahlen, den sie ohne Unterstützung der RG. dann hätten zahlen können, wenn sie die Avi-Vergütungen nicht gewährt haben würden. Die in dem Avi-Fonds angesammelten Beträge werden weiter aber auch noch dazu benutzt, denjenigen Mitgliedswerken, die das von ihnen hergestellte Rohmaterial selber weiter verarbeiten (Doppelunternehmer), dieselbe Unterstützung zukommen zu lassen wie den fremden Abnehmern (Avi-Ausgleich).

Der RFH. sieht nun die Einzahlungen in den Avi-Fonds als kürzungsfähig, die Auszahlungen aus dem Avi-Fonds dagegen als zusätzliches Entgelt an. Und zwar nicht nur, soweit sie zum Zwecke des Verlusterlösausgleichs benutzt werden, sondern auch insoweit, als sie dem Avi-Ausgleich dienen. Beim Avi-Ausgleich beruft er sich zur Begründung, daß es sich um zusätzliches Entgelt handele, auf eine Fiktion. Er geht davon aus, daß die Verhältnisse so zu betrachten seien, als ob die Mitgliedswerke das Material, das sie im Wege des Selbstverbrauchs weiterverarbeiten, zunächst an die RG. geliefert und von dieser zurückgeliefert erhalten hätten.

Diese Entwicklung des RFH. führt zu einer verschiedenen Beurteilung gleicher Vorgänge. Die Avi-Vergütungen, die die fremden Abnehmer erhalten, vermögen eine Umsatzsteuerpflicht nicht auszulösen. Das folgt ohne weiteres daraus, daß es sich bei der Avi-Vergütung um einen Preisnachlaß auf den Einkaufspreis handelt. Anders der sog. Avi-Ausgleich. Hier wird der Auffassung des RFH. nach eine Umsatzsteuerpflicht ausgelöst.

Es liegt auf der Hand, daß die Folgen, die sich aus dieser verschiedenen Beurteilung ergeben, nicht sehr erfreulich sind. Auf Einzelheiten möchte ich hier nicht eingehen. Ich darf auf meine Ausführungen in der KRdsch. 35 S. 958 sowie auf meine Darlegungen in der StWa. 36 S. 645 und 687 verweisen. Einen Fall möchte ich jedoch auch hier wenigstens ganz kurz herausgreifen.

In der Rheinisch-Westfälischen Industrie ist nicht nur die Erzeugung des Rohmaterials syndiziert. Syndiziert sind auch die Halberzeugnisse usw. Die Mitglieder der RG. sind daher gleichzeitig Mitglieder der Syndikate, die die weiterverarbeiteten Erzeugnisse erfassen, wie des Röhren-Syndikats, des Draht-Verbandes, des Walzdraht-Verbandes, des Drahtseil-Verbandes usw. Diesen Syndikaten gehören ferner aber auch diejenigen Werke an, die nicht Mitglieder der RG. sind.

Soweit dies der Fall ist, wird nun häufig aus Zweckmäßigkeitsgründen so verfahren, daß sowohl die Avi-Vergütungen als auch die Avi-Ausgleichsbeträge von dem betr. Syndikat z.B. dem Drahtseil-Verband von der RG., d.h. den einzelnen Verkaufsverbänden, angefordert werden. Das aber führt wiederum dazu, daß man bei der Abrechnung dieser Verbände, wie z.B. des Drahtseil-Verbandes mit seinen Mitgliedswerken unterscheiden muß, ob das Mitgliedswerk des Drahtseil-Verbandes gleichzeitig Mitgliedswerk der RG. ist oder nicht. Bei dem Drahtseil-Verband stellen sich die Avi-Vergütungen und die Avi-Ausgleichsbeträge als durchlaufende Posten dar. Ist daher ein Mitgliedswerk des Drahtseil-Verbandes Mitglied der RG., so sind die Beträge bei ihm umsatzsteuerpflichtig. Zwar nicht als Entgelt für seine Lieferungen an den Drahtseil-Verband, wohl aber als Entgelt für die vom RFH. fingierte, der Lieferung der Drahtseile an den Drahtseil-Verband vorhergehenden Hin- und Rücklieferung des Rohmaterials an die RG. Sind die Mitglieder des Drahtseil-Verbandes nicht Mitglieder der RG., so sind die Avi-Vergütungen bei ihnen nicht umsatzsteuerpflichtig. Es folgt dies daraus, daß ja die Avi-Vergütungen sich als Preisnachlaß auf den Einkaufspreis darstellen.

Es liegt auf der Hand, daß diese Folgen, die sich aus der Beurteilung ergeben, die der RFH. in seinem Urteil V A 748/32 den Verhältnissen bei der RG. angedeihen läßt, sehr wenig glückliche sind. Es zeigt sich hier, wie gefährlich es ist, bei der Beurteilung eines Falles immer nur auf diesen Fall, aber nicht auf die Gesamtverhältnisse abzustellen.

Avi-Rückvergütungen. Umsatzsteuerrechtliche Zweifelsfragen. KRdsch. 35 S. 958; Avi-Vergütungen und Umsatzsteuerpflicht. StWa. 36 S. 645 u. 687.

V A 748/32 vom 11. 12. 33, Kartei UmsStG. 32 Nr. 1 R. 75, RStBl. 34 Nr. 1013 S. 1129, StW. 34 Nr. 186, Bd. 35 S. 337. Zu der kürzlich aufgeworfenen Frage, ob die Avi-Ausgleichszahlungen zusätzliches Entgelt im Sinne des § 39 Abs. 1 UStDB. begründen, vgl. StWa. 37 S. 128.

2. Umsatzsteuervergütungen. Auf die Umsatzsteuervergütung bin ich bereits zu B III dieses Unterteils unter c 3 aa α (S. 75) eingegangen. Ich hatte dort ausgeführt, daß die Umsatzsteuervergütungen m.E. als Teil des Verkaufserlöses anzusehen seien, den das Syndikat für den Vertrieb der syndizierten Erzeugnisse vereinnahme. Ich hatte weiter gesagt, daß sie deshalb auch als Entgelt der Mitgliedswerke für ihre Lieferungen an das Syndikat angesehen werden müßten. Ich hatte dabei ausgeführt, daß dies auch dann gelten müsse, wenn das Syndikat die Umsatzsteuervergütungen nicht in die Abrechnung hineinwürfe. Ich hatte dabei darauf hingewiesen, daß man, wenn man den Verhältnissen näher nachgehe, in aller Regel finden würde, daß auch eine Ausschüttung der Umsatzsteuervergütungen nach einem anderen Maßstab sich in Wahrheit als Entgeltzahlung darstellen würde. Ich habe an dieser Stelle den Nachweis dafür zu führen. Ich tue dies, indem ich einmal etwas näher auf die Verhältnisse wohl des größten Syndikats, nämlich auf die des RWKS., eingehe.

Die Abrechnung des RWKS. weicht von der, wie sie bei anderen Syndikaten üblich ist, ab. Der Verrechnungspreis, den das RWKS. zu zahlen hat, bildet eine feste Größe. Dabei liegt der Verrechnungspreis so hoch, daß ihn das RWKS. aus den Beträgen, die ihm selber zufließen, nicht zahlen kann.

Diese Gestaltung mag merkwürdig anmuten. Sie erklärt sich jedoch einfach. Der Verrechnungspreis wird vom Reichskohlenrat festgelegt. Dabei wird von den im Inland erzielten Verkaufspreisen ausgegangen; und zwar von den Preisen, die sich im sog. unbestrittenen Gebiet erzielen lassen. Das RWKS. liefert aber nicht nur in dieses sog. unbestrittene Gebiet des Inlandes. Es liefert vielmehr auch in das sog. bestrittene

Gebiet, so z. B. die Seehafenplätze. Das RWKS. liefert weiter aber auch ins Ausland. Es ist klar, daß das RWKS. im bestrittenen Inlandsgebiet und im Ausland nicht die Verkaufspreise erzielen kann wie im unbestrittenen inländischen Gebiet. Das RWKS. teilt den Absatz auch nicht auf. Es wirft, wie dies bei allen Syndikaten üblich ist (vgl. zu B IV unter b 3) des Ersten Teils (S. 3) die insgesamt erzielten Erlöse zusammen. Es zahlt dann den einzelnen Zechen für jede Lieferung, ohne Rücksicht darauf, wohin es dieselbe abgesetzt hat, einen gleichen Durchschnittserlös.

Auch wenn das Syndikat alle Einnahmen, die es hat, auch buchmäßig in die Abrechnung hineinwerfen würde, bliebe immer noch ein Rest, den es nicht decken könnte. Dieser Rest ist durch Umlagen aufzubringen, die die verschiedenen Zechen zu zahlen haben. Die Umlagen stellen ab auf die sog. Verbrauchsbeteiligung und die sog. Verkaufsbeteiligung. Die Verbrauchsbeteiligung besteht in dem sog. Werkselbstverbrauch. Die Verkaufsbeteiligung ruht auf den Lieferungen an das Syndikat, ferner aber auch auf den Lieferungen im Landabsatz, den Lieferungen an Deputatkohlen sowie den Lieferungen auf Grund von Stiftungen. Die Umlage lastet so auf dem Nichtsyndikatsabsatz und dem Syndikatsabsatz; das gilt auch für die Umlage auf Verkaufsbeteiligung.

Das RWKS. wirft, wie bereits betont, nicht alle Einnahmen, die es hat, in die Abrechnung. Das RWKS. belastet das Erlös-(Waren-)Konto nur mit den Beträgen, die es von seinen Abnehmern erhält; d. h., um es ganz genau auszudrücken, mit den Beträgen, die es aus der Hand seiner Abnehmer erlangt. Die Ausgleichsbeträge im Scripsverfahren usw. sowie die Umsatzsteuervergütungen, die ihm anfallen, schreibt es den Zechen dagegen unmittelbar auf Kontokorrentkonto gut; und zwar, was für das Verständnis von wesentlicher Bedeutung, entsprechend der Umlage, die die einzelnen Zechen zur Aufbesserung des Verrechnungspreises zu leisten haben; also entsprechend der Verbrauchs- und Verkaufsbeteiligung. Das RWKS. hat daneben allerdings noch sonstige Einnahmen, wie z. B. Gewinne aus Beteiligungen, Zinsen aus Finanzvermögen usw. Diese Einnahmen können jedoch außer Betracht bleiben. Sie werden zur Deckung der dem Syndikat entstehenden Geschäftskunkosten verwandt.

Vgl. hierzu das beigefügte Schaubild.

Betrachtet man die Umlagen auf der einen und die Verteilung der Ausgleichsbeträge im Scripsverfahren usw. sowie der Umsatzsteuervergütungen, die dem RWKS. anfallen, auf der anderen Seite, so springt sofort ins Auge, daß, wie bereits ausgeführt, die Erhebung der Umlagen und die Verteilung dieser Beträge nach demselben Schlüssel erfolgt. Damit aber liegen die Verhältnisse tatsächlich so, daß sich diese, wie sie immer genannt wird, „Ausschüttung der Ausgleichsbeträge usw. sowie der Umsatzsteuervergütungen“ in Wahrheit nicht anders als eine Rück-

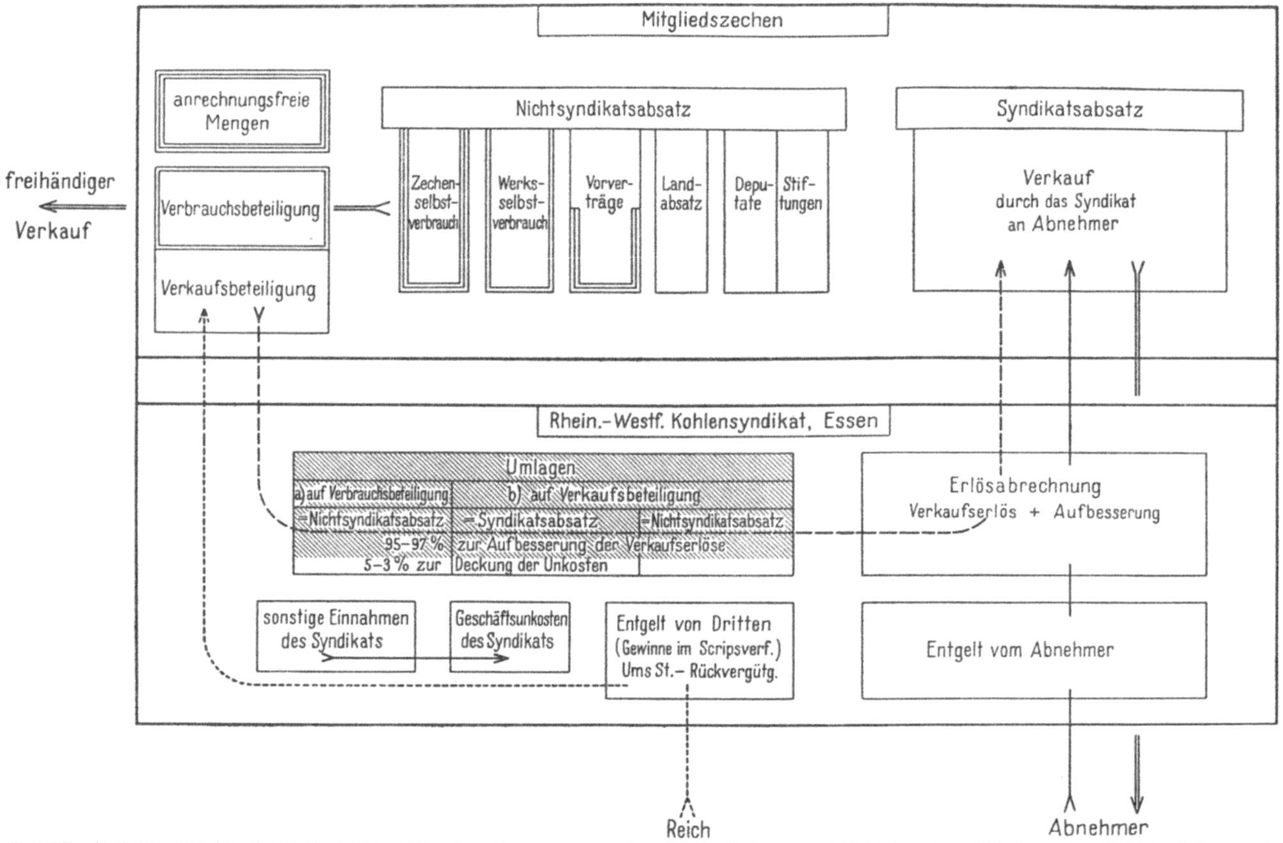

RWKS. Aufbesserung des eine feste Größe bildenden Verrechnungspreises durch Umlage der Mitgliedszechen. Erhebung der Umlage, Kürzung der Umlage um die UmsSt.-Rückvergüt. usw., die dem RWKS. anfallen, Verwendung der UmsSt. Rückvergtg. unmittelbar zur Zahlung des den Zechen vom RWKS. geschuldeten Verkaufspreises.

gewähr eines Teils der Umlage darstellt, die zunächst einmal von den einzelnen Zechen erhoben wird; oder richtiger ausgedrückt, als Verzicht auf einen Teil der an sich geschuldeten Umlage. Es wird nicht eine Umlage von RM x, sondern nur eine Umlage von RM x abzüglich des Betrages erhoben, der dem RWKS. bereits in Gestalt der Ausgleichsbeträge im Scripsverfahren, der Umsatzsteuervergütungen usw., angefallen ist. Damit aber ergibt sich gleichzeitig noch ein zweites. Es liegt dies darin, daß das RWKS. diese Ausgleichsbeträge im Scripsverfahren usw., diese Umsatzsteuervergütungen, tatsächlich doch in die Abrechnung hineinwirft und den einzelnen Zechen als Entgelt für ihre Lieferungen an das Syndikat zur Verfügung stellt.

Folgendes kurze Beispiel möge dies erläutern.

Sämtliche Zechen haben an das Syndikat 30 000 000 t Kohle und Koks geliefert. Der Verrechnungspreis, den das RWKS. seinen Zechen dafür zu zahlen habe, betrage je Tonne 15 RM im Durchschnitt. Damit hat das RWKS. seinen Zechen 450 000 000 RM für ihre Lieferungen zu bezahlen. Das RWKS. hat nun aus der Hand seiner Abnehmer nur 400 000 000 RM vereinnahmt. Es hat jedoch weiter noch 25 000 000 RM an Ausgleichsbeträgen im Scripsverfahren usw. sowie an Umsatzsteuervergütungen erhalten. Es belastet gleichwohl alle Zechen mit einer Umlage von 50000000 RM. Es schreibt ihnen dann jedoch die 25000000 RM Ausgleichsbeträge usw. sowie Umsatzsteuervergütungen nach demselben Schlüssel, nach dem es sie mit der Umlage belastet hat, wieder gut. Damit aber haben die Zechen tatsächlich an Umlage nicht 50000000 RM, sondern nur 25 000 000 RM aufzubringen. Andererseits stellt das Syndikat den Zechen für ihre Lieferungen tatsächlich nicht 400 000 000 RM, sondern 425 000 000 RM zur Verfügung.

Hierzu noch, um alle Zweifel auszuschließen, folgendes Beispiel aus einem ganz anderen Gebiet.

Ein Kegelklub mit 12 Mitgliedern. 11 der Mitglieder wollen einen Ausflug machen. Der Kegelbaas ist hiermit an sich einverstanden. Er sagt den anderen 11 Mitgliedern jedoch: wenn wir den Ausflug machen wollen, so muß ich 240 RM haben; jeder von uns muß daher eine besondere Umlage von 20 RM zahlen. Darob großes Geschrei. Darauf der Kegelbaas: nun gut, es kann sein, daß ich aus dem Verkauf der alten Einrichtung unserer Kegelbahn noch 120 RM bekomme; wenn ja, braucht jeder von uns nur 10 RM zu zahlen; aber Ordnung muß sein; ich weiß noch nicht genau, ob der Verkauf zu 120 RM tatsächlich zustandekommen wird; ich werde daher jeden von uns zunächst einmal mit 20 RM belasten; erhalte ich die 120 RM, so schreibe ich jedem wieder 10 RM gut; bekomme ich weniger, z.B. 60 RM, so bringe ich jedem von uns einen entsprechend geringeren Betrag, z.B. von 5 RM gut; jeder von uns hat dann nur den verbleibenden Betrag von 10 RM oder 15 RM zu zahlen.

Dies ist zunächst ein rein wirtschaftliche Betrachtungsweise. Die Betrachtungsweise muß aber auch für die umsatzsteuerrechtliche Beurteilung gelten. Das zeigt sich klar und deutlich, wenn man einmal von den Ausgleichsbeträgen im Scripsverfahren ausgeht. Die Ausgleichsbeträge im Scripsverfahren bilden, wie der RFH. entschieden hat, Entgelt; wenn auch, was das RWKS. anbetrifft, steuerfreies Entgelt, so aber doch Entgelt im Sinne des § 5 Abs. 1 UmsStG. Einen Begriff des zusätzlichen Entgelts allein zum Zwecke der Berechnung der Ausfuhrhändlervergütung gibt es, wie die §§ 39 Abs. 1, 70 Abs. 1 Ziff. 1 UStDB. in der neuen Fassung endgültig klarstellen, nicht. Es liegt aber auf der Hand, daß Beträge, die Entgelt des RWKS. für seine Lieferungen an seine Abnehmer bilden, auch Entgelt der Gesamtheit der einzelnen Zechen für ihre Lieferungen an das RWKS. bilden müssen. Andererseits käme man dazu, daß es jedes Syndikat mehr oder weniger in der Hand hätte, durch eine besondere Art der Verteilung Beträge, die auf seiner Seite Entgelt bilden, auf seiten seiner Mitgliedswerke ihres Charakters als Entgelt zu entkleiden.

Daß diese Betrachtung richtig ist, ergibt sich auch daraus, daß so gleichzeitig fast alle Zweifel fallen, die man bei einer anderen Beurteilung haben würde. Die, wie sie immer genannt wird, ,,Ausschüttung der Ausgleichsbeträge im Scripsverfahren usw. sowie der Umsatzsteuervergütungen" stellt sich, wie ausgeführt, in Wahrheit als Verzicht auf einen Teil der an sich geschuldeten Umlage dar. Der Verzicht auf einen Teil einer an sich geschuldeten Umlage vermag aber eine Umsatzsteuerpflicht nicht auszulösen. Daß daher an der Umlage und demgemäß an der ,,Ausschüttung" auch solche Zechen beteiligt sind, die tatsächlich überhaupt nicht an das Syndikat liefern, ist damit völlig belanglos. Gleichzeitig bahnt sich aber auch zwangsläufig eine Klärung darüber an, was die einzelne Lieferzeche für ihre Lieferungen an das RWKS. der Umsatzsteuer zu unterwerfen hat. Es ist dies — zumindest — das, was sie für ihre Lieferungen aus den Beträgen erhält, die dem RWKS. aus der Hand seiner Abnehmer und an Ausgleichsbeträgen im Scripsverfahren, Umsatzsteuervergütungen usw. zugeflossen sind. Damit aber bleibt dann nur noch die Frage, wie die tatsächlich gezahlte Umlage und die hieraus fließenden Vergütungen zu behandeln sind. Hierauf wird jedoch noch weiter unten zu II unter c (S. 92) eingegangen werden.

Es mag die Frage aufgeworfen werden, weshalb das RWKS. die Umlage nicht einfach herabsetzt. Hierzu ist zu sagen, daß in einer Herabsetzung der Umlage eine erhebliche Gefahr liegt. Die Herabsetzung läßt sich zwar leicht durchführen. Wie aber, wenn die staatliche Ausfuhrförderung eines Tages aufhören sollte? Eine Erhöhung würde nicht ohne Kämpfe ausgehen; sie würde sich seitens des Syndikats nur schwer durchsetzen lassen; das ganze Abrechnungssystem würde ins Wanken geraten; der Kampf zwischen den reinen Zechen und den Hüttenzechen würde wieder aufleben; alte Abkommen würden über den Haufen geworfen werden usw.

Vgl. hierzu aus neuerer Zeit Lohmann: Das Rechnungswesen der Kartell- und Gruppenwirtschaft, S. 51.

II. Bei Lieferungssyndikaten.

Neben diesen Fragen, die für die Kartelle und Syndikate auftauchen, stehen noch einige andere Fragen, die allein bei den Lieferungssyndikaten praktisch werden. Auch hierüber noch einige, wenn auch nur kurze Worte.

a) Lieferungsgemeinschaften (Verkaufsvereine).

Bei den größeren Lieferungssyndikaten, z. B. dem RWKS., bestehen häufig sog. Lieferungsgemeinschaften, auch Verkaufsvereine genannt. Das Wesen dieser Lieferungsgemeinschaften besteht, kurz gesagt, darin, daß die Beteiligungen der Mitglieder, die in der Lieferungsgemeinschaft zusammengeschlossen sind, dem Syndikat gegenüber als eine Einheit gelten. Das hat praktisch gesehen zur Folge, daß es den Lieferungsgemeinschaften und damit den einzelnen Werken überlassen bleibt, welches Werk nun im einzelnen Falle liefert.

Die umsatzsteuerrechtliche Beurteilung dieser Lieferungsgemeinschaften ist noch wenig geklärt. Es sind zwei Fragen, die sich hier ergeben. Die eine Frage ist die, wieviel Umsätze anzunehmen sind. Die andere Frage betrifft die umsatzsteuerrechtliche Beurteilung der Ausgleichszahlungen, die in Fällen dieser Art von dem einen Werk an das andere geleistet werden.

Was die erste Frage anbetrifft, so bleibt praktisch zu beachten, daß der Beurteilung nach der einen oder anderen Seite größere Bedeutung nicht zukommen dürfte. Lieferungsgemeinschaften bestehen im allgemeinen nur bei Lieferungssyndikaten. Lieferungssyndikate bestehen ihrerseits meist nur noch dann, wenn es sich bei den syndizierten Erzeugnissen um Massengüter handelt. Damit aber kann die Frage, wieviel Umsätze in Fällen dieser Art anzunehmen sind, dahingestellt bleiben.

Was die zweite Frage anbetrifft, so kann es zweifelhaft sein, ob man die Ausgleichszahlungen als umsatzsteuerpflichtig ansehen soll oder nicht. Ich neige dazu, sie als umsatzsteuerpflichtig zu betrachten. Davon, daß sich diese Zahlungen als Entschädigungen darstellen, wird man nicht gut sprechen können. Ebensowenig ist es m. E. angängig, sie mit dem reinen Preisausgleich auf eine Stufe zu stellen. Entschädigungszahlung und reiner Preisausgleich werden nur in den Fällen praktisch, wo gewisse Ungleichheiten, die in Verfolg der Syndizierung gewissermaßen zwangsläufig anfallen, ausgeglichen werden sollen. Der Zusammenschluß zu einer Lieferungsgemeinschaft erfolgt jedoch freiwillig. Ebenso ist der Verzicht des einen Werkes, sich an den ihm an sich zustehenden Lieferungen an das Syndikat nicht zu beteiligen, ebenfalls durchaus freiwillig. Zu beachten bleibt allerdings auch hier, daß dieser Frage vielfach eine praktische Bedeutung nicht zukommt. Lieferungsgemeinschaften werden häufig unter Werken bestehen, die ein und demselben Konzern angehören. Damit aber wird es sich bei ihnen vielfach um Organunter- und Organobergesellschaften oder aber um Organschwestergesellschaften handeln.

Einzelheiten hierzu siehe „Beteiligungsziffer und Steuerrecht. KRdsch. 36 S. 286 u. 313 unter C III Lieferungsgemeinschaften (Verkaufsvereine), S. 314.

b) Werkhandelsgesellschaften.

Eine andere Frage bildet die umsatzsteuerrechtliche Beurteilung der Werkhandelsgesellschaften. Die Frage geht hier dahin, ob in Fällen dieser Art drei Umsätze anzunehmen sind oder nur einer. Drei Umsätze: d. h. ein erster Umsatz von dem einzelnen Mitgliedswerk an das Syndikat, ein zweiter Umsatz von dem Syndikat an die Werkhandelsgesellschaft und ein dritter Umsatz von der Werkhandelsgesellschaft an den Abnehmer; ein Umsatz: d. h. ein einziger Umsatz von dem Werk durch die Werkhandelsgesellschaft als seines Organs unmittelbar an den betr. Abnehmer. Die Frage berührt die, ob in Fällen dieser Art eine Syndizierung oder nur eine Kontingentierung anzunehmen ist. Das ergibt sich daraus, daß sie auch dann praktisch wird, wenn das einzelne Werk sich für den Vertrieb seiner Erzeugnisse nicht eine besondere Werkhandelsgesellschaft geschaffen, sondern den Vertrieb seiner Erzeugnisse bloß betrieblich ausgesondert hat.

Näher auf diese Frage einzugehen, ist jedoch nicht beabsichtigt. Sie hat auch nach der Neuregelung der Umsatzsteuerpflicht der Großhandelsumsätze durch das UmsStG. 34 (Beseitigung des sog. Zwischenhandelsprivilegs, Massengüter) an Bedeutung verloren. Im übrigen wird der RFH. in absehbarer Zeit Gelegenheit haben, sich mit dieser Frage noch einmal grundsätzlich zu befassen.

Vgl. u. a. DStZ. 34 S. 1056 (Werkhandelsgesellschaft-Syndikat).

c) Preisausgleich.

Eine andere Frage ist, wie bereits zu A II unter c dieses Unterteils (S. 63) angedeutet, die des Preisausgleichs. Sie geht dahin, ob bei den Lieferungssyndikaten, wie schon zu B III unter c 1 bb (S. 73) herausgestellt, zwischen einem senkrechten und einem waagerechten Teil des Zahlungsverkehrs zu trennen ist, die — zusätzlichen — Zahlungen von Mitgliedswerk an Mitgliedswerk ebenso zu beurteilen sind wie der Ausgleich von Anspruch und Pflicht.

Auf diese Frage möchte ich etwas näher eingehen. Ich komme hier den Anregungen, die WIRCKAU in StW. 36 gibt, gern nach.

Es gibt — um dies von vornherein klarzustellen — an sich zwei Betrachtungsmöglichkeiten.

Die erste Betrachtung sieht die Verhältnisse vom Boden des Syndikats aus. Der Syndikatsvertrag bilde ein einheitliches Ganzes. Aufgabe des

Syndikats sei es, den einzelnen Werken einen gerechten Preis zur Verfügung zu stellen. Auch die — zusätzlichen — Zahlungen der Mitgliedswerke dienten diesem Zweck. Sie stellten sich daher als Berichtigung des Entgelts dar. Ob diese Abgaben auf dem Syndikatsabsatz oder dem Nichtsyndikatsabsatz ruhten, sei belanglos.

Anders die zweite Betrachtung. Sie sieht die Verhältnisse mehr von seiten der Mitgliedswerke. Sie geht davon aus, daß jede Syndizierung zwangsläufig gewisse Härten mit sich bringt. Sie faßt daher die Verpflichtungen der Mitgliedswerke, besondere Abgaben zu leisten, dahin auf, daß die Mitgliedswerke dahin übereingekommen sind, diese Härten durch zusätzliche Zahlungen von einem Mitglied an das andere auszugleichen. Sie stellt demgemäß den ganzen Vorgang mit der Gewinn- und Verlustvergemeinschaftung bei der IG. auf eine Stufe. Sie gelangt so dazu, die Abgaben nicht als abzugsfähig, die Rückflüsse nicht als zusätzliches Entgelt anzusehen. Dabei sieht sie die Abgaben auch dann nicht als kürzungsfähig an, wenn sie auf dem Syndikatsabsatz ruhen; und zwar deswegen, weil die Abgaben allein dem Zwecke dieses — zusätzlichen — innergesellschaftlichen Ausgleichs dienen und so weder etwas mit dem Entgelt, noch mit den Verkaufsunkosten des Syndikats zu tun haben.

Für den Fall des Beispiels, das zu B III unter c 1 bb (S. 74) gebildet wurde, führt also die erste Betrachtung dazu, daß die Abgaben auf Nichtsyndikatsabsatz kürzungsfähig sind, die Rückflüsse aus diesen Abgaben zusätzliches Entgelt der an den Auslandslieferungen beteiligten Werke bilden. Dagegen besagt die zweite Betrachtung, daß die Abgaben nicht abzugsfähig sind, die Rückflüsse kein zusätzliches Entgelt begründen.

Es ist der ersten Betrachtungsweise zuzugeben, daß sie die Rechtsprechung des RFH. für sich hat. In seinem bereits erörterten Urteil V A 748/32 vom 11. 12. 33 in Sachen der RG. hat es der RFH. abgelehnt, den reinen Preisausgleich mit dem Ausgleich von Anspruch und Pflicht auf eine Stufe zu stellen. Trotzdem neige ich selber auch heute noch der zweiten Betrachtungsweise zu.

Es ist richtig: der Syndikatsvertrag bildet ein einheitliches Ganzes. Es bleibt aber zu berücksichtigen, daß der Syndikatsvertrag nicht nur die Beziehungen der einzelnen Werke gegenüber dem Syndikat, sondern auch untereinander regelt. Zum Beleg sei auf den Ausgleich von Anspruch und Pflicht verwiesen. Auch die Verpflichtung der Mitgliedswerke, Über- und Unterschreitungen der Beteiligung auszugleichen, ist im Syndikatsvertrag festgelegt. Trotzdem ist bisher niemals daran gezweifelt worden, daß es sich hierbei um einen Vorgang handelt, der allein die einzelnen Werke berührt.

Der Preisausgleich durch zusätzliche Zahlung findet sich nicht nur bei den Lieferungssyndikaten. Er findet sich auch bei den Vermittlungssyndikaten, ebenso schließlich bei den Kartellen. Nun liegen zwar, wie zugegeben werden muß, die Verhältnisse bei den Vermittlungssyndikaten und den Kartellen für die steuerrechtliche Beurteilung etwas anders. Während beim Lieferungssyndikat stets zwei Lieferungen gegeben sind, ist beim Vermittlungssyndikat und beim Kartell stets nur eine Lieferung gegeben; und zwar unmittelbar von dem Werk an seinen — dritten — Abnehmer. Ob aber diesem Unterschied in der logisch konstruktiven Betrachtung Bedeutung auch für die Beurteilung des Preisausgleichs beizumessen ist, kann doch wohl zweifelhaft sein. Vorgänge, die sachlich gleich liegen, verschieden zu behandeln, ist stets mißlich. Das wird, je mehr man sich bemüht, das Umsatzsteuerrecht aller Unternehmerzusammenschlüsse von höherer Warte aus zu betrachten, desto klarer. Der Gedanke, der dem reinen Preisausgleich zugrunde liegt, ist aber immer derselbe. Er geht dahin, Mängel, die der Syndizierung anhaften, Härten, die sie mit sich bringt, nach Möglichkeit auszugleichen.

Für die Vermittlungssyndikate und Kartelle ist dies klar. Es gilt aber auch für die Lieferungssyndikate. Zum Beleg sei auf das Verhältnis beim RWKS. verwiesen.

Wie zu I c 2 dieses Abschnittes (S. 86) ausgeführt, ist das RWKS. von sich aus nicht in der Lage, den Lieferzechen für ihre Lieferungen den Verrechnungspreis zu zahlen. Der Erlös, den das Syndikat erzielt, muß durch Abgaben, die alle Zechen leisten, aufgebessert werden. Dabei wird ein großer Teil der Abgaben auf Grund des Nichtsyndikatsabsatzes — des sog. Werkselbstverbrauchs, des Landabsatzes usw. — erhoben. Mit diesen Abgaben hat es aber folgende Bewandtnis. Die Zechen mit Werkselbstverbrauch, d. h. die Zechen, die einem Konzern angehören, stehen sich besser. Jedenfalls steht sich der Konzern als solcher besser. Kohlen und Koks werden hier in Eisen und Stahl umgesetzt. Eisen und Stahl verwandeln sich in Fertigfabrikate. Für die Fertigfabrikate ist der Konzern aber — jedenfalls dann, wenn er seine Kalkulationspreise erzielen kann — in der Lage, einen Erlös hereinzubekommen, der den Einstand an Kohlen und Koks zum Verrechnungspreis deckt. Das gleiche gilt für die Zechen, die Kohle und Koks im Landabsatz absetzen. Diese Lieferungen erfolgen ausschließlich in das unbestrittene Gebiet des Inlands. In dem unbestrittenen Gebiet des Inlands läßt sich aber der Verrechnungspreis erzielen. Geht man daher den Dingen auf den Grund, so ist der Gedanke, der der ganzen Regelung zugrunde liegt, der, daß die Zechen, die, wie geschildert, besser gestellt sind, den anderen Zechen etwas abzugeben haben, daß sie sie, wie man es auch ausdrücken kann, in irgendeiner Form schadlos halten müssen.

Dazu kommt, daß die erste Betrachtung in der Praxis leicht zu Ergebnissen führen kann, die nicht voll befriedigen.

Auf das Urteil V A 748/32 in Sachen der RG. wurde bereits zu I unter c 1 dieses Abschnittes (S. 84) eingegangen und dargelegt, wie wenig glücklich sich die Grundsätze, die der RFH. dort aufgestellt hat, auswirken. Zur Ergänzung sei jedoch auch hier noch einmal kurz auf die Verhältnisse beim RWKS. hingewiesen.

Zu I unter c 2 dieses Abschnittes (S. 86) blieb die Frage, wie die restliche Umlage, d. h. die Umlage, die alle Zechen tatsächlich im Endergebnis zahlen und die Rückflüsse aus dieser Umlage an die Lieferzechen zu behandeln seien. Prüft man nun diese Frage einmal nach der ersten, zum andern nach der zweiten Betrachtung, so ergibt sich folgendes:

Nach der ersten Betrachtung sind die Abgaben, auch wenn sie auf dem Nichtsyndikatsabsatz lasten, grundsätzlich als abzugsfähig, die Rückflüsse als zusätzliches Entgelt anzusehen. Nun gibt es aber beim RWKS. auch Zechen, die ihre gesamte Produktion auf Grund von Vorverträgen unmittelbar an Dritte liefern. Damit aber erfährt der Grundsatz, daß die Abgaben bei den Zechen abzugsfähig sind, notwendig eine Einschränkung. Bei der Mehrzahl der Zechen wird er sich zwar halten lassen; bei den Zechen, die ihre gesamte Produktion unmittelbar an Dritte liefern, läßt er sich dagegen nicht anwenden. Damit aber führt die erste Betrachtung im praktischen Ergebnis dazu, daß zumindest — auf Zweifelsfragen, die sich hinsichtlich der Durchführbarkeit auch bei den anderen Zechen ergeben, gehe ich mit Absicht nicht ein — zwischen zwei Gruppen von Zechen zu scheiden ist: einer ersten Gruppe, die die Abgaben, die sie leisten, von den Entgelten, die sie für ihre Lieferungen bekommen, absetzen dürfen und einer zweiten Gruppe, der dies nicht gestattet ist.

Anders die zweite Betrachtung. Hiernach ist einheitlich davon auszugehen, daß keine Zeche die Abgabe von den Entgelten, die sie erhält, absetzen darf; eine Scheidung ist also nicht vorzunehmen.

Dabei sei im Hinblick auf die Ausführungen zu A II c dieses Unterteils (S. 63) bemerkt, daß die zweite Betrachtung es zwangsläufig ausschließt, die Abgaben zwar nicht als abzugsfähig, die Rückflüsse aus diesen Abgaben dagegen trotzdem als zusätzliches Entgelt anzusehen. Denn stellt man sich schon einmal auf den Standpunkt, daß der ganze Vorgang mit der Gewinn- und Verlustvergemeinschaftung bei der IG. auf eine Stufe zu stellen ist, so ist für die Annahme, daß sich die Rückflüsse als Entgelt des Syndikats darstellen, kein Raum mehr; ebenso ist es dann ausgeschlossen, diese zusätzlichen Zahlungen von einem Mitgliedswerk an das andere auf seiten der empfangenden Mitglieder als Entgelt von dritter Seite im Sinne des § 39 Abs. 1 Satz 2 UStDB. anzusehen.

Wie dieser innergesellschaftliche Ausgleich im einzelnen von der Gewinn- und Verlustvergemeinschaftung im Rahmen des senkrechten Zahlungsverkehrs abzugrenzen ist, ist allerdings eine Frage, die nicht sehr einfach zu entscheiden ist. Das gilt insbesondere dann, wenn bei einem Syndikat beide Regelungen nebeneinanderstehen. So z. B. beim RWKS. Hier findet zunächst eine Vergemeinschaftung des Gewinns und Verlusts im Rahmen des senkrechten Zahlungsverkehrs statt. Die für die Lieferung in das unbestrittene Gebiet des Inlands, für die in das bestrittene Gebiet des Inlands und für die in das Ausland erzielten Erlöse werden vom Syndikat, wie oben ausgeführt, zusammengeworfen. Das Syndikat zahlt seinen einzelnen Zechen einen Durchschnittserlös. Daneben steht dann die Aufbesserung des eine feste Größe bildenden Verrechnungspreises im Wege der Erhebung einer Umlage auf Verbrauchs- und Verkaufsbeteiligung.

Sucht man nach Anhaltspunkten für eine Abgrenzung, so sind zwei Möglichkeiten gegeben. Die eine Möglichkeit knüpft an die äußere Gestaltung an. Sie geht dahin, daß man unterscheidet, ob eine besondere Umlage erhoben wird oder nicht. Die zweite Möglichkeit stellt auf den sachlichen Gehalt ab. Sie unterscheidet danach, ob es sich um Beträge handelt, die von außen hereinkommen, oder ob es sich um Beträge handelt, die von den einzelnen Mitgliedswerken auf Grund von Merkmalen, die mit der Lieferung an das Syndikat nichts zu tun haben, aufgebracht werden.

Ich selber neige der zweiten Möglichkeit zu. Die erste Möglichkeit verliert sich in Äußerlichkeiten. Das Verlieren in Äußerlichkeiten ist aber etwas, was gerade bei der Betrachtung der verbandsmäßigen Zusammenschlüsse vermieden werden muß. Sie ist auch sachlich nicht gerechtfertigt. Ob das Syndikat z. B. gewisse Beträge einfach zu Lasten des Verkaufserlöses einbehält und in bestimmter Richtung verwendet, oder aber ob das Syndikat die Beträge auf Grund einer besonderen Umlage einhebt, bedeutet sachlich etwas Unterschiedliches nicht.

Über Beispiele nach der einen oder anderen Richtung hin sei auf meine Ausführungen über die Ausfuhrförderung in StW. 36 Sp. 1317 verwiesen. Kein innergesellschaftlicher Preisausgleich, sondern eine Vergemeinschaftung des Gewinns und Verlusts im Rahmen des senkrechten Zahlungsverkehrs ist hiernach z. B. dann anzunehmen, wenn bei syndiziertem Auslandsabsatz und bei syndiziertem Inlandsabsatz die anläßlich des Auslandsabsatzes erzielten geringeren Preise zu Lasten der höheren Preise, die anläßlich des syndizierten Inlandsabsatzes erlöst werden, aufgebessert werden. Andererseits liegt ein innergesellschaftlicher Preisausgleich dann vor, wenn die anläßlich des syndizierten Auslandsabsatzes erzielten geringeren Erlöse auf Grund von Abgaben aufgebessert werden, die auf dem Nichtsyndikatsabsatz beruhen.

Im übrigen wird man gerade in diesem Zusammenhang zwischen Theorie und Praxis zu unterscheiden haben. Das Interesse des Fiskus besteht allein darin, daß von der Gesamtheit der einzelnen Mitgliedswerke nicht zu wenig versteuert wird. Daran, wie die einzelnen Mitgliedswerke des Syndikats an dem Gesamtaufkommen beteiligt sind, hat er selber kein Interesse. Damit aber läßt es sich ohne weiteres verantworten, gegebenenfalls von den theoretischen Erkenntnissen in der praktischen Handhabung abzuweichen. Es gilt dies jedenfalls dann, wenn die starre Durchführung der theoretischen Erkenntnisse zu einer Zerreißung des im einzelnen Falle angewandten Abrechnungssystems führen würde. Voraussetzung dafür ist natürlich stets zweierlei. Erste Voraussetzung ist, daß entweder die Abgaben nicht abgezogen und die Rückflüsse aus diesen Abgaben nicht versteuert oder aber die Abgaben abgezogen und die Rückflüsse dafür versteuert werden. Zweite Voraussetzung ist schließlich, daß alle Mitgliedswerke des Syndikats einheitlich verfahren.

Schließlich noch ein kurzer Hinweis. Schon zu B III unter c 3aaβ dieses Unterteils (S. 79) wurde darauf hingewiesen, daß es zweifelhaft sein könne, ob man nicht bei der Frage nach der Abzugsfähigkeit der Umlagen auf Nichtsyndikatsabsatz darauf abzustellen habe, für welchen Zweck die Umlage verwendet wird. Es ergibt sich jedoch gerade bei dieser Betrachtung eine andere Frage; und zwar eine Frage, die nicht nur für Lieferungssyndikate, sondern auch für Vermittlungssyndikate praktisch wird. Die Frage geht dahin, ob man nicht in diesen Abgaben auf Grund des Nichtsyndikatsabsatzes, jedenfalls soweit sie zur Deckung derjenigen Kosten verwendet werden, die dem Syndikat durch den Verkauf — bzw. dem Vermittlungssyndikat durch die Verkaufsvermittlung — entstehen, eine Abwälzung erblicken soll; d. h. eine Abwälzung von den Werken, die an das Syndikat liefern — durch die Vermittlung des Syndikats absetzen — auf diejenigen Werke, die sich des Syndikats angesichts der ihnen zustehenden Verbrauchsbeteiligung überhaupt nicht oder nur in geringem Umfang zu bedienen brauchen.

Ich möchte hier dem Gedanken nicht weiter nachgehen. Ich habe auf diese Betrachtung bereits in meiner kleinen Schrift über die Kapitalverkehrsteuer und Umsatzsteuer der Syndikate hingewiesen. Es ist nur ganz interessant, diesen Punkt auch einmal in diesem Zusammenhang anzuschneiden.

Die Kapitalverkehrsteuer und Umsatzsteuer der Syndikate. PrBW. 35 S. 978; auch Sonderdruck.

V A 748/32 vom 11. 12. 33, Kartei UmsStG. 32 § 1 Nr. 1 R. 75, RStBl. 34 Nr. 1013 S. 1129, StW. 34 Nr. 186, Bd. 35 S. 337.

D. Zusammenfassung.

Wirft man rückschauend einen Blick auf die hier zu B und C (S. 65 und 81) gegebenen Grundlagen der Umsatzbesteuerung der verbandsmäßigen Zusammenschlüsse und ihrer Mitglieder, so ergibt sich, daß die Verhältnisse bei den wirtschaftlichen Vereinen, den wirtschaftlichen Verbänden allgemeiner Art, den Kartellen und auch den Vermittlungssyndikaten verhältnismäßig einfach, bei den Lieferungssyndikaten dagegen ziemlich verwickelt liegen. Mit Recht untersucht daher Wirckau in StW. 36, ob sich hier nicht eine gewisse Vereinfachung erzielen läßt.

Wirckau macht hier den Vorschlag, das Lieferungssyndikat im Wege der Gesetzesänderung gemäß § 12 AO. dem Vermittlungssyndikat gleichzustellen. Wirckau wählt diesen Weg offensichtlich deshalb, weil er den Unterschied zwischen Vermittlungssyndikat und Lieferungssyndikat innerlich nicht für gerechtfertigt hält.

Der Weg, den Wirckau hier weist, ist im ersten Augenblick sehr einleuchtend. Es ist dies offen zuzugeben. Trotzdem habe ich dagegen Bedenken.

Zu B III unter a 5 (S. 70) habe ich bereits darauf hingewiesen, daß ich die Scheidung zwischen Vermittlungssyndikat und Lieferungssyndikat für gerechtfertigt halte. Ich habe am Schluß meiner dortigen Ausführungen darauf aufmerksam gemacht, daß mir dieser Scheidung auch ein gewisser wirtschaftlicher Wille der Beteiligten zugrunde zu liegen scheine. Ich möchte diesen Gedanken hier mit einigen Worten weiterführen.

Es ist m. E. kein Spiel des Zufalls, daß alle großen Syndikate, jedenfalls der Rheinisch-Westfälischen Industrie, als Lieferungssyndikate aufgezogen sind. Rücksichten auf die UmsSt. konnten dabei keine Rolle spielen. Die großen Syndikate der Rheinisch-Westfälischen Industrie sind bereits vor dem Kriege, teilweise sogar vor schon 35 Jahren und vor noch längeren Zeiten gegründet worden. Damals aber war die UmsSt. etwas völlig Unbekanntes.

Es ist m. E. auch zwischen Vermittlungssyndikaten und Lieferungssyndikaten wirtschaftlich — und damit auch für die Beteiligten — ein Unterschied. Das Vermittlungssyndikat tritt im Namen der Mitgliedswerke auf. Hier bleiben also immer noch gewisse Beziehungen zwischen den Mitgliedswerken und dem Abnehmer bestehen. Das Lieferungssyndikat wird im eigenen Namen tätig. Damit aber ist das Lieferungssyndikat, wie dies neuerdings auch von Naegeli betont wird, tatsächlich die stärkere Form.

Das zeigt auch die Entstehungsgeschichte vieler Syndikate. Zunächst haben vielfach oder sogar meist nur wirtschaftliche Vereine bestanden. Aus dem Kreis der Mitglieder dieser Vereine haben sich dann einzelne zunächst zu Kartellen zusammengeschlossen. Die Kartelle haben sich dann langsam zu Syndikaten entwickelt. Dabei ist zunächst häufig die Form des Vermittlungssyndikats gewählt worden. Auch hat häufig der Geldverkehr noch in Händen der Mitgliedswerke gelegen. Lieferungssyndikate haben sich dagegen erst — jedenfalls meistens — nach einer längeren Entwicklung herausgebildet. Auch ist erst bei den Lieferungssyndikaten — jedenfalls vielfach — der Geldverkehr auf das Syndikat übertragen worden. Man wird eben nie vergessen dürfen, daß ja überhaupt der Zusammenschluß zu einem Kartell und erst recht zu einem Syndikat den Verhältnissen der früheren Zeit nach dem einzelnen Unternehmer nicht sehr angenehm war. Der einzelne Unternehmer sah hierin immer mehr oder weniger eine Beschränkung seiner Freiheit. Er konnte sich daher meist nur sehr schwer entschließen, einem Kartell oder Syndikat beizutreten.

Liegt aber so der Gestaltung als Vermittlungssyndikat oder als Lieferungssyndikat ein bestimmter wirtschaftlicher Gedanke und auch Unterschied zugrunde, so erscheint es mir nicht gerechtfertigt, das Lieferungssyndikat einfach dem Vermittlungssyndikat gleichzustellen.

Ich selber habe im übrigen die Frage auch bereits nach allen Richtungen hin untersucht. Ich darf hier in erster Linie auf meine Ausführungen im BuBPr. 34 S. 127 verweisen.

Ich habe gerade an dieser Stelle die Frage, ob und inwieweit sich bei Lieferungssyndikaten eine Vereinfachung durchführen läßt, nach allen nur denkbaren Richtungen hin geprüft. Ich bin damals schon zu dem Schluß gekommen, daß eine verhältnismäßig einfache Lösung die ist, bei Lieferungssyndikaten die von den Mitgliedswerken zu zahlende Umsatzsteuer im Wege des Steuerabzuges beim Lieferungssyndikat zu erheben. Ich bin dann später auf diese Frage in InduSt. 34 I S. 51 und dann noch in InduSt. 35 I S. 70 zurückgekommen. Ich habe mich dort auch mit gewissen Einwendungen auseinandergesetzt, die von dritter Seite erhoben wurden.

Ich habe diese Möglichkeit noch einmal genau überprüft. Ich bin wieder dazu gekommen, diese Möglichkeit als die einfachste und zweckmäßigste anzusehen.

Für die Syndikate und ihre Mitglieder ergibt sich durch dieses Verfahren ein Nachteil nicht. Dem Syndikat ist das Entgelt, das die Mitgliedswerke für ihre Lieferungen vereinnahmen, bekannt. Es ist ihm auch bekannt, welche Umlagen von den einzelnen Mitgliedswerken eingehoben werden. Es ist ihm — ja ihm allein manchmal nur — bekannt, welche Beträge unmittelbar zu Lasten des Verkaufserlöses für bestimmte Zwecke verwendet werden. Das Syndikat ist ohne weiteres in der Lage, das Entgelt der Gesamtheit seiner einzelnen Mitgliedswerke für ihre Lieferungen an es selber einwandfrei nach der bestehenden Rechtsprechung zu bestimmen. Die UmsSt., die es für seine Mitgliedswerke entrichtet, braucht es dann im übrigen lediglich dem Erlös-(Waren-) Konto zu belasten. Sie verteilt sich dann zwangsläufig auf die einzelnen Mitgliedswerke; und zwar entsprechend ihren Lieferungen an das Syndikat und damit in der gleichen Höhe, wie sie von den Mitgliedswerken zu bezahlen wäre, wenn sie nicht vom Syndikat im Wege des Steuerabzuges eingehoben würde.

Dieses Verfahren würde weiter aber auch Vorteile für die Verwaltung sowie die Syndikate und ihre Mitgliedswerke mit sich bringen. Wie bereits vor zu C II unter c (S. 92) ausgeführt, hat die Steuerverwaltung an dem waagerechten Zahlungsverkehr von Mitgliedswerk an Mitgliedswerk ein eigenes Interesse nicht. Die Erhebung der UmsSt. im Wege des Steuerabzuges würde es daher der Steuerverwaltung ersparen, in alle und jede Einzelheiten des Abrechnungssystems hineinzusteigen. Die Syndikate und ihre Mitgliedswerke brauchten daneben keine Befürchtungen mehr zu haben, daß aus Einzelheiten ihres Abrechnungssystems anläßlich auch der Prüfung der einzelnen Mitgliedswerke irgendwelche Folgerungen gezogen würden.

Das Verfahren bringt schließlich aber auch noch einen Vorteil für die Verwaltung und, wenn auch nicht für das Syndikat, so doch, jedenfalls mittelbar, für die einzelnen Werke. Die Syndikate jedes Jahr einer Betriebsprüfung zu unterziehen, ist nicht gut möglich. Andererseits ergibt sich bei jeder Betriebsprüfung doch regelmäßig die eine oder andere Beanstandung auch hinsichtlich der Höhe der von den Mitgliedswerken für ihre Lieferungen an das Syndikat zu zahlenden Entgelte. Bei dem heutigen Zustand führt dies dazu, daß dann nach einer Reihe von Jahren für frühere Zeiten an die einzelnen Mitgliedswerke herangetreten wird, die Veranlagungen dieser Mitgliedswerke berichtigt werden müssen. Erhebt man die Steuer dagegen im Wege des Steuerabzugsverfahrens, so gestalten sich die Verhältnisse bedeutend einfacher. Die zu Unrecht zu wenig versteuerten Beträge sind dann zwangsläufig von einer Stelle, eben dem Syndikat, zu entrichten. Dazu kommt noch etwas anderes. Die Industrie, jedenfalls die Rheinisch-Westfälische Industrie, ist mit ihren gesamten Erzeugnissen mehr oder weniger syndiziert. Die Kohle wird durch das RWKS. Essen und das Rheinische Braunkohlen-Syndikat Köln abgesetzt. Die Erzeugung an Roheisen und Stahl wird vom Roheisen-Verband Essen und von der Rohstahl-Gemeinschaft Düsseldorf nebst ihren Verkaufsverbänden, dem A-Produkte-Verband, dem Universaleisen-Verband, der Bandeisen-Vereinigung, dem Mittelblech-Verband, dem Grobblech-Verband, dem Feinblech-Verband, dem Stabeisen-Verband und dem Verzinkerei-Verband erfaßt. Die Halberzeugnisse und Fertigwaren sind u. a. im Röhren-Verband, im Draht-Verband, Walzdraht-Verband, alle in Düsseldorf und dem Drahtseil-Verband, Essen, syndiziert. Die Erzeugung von Teer geht durch die Hände der Verkaufs-Vereinigung für Teererzeugnisse, ebenfalls in Essen. Bei allen diesen Syndikaten handelt es sich um Lieferungssyndikate. Der größte Teil des Absatzes der Rheinisch-Westfälischen Industrie ist also lieferungssyndiziert. Bei dem augenblicklich üblichen Verfahren wird so der Absatz der Industrie zweimal geprüft; einmal erfolgt die Prüfung bei dem Syndikat, zum anderen bei den Mitgliedswerken. Erhebt man im Falle der Lieferungssyndizierung die von den Mitgliedswerken für ihre Lieferungen an die Syndikate geschuldete UmsSt. im Wege des Steuerabzugsverfahrens beim Syndikat, so braucht jedenfalls der größte Teil des Absatzes nur einmal geprüft zu werden; und zwar bei den Syndikaten selber. Damit aber ergibt sich gleichzeitig eine erhebliche Abkürzung der Prüfungen der einzelnen Werke, insbesondere der Konzerne.

Wirckau: Zum geltenden Steuerrecht der Organ-, insbesondere der Ein- und Verkaufsgesellschaften; zugleich eine Besprechung von vier neueren einschlägigen Schriften. StW. 36 Sp. 589 u. 705.

Die Umsatzsteuerpflicht der Mitglieder von Lieferungssyndikaten. Der augenblickliche Stand der Rechtsprechung, Zweifelsfragen, Unzuträglichkeiten, Möglichkeiten der Vereinfachung. BuBPr. 34 S. 127; Verbandssteuerrecht. Zwei interessante Urteile des Reichsfinanzhofes. InduSt. 34 I S. 51; Zum Verbandssteuerrecht. InduSt. 35 I S. 70.

Naegeli: Die Doppelgesellschaft nach deutschem und schweizerischem Recht, Bd. 1 S. 73.

In diesem Zusammenhang sei im übrigen darauf hingewiesen, daß § 12 AO. in der Fassung des EinfGRealStG. vom 1. 12. 36 (RGBl. I S. 961, RStBl. S. 1137) den RFM. ermächtigt, für einzelne Gruppen von Fällen zu bestimmen, daß die Steuer im Abzugsverfahren durch Dritte zu entrichten ist.

Dritter Unterteil.

Körperschaftsteuer.

A. Die allgemeinen Grundlagen.

Das KörpStG. vom 16. 10. 34 hat für die verbandsmäßigen Zusammenschlüsse eine erhebliche Vereinfachung gebracht. Es wurde hierauf bereits im Ersten Unterteil zu E I unter d (S. 22) hingewiesen.

Die Freistellung der sog. Berufsverbände ist fortgefallen. Ein Unterschied zwischen Erwerbsgesellschaften und sonstigen Körperschaften wird nicht mehr gemacht; alle Gebilde, die körperschaftsteuerpflichtig sind, haben ihren Gewinn mit 30% zu versteuern. Damit aber haben zwei Fragen ihre Erledigung gefunden, von denen insbesondere die letzte bis in die letzte Zeit hinein immer und immer wieder zu Auseinandersetzungen geführt hat.

Trotzdem bleiben noch einige Punkte, die vorab besprochen werden müssen.

Soweit heute noch die Frage, unter welchen Voraussetzungen ein Verband als Berufsverband angesehen werden kann, praktisch werden sollte, sei mir gestattet, auf meine Ausführungen in der VJfStuFR. 33 S. 392 hinzuweisen. (Berufsverbände.) In InduSt. 36 I S. 204 u. 214 hat im übrigen Lenz einen kurzen zusammenfassenden Überblick über diese Frage gebracht.

Zum Begriff der Erwerbsgesellschaft vgl. meine Ausführungen in StW. 34 Sp. 425.

I. Die persönliche Steuerpflicht.

Das Körperschaftsteuerrecht knüpft an die Rechtsform an. Das kommt beim neuen KörpStG. noch schärfer zum Ausdruck wie beim alten. Nach § 2 Ziff. 1 KörpStG. 25 in Verbindung mit § 4 Abs. 1, § 6 konnten auch Gebilde, die bürgerlich-rechtlich als Gesellschaften bürgerlichen Rechts zu betrachten waren, als Einkommensträger angesehen werden. Nach dem KörpStG. 34 § 1 Abs. 1 Ziff. 5 kommen an nichtrechtsfähigen Personenvereinigungen nur noch, soweit hier von Bedeutung, die nichtrechtsfähigen Vereine in Betracht. Es ergibt sich dies aus § 1 Abs. 1 Ziff. 5.

Für die Betrachtung der verbandsmäßigen Zusammenschlüsse ist hierdurch allerdings lediglich eine Verlagerung erfolgt. Der Schwerpunkt liegt heute nicht mehr bei der steuerrechtlichen, sondern bei der bürgerlich-rechtlichen Beurteilung.

a) Einkommensträger — Abgrenzung gegenüber der Einkommensteuer.

Daß die verbandsmäßigen Zusammenschlüsse — bei Doppelgesellschaften die Vereinigung der Mitgliedswerke — als nichtrechtsfähige Vereine aufzufassen sind, wurde bereits im Ersten Teil zu D I (S. 9) dargelegt. Die Frage, die hier zur Erörterung steht, ist daher lediglich die, ob sie auch als Einkommensträger angesehen werden können.

Die Frage bestimmt sich nach § 3, der der Abgrenzung des Körperschaftsteuerrechts gegenüber dem Einkommensteuerrecht dient. Der § 3 KörpStG. 34 stimmt mit dem § 6 KörpStG. 25 überein. Die Rechtsprechung des RFH. zu diesem Paragraphen gilt daher auch heute noch.

Ich habe die gesamte Rechtsprechung des RFH. zu § 6 KörpStG. 25 im BuBPr. 34 S. 89 wiedergegeben. Die dort angeführten Urteile erschöpfen auch heute noch die einschlägige Rechtsprechung. Hinzugekommen ist lediglich die bekannte, bereits mehrfach angezogene Entscheidung in Sachen Röhren-Syndikat I A 402/32. Auf diese wird jedoch noch weiter unten zu B III unter b 2 bb (S. 120) eingegangen.

Worauf ich daher an dieser Stelle hinweisen möchte, ist lediglich zweierlei.

Ich möchte zunächst darauf aufmerksam machen, daß der RFH., soweit ihm derartige Fälle unterbreitet worden sind, nichtrechtsfähige Vereine stets als Einkommensträger angesehen hat. Weiter möchte ich aber auch hier auf den Beschluß I B 142/26 vom 8. 7. 27 verweisen. Der Beschluß ist in Sachen einer wilden Genossenschaft ergangen. Genossenschaften bilden aber den Prototyp der Förderungsgemeinschaft. Die Genossenschaft führte auch, ähnlich wie die Syndikate, das, was sie erarbeitete, laufend an ihre Genossen ab. Trotzdem hat der RFH. diese wilde Genossenschaft als Einkommensträger betrachtet.

Die Rechtsprechung des RFH. zu § 6 KörpStG. unter besonderer Berücksichtigung der verbandsmäßigen Zusammenschlüsse. BuBPr. 34 S. 89; vgl. auch meine Ausführungen in der KRdsch. 34 S. 390 u. 455, insbesondere die S. 455/57 gegebene Urteilszusammenstellung. (Zur Frage der Körperschaftsteuerpflicht und der Vermögensteuerpflicht der Syndikate.)

I B 142/26 vom 8. 7. 27, Kartei KörpStG. 25 § 4 Abs. 1 R. 11, StW. 27 Nr. 325.

b) Der zweckhafte Aufbau.

1. Einheitsgesellschaft mit besonderem Verbandsbüro. Daß bei Einheitsgesellschaften mit besonderem Verbandsbüro nach der Auffassung des KörpSt.- und des VermSt.-Senats auf die Gesellschaft und nicht auf das Büro (den Geschäftsführer) abzustellen ist, wurde bereits im Ersten Teil zu D I unter b (S. 11) ausgeführt.

2. Doppelgesellschaft. Was für die Einheitsgesellschaft mit besonderem Verbandsbüro gilt, muß auch für die Doppelgesellschaft gelten; und zwar auch für die KörpSt. Es folgt dies aus der Natur der Sache. Es ergibt sich einmal daraus, daß die Verkaufs- und Geschäftsstelle nichts anderes als ein Direktor in Gestalt einer juristischen Person ist. Es folgt weiter aber auch aus der systematischen Betrachtung, d.h. daraus, daß sich die Doppelgesellschaft von der Einheitsgesellschaft mit besonderem Verbandsbüro nur dadurch unterscheidet, daß sie, wie gesagt, einen Direktor in Gestalt einer juristischen Person, die Einheitsgesellschaft einen Direktor in Form einer natürlichen Person besitzt. Ich habe dies grundlegend bereits im Ersten Teil zu D I unter c (S. 11) ausgeführt.

Der KörpSt.-Senat ist allerdings anderer Auffassung. In seiner Entscheidung in Sachen Röhren-Syndikat stellt er wieder auf die Verkaufs- und Geschäftsstelle ab.

Ich vermag mich dieser Auffassung des RFH. nicht anzuschließen. Ich muß daher hier etwas näher auf dieses Urteil eingehen. Ich will mich dabei, soweit irgend möglich, nicht wiederholen. Ich stelle deshalb in erster Linie auf Umstände ab, die mir bei wiederholtem näheren Studium dieser Entscheidung aufgefallen sind.

Ehe ich jedoch auf die Entscheidung in Sachen Röhren-Syndikat eingehe, eine Bemerkung.

Die Frage, worauf man bei der Doppelgesellschaft abzustellen hat, auf die Verkaufs- und Geschäftsstelle oder die Vereinigung der Mitgliedswerke, hat mit der Frage, ob die Vereinigung der Mitgliedswerke als Einkommensträger im Sinne des § 3 KörpStG. anzusehen ist, nichts zu tun. Es ist allerdings richtig, daß die Frage, ob die Vereinigung der Mitgliedswerke als Außengesellschaft zu gelten hat, nur dann praktisch wird, wenn man sie als Einkommensträger betrachtet. Systematisch — und auch aus anderen Gründen, auf die ich später noch zurückkommen werde — ist jedoch streng zwischen diesen beiden Fragen zu scheiden.

Aber zurück zur Sache selber.

Der KörpSt.-Senat stützt sich auf die §§ 17 und 26 des Syndikatsvertrages. § 17 Abs. 1 ordne an, daß die Mitgliedswerke ihre Röhrenerzeugnisse der Verkaufs- und Geschäftsstelle zur Verfügung zu stellen hätten. § 17 Abs. 2 bestimme ergänzend, daß die Verkaufs- und Geschäftsstelle mit den Werken abzurechnen habe; sie habe ihnen alles, was sie aus dem Verkauf erlange, abzuliefern. Die Rücklage, die in ihren Händen verbleibe, besitze die Verkaufs- und Geschäftsstelle gemäß § 26 lediglich als Treuhänderin für die Gesamtheit der Mitgliedswerke; jedes Mitglied sei daran nach Maßgabe der geleisteten Einzahlung beteiligt. Gewinnausschluß und Treuhand stellten so unmittelbar auf das Verhältnis der Verkaufs- und Geschäftsstelle, der Röhrenverband-GmbH., zu den einzelnen Werken ab. Die Frage, die zur Entscheidung stehe, sei daher allein die, ob die Röhrenverband-GmbH. als echte Verkaufsgesellschaft angesehen werden könne. Diese Frage sei aber zu bejahen. Die Tätigkeit der Röhrenverband-GmbH. gehe zwar über allein die des Verkaufs der syndizierten Erzeugnisse hinaus. Sie habe gleichzeitig Maßnahmen der Marktbereinigung usw., durchzuführen. Diese Tatsache sei jedoch belanglos. Es handele sich um eine Hilfstätigkeit syndikatseigenen Charakters. Das Vermögen, das sie in ihren Händen halte, besitze sie nicht zu eigenem Recht, sondern als Treuhänderin für die einzelnen Mitglieder.

§ 17 des Syndikatsvertrages steht in Widerspruch zu § 1 der Satzung der Röhrenverband-GmbH. Nach § 1 der Satzung hat die Röhrenverband-GmbH. den Verkauf der syndizierten Erzeugnisse für Rechnung des Röhren-Syndikats vorzunehmen. Da die tatsächliche Handhabung jedoch dahin geht, daß die Röhrenverband-GmbH. unmittelbar mit den einzelnen Werken abrechnet, wird man sich hierüber hinwegsetzen können. Ebenso wird man den § 26 des Syndikatsvertrages bei weitherziger Betrachtung dahin auslegen können, daß unter ,,Gesamtheit der Mitglieder" die Summe der einzelnen Mitglieder zu verstehen ist.

Die Auffassung des KörpSt.-Senats findet auch eine Stütze in der bürgerlich-rechtlichen Betrachtung. Diese geht, wie bereits im Ersten Teil zu D I unter c 3 (S. 15) bemerkt, dahin, daß es sich bei der Vereinigung um eine reine Innengesellschaft handele, Lieferungsbeziehungen ausschließlich zwischen der Verkaufs- und Geschäftsstelle und den einzelnen Werken anzunehmen seien. Unbestritten ist diese Beurteilung allerdings nicht. Ich habe hierauf schon in meiner Abhandlung in der VJfStuFR. 32 aufmerksam gemacht. Ich habe dort auf die Ausführungen von FRIEDLÄNDER in seinem ,,Konzernrecht" und die von BAUCH hingewiesen.

Ich darf hierzu ergänzend auf die Darlegungen von EGER verweisen. EGER betrachtet in seiner Schrift: ,,Das Recht der deutschen Kartelle" die Doppelgesellschaft nicht nur als eine wirtschaftliche, sondern auch als eine rechtliche Einheit. Immerhin wird man sich vom Standpunkt des RFH. aus mit Recht darauf berufen können, daß jedenfalls die herrschende bürgerlich-rechtliche Meinung allein auf die Verkaufs- und Geschäftsstelle abstellt.

Eine andere Frage ist, ob sich die Beurteilung des RFH. mit dem Gesamtbild in Einklang bringen läßt.

Das Gesamtbild geht auch beim Röhren-Syndikat dahin, daß die Verkaufs- und Geschäftsstelle, die Röhrenverband-GmbH., Organ der Vereinigung der Mitgliedswerke, und zwar Organ im Rechtssinne ist. Das ergibt sich sowohl aus den Satzungen der GmbH. als auch aus dem Syndikatsvertrag. Die Satzungen sagen ausdrücklich:

„Gegenstand des Unternehmens ist

1. der Verkauf von Röhrenfabrikaten der Gesellschafter für Rechnung des Röhren-Syndikats,

2. die Übernahme von Kontrollen und sonstigen Aufträgen für das Röhren-Syndikat.

Die Gesellschaft soll nur im Interesse des Röhren-Syndikats tätig sein und bezweckt nicht eigene Gewinnerzielung.“

Ebenso der Syndikatsvertrag. Es heißt hier wörtlich:

„Die Geschäftsstelle des Syndikats ist die Röhrenverband-GmbH. zu Düsseldorf, welche in allen Fällen im eigenen Namen handelt. Sie führt die Geschäfte des Syndikats, soweit sie nicht anderen Organen überwiesen sind und ist zu dessen gerichtlicher und außergerichtlicher Vertretung berechtigt und verpflichtet. Insbesondere ist sie befugt, alle Ansprüche des Syndikats geltend zu machen.“

Hieraus ergibt sich aber eigentlich zwangsläufig, daß der Gewinn und Verlust der Verkaufs- und Geschäftsstelle, der Röhrenverband-GmbH., zunächst einmal als Gewinn und Verlust der Vereinigung der Mitgliedswerke, des Röhren-Syndikats, anzusehen ist. So ja auch das RG. Ich darf hier auf das Urteil in Sachen Langenbrahm verweisen, das ich bereits in der VJfStuFR. 32 angeführt habe. Das RG. sagt hier wörtlich folgendes:

„Mit Unrecht meint die Revision, Gesellschaftsgewinn sei überhaupt nicht denkbar, da nur die beklagte A.-G. — die Verkaufs- und Geschäftsstelle, die sog. Kohlen-Syndikat-A.-G. —, der das Gewinnmachen verboten sei, aber nicht die Vereinigung der Zechenbesitzer handelsgesellschaftlich tätig werde. Wenngleich die Verkaufsstelle des Kartells eine selbständige Handelsgesellschaft ist, wird man doch dem Wesen der Sache nur gerecht, wenn man in ihr das geschäftsführende Organ der durch den Syndikatsvertrag begründeten Gesellschaft des bürgerlichen Rechts erblickt. Bei solcher Auffassung, wonach ihr Verlust zugleich Verlust der bürgerlichen Gesellschaft ist, entspricht es nur der Natur der Sache, auch ihren Gewinn als Gewinn dieser Gesellschaft zu betrachten.“

Dabei ist von Bedeutung, daß es sich bei dem Kohlen-Syndikat um das RWKS. handelt. Denn beim RWKS. liegen die Verhältnisse hinsichtlich des Gewinnausschlusses, wie bereits im Ersten Teil zu D II (S. 19) dargelegt, genau so wie beim Röhren-Syndikat. Ebenso übrigens sogar einer der älteren Schriftsteller, nämlich Geiler, auf den sich der RFH., wenn auch in anderem Zusammenhang, ebenfalls beruft. In seiner Abhandlung in StW. 25 Sp. 1207 führt Geiler aus, daß die durch die Verkaufs- und Geschäftsstelle erzielten Gewinne einkommensteuerrechtlich Gewinne der Grundgesellschaft, d. h. der Vereinigung der Mitgliedswerke, seien; eine Auffassung, die aber auch von neueren Schriftstellern z. B. von Naegeli S. 4, 187 u. 252 in dem ersten Band seines Buches

vertreten wird. Sind aber die Gewinne und Verluste der Verkaufs- und Geschäftsstelle zunächst einmal als Gewinne und Verluste der Vereinigung der Mitgliedswerke anzusehen, so ergibt sich ohne weiteres, daß Unternehmer — im weitesten Sinne des Wortes, wie ich bemerken möchte — nicht die Verkaufs- und Geschäftsstelle, sondern die Vereinigung der Mitgliedswerke ist. So ja auch der EinkSt.-Senat, wie eingehend im Ersten Unterteil dieses Zweiten Teils zu A II (S. 31) dargelegt.

Von höherer Warte betrachtet, ergeben sich aber auch noch eine Reihe anderer Fragen.

Wie bereits im Ersten Unterteil dieses Zweiten Teils zu B II unter a (S. 36) betont, können als echte Verkaufsgesellschaften nur solche Gesellschaften angesehen werden, die ausschließlich für Rechnung ihrer Gesellschafter tätig werden. Im Falle Röhren-Syndikat war diese Voraussetzung allerdings erfüllt. Alle Mitgliedswerke waren zugleich Gesellschafter der Röhrenverband-GmbH. Bei anderen Syndikaten ist dies jedoch nicht der Fall. So sind — oder waren jedenfalls —, wie aus der Entscheidung des VermSt.-Senats I A 32/26 ersichtlich, beim RWKS. keineswegs alle Mitgliedszechen gleichzeitig Aktionäre der Kohlen-Syndikat-A.-G. Ebenso — in aller Regel — bei Syndikaten mit einer größeren Anzahl von Mitgliedern; bei ihnen liegen die Anteile an der Verkaufs- und Geschäftsstelle durchweg allein in den Händen der größeren Mitgliedswerke. Daneben ist auch der Fall denkbar, daß sich die Anteile in der Hand der Vereinigung der Mitgliedswerke befinden.

Im Falle Röhren-Syndikat wurde nur eine Bilanz aufgestellt; und zwar für die Verkaufs- und Geschäftsstelle, die Röhrenverband-GmbH. Anders z. B. im Falle des Benzol-Verbandes und der Ammoniak-Verkaufs-Vereinigung, beide in Bochum. Hier werden zwei Bilanzen aufgemacht: eine erste für die Verkaufs- und Geschäftsstelle und eine zweite für die Vereinigung der Mitgliedswerke, die Gesellschaft bürgerlichen Rechts — richtig, den nichtrechtsfähigen Verein.

Im Falle Röhren-Syndikat war als Treugeber die Gesamtheit der Mitgliedswerke benannt. Anders dagegen beim RWKS. Hier ist, wie bereits im Ersten Teil zu D II (S. 19) herausgestellt, als Berechtigte ausdrücklich die Vereinigung der Mitgliedswerke, das Syndikat als solches, bezeichnet. Die Vereinigung, den nichtrechtsfähigen Verein, mit der Summe der einzelnen Mitgliedszechen gleichzusetzen, dürfte aber auch bei noch so wohlwollender Betrachtung nicht gut möglich sein.

Die Frage, die im Falle Röhren-Syndikat zur Entscheidung stand, war, worauf bereits im Ersten Unterteil dieses Zweiten Teils zu B I (S. 35) hingewiesen wurde, im Grunde genommen die, ob es anzuerkennen ist, daß die Verkaufs- und Geschäftsstelle eines in die Form der Doppelgesellschaft gekleideten Syndikats, die gesamten Geschäfte vereinbarungsgemäß lediglich als Treuhänderin führen soll. Damit aber

läuft die Entscheidung des KörpSt.-Senats darauf hinaus, daß die treuhänderische Betriebsführung auch gegenüber jedem einzelnen einer Mehrheit anderer Unternehmer als zulässig zu erachten ist. Das aber erscheint doch, wie bereits im Ersten Unterteil dieses Zweiten Teils zu B V (S. 46) betont, sehr bedenklich.

Ich habe daher gegen die Entscheidung des KörpSt.-Senats in Sachen Röhren-Syndikat nach wie vor Bedenken. Man würde m. E. — auch, was das Röhren-Syndikat anbetrifft — eine Entscheidung, die den Dingen gerecht wird, nur dann fällen können, wenn man die Verhältnisse weniger aus der besonderen Gestaltung des einzelnen Falles heraus als von höherer Warte, unter Voranstellung des Grundsätzlichen, des Typischen, betrachtet. Unter diesem Gesichtspunkt gesehen, kann es aber m. E. keinen Zweifel geben, daß bei Doppelgesellschaften auch für die KörpSt. auf die Vereinigung der Mitgliedswerke und nicht auf die Verkaufs- und/oder Geschäftsstelle abzustellen ist. Ich glaube daher auch, daß der RFH. mit seiner bisherigen Betrachtung der Dinge in anderen Fällen zwangsläufig in Schwierigkeiten geraten wird.

I A 401/32 und 402/32 vom 25. 9. 34/22. 1. 35, Kartei KörpStG. 34 § 7 Satz 1 R. 2/3, § 3 R. 1/2, RStBl. 35 Nr. 286 u. 287 S. 517 u. 523, StW. 35 Nr. 170 u. 171, Bd. 35 S. 151 u. 159.

VJfStuFR. 32 S. 743 (Syndikat und Steuer). Friedländer: Konzernrecht, S. 45, ebenso in StW. 31 Sp. 490. Bauch: Die Rechtsform der Kartelle, S. 90. Eger: Das Recht der deutschen Kartelle, S. 38.

Langenbrahm-Prozeß Urteil vom 21. 6. 18, abgedruckt im Recht 19 S. 1083; teilweise wiedergegeben bei Flechteim, S. 251.

I A 32/26 vom 20. 4. 26, Kartei AO. § 80 Abs. 1 aF. R. 17/18, RStBl. 26 Nr. 424 S. 314, StW. 26 Nr. 196 u. 267, Bd. 19 S. 21.

Hinsichtlich der Bilanzen des Benzol-Verbandes und der Ammoniak-Verkaufs-Vereinigung, beide in Bochum, vgl. Lohmann: Die Kartellbilanz. KRdsch. 22 S. 325; ferner in: Das Rechnungswesen der Kartelle und Gruppenwirtschaft, S. 64. Geiler: Erwerbswirtschaftliche Zusammenschlüsse und Umsatzsteuer. StW. 25 Sp. 1203; Naegeli: Die Doppelgesellschaft nach deutschem und schweizerischem Recht, S. 4, 187 u. 252.

Im übrigen vgl. hierzu die Besprechungen der Entscheidung Röhren-Syndikat in DStZ. 35 S. 434, KRdsch. 35 S. 334 und BuBPr. 35 S. 53 u. 66.

II. Die sachliche Steuerpflicht.

Auch hinsichtlich der sachlichen Steuerpflicht sind einige Fragen, die vorweg zu besprechen sind. Die erste Frage, die erörtert werden muß, ist die des Begriffs der Mitgliederbeiträge.

a) Mitgliederbeiträge.

Der § 8 KörpStG. entspricht dem § 11 Ziff. 6 KörpStG. 25. Die Rechtsprechung des RFH. zum KörpStG. 25 gilt daher auch heute noch.

Vgl. I A 392/36 vom 9. 2. 37, RStBl. 37 Nr. 262 S. 430.

Die grundsätzliche Einstellung des KörpSt.-Senats deckt sich mit der des UmsSt.-Senats. Auch der KörpSt.-Senat unterscheidet, ob sich die Tätigkeit der betr. Körperschaft in der Gewährung von Gesellschaftsrechten erschöpft oder aber sich als Leistungsaustausch darstellt. Die Begriffe einerseits: Wahrung der Gesamtbelange aller Mitgliedswerke, andererseits: Wahrnehmung der Sonderbelange des einzelnen Mitgliedswerkes sind vom KörpSt.-Senat zwar noch nicht verwandt worden. Irgendwelche Rückschlüsse daraus sind jedoch nicht zu ziehen.

Neben dieser grundsätzlichen Einstellung des KörpSt.-Senats steht jedoch noch ein anderer Gedanke. Er geht dahin, daß bei Erwerbsgesellschaften von Mitgliederbeiträgen grundsätzlich nicht gesprochen werden kann.

In Betracht kommt in erster Linie das Urteil I A 196/32 vom 6. 12. 32. Das Urteil ist in Sachen eines Kartells, des Schwachstromkabel-Verbandes Berlin, ergangen. Der RFH. sagt hier wörtlich folgendes:

„Auch die rechtliche Begründung der Anschauung, daß die Umlagen zur Auffüllung des Dispositionsfonds und des Pensionsfonds keine steuerfreien Beträge darstellen, ist schlüssig. Das FG. hat die Grundgedanken, die der Rechtsprechung des erk. Senats über die Eigenschaft von Beiträgen zugrunde liegen, richtig herausgestellt. Für die Beurteilung, ob sich die Leistung eines Gesellschafters an seine Gesellschaft als Beitrag darstellt, ist es vorzüglich von Bedeutung, welche Ziele die Gesellschaft verfolgt. Sind es z. B. gesellige, gemeinnützige oder mildtätige, so wird die Leistung des Mitglieds vermutlich ein Beitrag sein, und in derartigen Fällen ist der Begriff der Beiträge nicht eng auszulegen (RFH. 4, 173). Bezweckt die Gesellschaft jedoch die wirtschaftliche Förderung ihrer Mitglieder und tauscht sie mit ihren Mitgliedern Leistungen und Gegenleistungen aus, dann besitzt vermutlich die der Gesellschaft zufließende Leistung nicht die Eigenschaft eines Gesellschafterbeitrages (RFH. 26, 124). In RFH. 26, 124 war die Erwerbsgesellschaft eine GmbH. Darum waren auch die Gründe besonders herausgestellt, die aus der Eigenschaft der GmbH. heraus gegen die Annahme von Beiträgen sprachen. Daraus darf nicht der Schluß gezogen werden, daß bei Erwerbsgesellschaften ohne juristische Persönlichkeit grundsätzlich andere Schlußfolgerungen am Platze sind. Das FG. hat ganz richtig darauf hingewiesen, daß das Entscheidende nicht die Rechtsform, sondern die Zweckbestimmung der Gesellschaft ist. Tritt ein Gewerbetreibender einer Gesellschaft bei, von deren Tätigkeit er sich eine Förderung seines Gewerbes verspricht, so wird er dabei, wie auch sonst in seinem Geschäft, nach dem Grundsatz von Leistung und Gegenleistung handeln. Greift die Gesellschaft unmittelbar fördernd in seine Erwerbstätigkeit ein und ist die Leistung des Gesellschafters nach dem Umfange der besonderen Leistungen der Gesellschaft für ihn abgestuft, dann liegt der Gedanke um so näher, daß die Leistung des Gesellschafters kein Beitrag ist. Diese Gedanken gelten in gleicher Weise für Gesellschaften mit und ohne Rechtspersönlichkeit."

I A 196/32 vom 6. 12. 32, Kartei KörpStG. 25 § 4 Abs. 1 R. 25, RStBl. 33 Nr. 295 S. 329, StW. 33 Nr. 236, Bd. 32 S. 161; vgl. auch I A 623/28 vom 26. 3./14. 11. 29, Kartei EinkStG. 25 § 13 R. 195, RStBl. 30 Nr. 68 S. 41, StW. 30 Nr. 165, Bd. 26 S. 124 und I A 385/30 vom 8. 6. 31, Kartei KörpStG. 25 § 11 Nr. 6 R. 6, RStBl. 31 Nr. 372 S. 847, StW. 31 Nr. 923.

Der Begriff der Erwerbsgesellschaft ist dem KörpStG. 34 fremd. Ich habe hierauf schon einleitend zu A dieses Unterteils (S. 101) hingewiesen.

Damit aber wird man den Gedankengang des KörpSt.-Senats für den Geltungsbereich des neuen KörpStG. dahin zu bestimmen haben, daß von Mitgliederbeiträgen grundsätzlich dann nicht mehr gesprochen werden kann, wenn es sich bei den Zusammenschlüssen um solche handelt, die wirtschaftliche Ziele, sei es für sich, sei es für ihre Mitglieder, verfolgen. Dabei wird man als Zusammenschlüsse dieser Art insbesondere alle diejenigen anzusehen haben, denen Aufgaben obliegen, die, falls sie nicht beständen, Teil des gewerblichen Betriebs ihrer einzelnen Mitglieder bilden würden.

Vgl. hierzu StW. 34 Sp. 425, wo ich den Begriff der Erwerbsgesellschaft kraft besonderer Betätigung (§ 4 Abs. 1 KörpStG. 25) bereits dahin bestimmt hatte, daß hierunter insbesondere alle solchen Zusammenschlüsse zu verstehen seien, deren Tätigkeit in der Wahrnehmung von Funktionen bestände, die vor ihrer Errichtung Teil des gewerblichen Betriebes ihrer Mitglieder gebildet hätten. Ferner siehe FRIEDRICH in InduSt. 36 I S. 225, der diesen Gedanken dahin fortführt, daß ein wirtschaftlicher Geschäftsbetrieb — und damit regelmäßig eine Erwerbsgesellschaft — auch dann gegeben sei, wenn der Zusammenschluß zwar auch Aufgaben wahrnimmt, die früher von seinen Mitgliedern nicht wahrgenommen sind, die aber, wenn er nicht ins Leben gerufen worden wäre, von ihnen selber hätten wahrgenommen werden müssen. Im übrigen vgl. I A 93/34 vom 30. 10. 34, Kartei KörpStG. 34 § 6 Satz 2 R. 7, RStBl. 35 Nr. 542 S. 808, StW. 35 Nr. 49.

Der KörpSt.-Senat geht so in bestimmter Richtung weiter als der UmsSt.-Senat. Er verneint bei Zusammenschlüssen, die wirtschaftliche Ziele verfolgen, das Vorliegen von Mitgliederbeiträgen auch in solchen Fällen, in denen der UmsSt.-Senat die Zahlungen der Mitglieder noch als Mitgliederbeiträge ansieht. Es wurde dies bereits im Zweiten Unterteil dieses Zweiten Teils zu A II unter b 3 (S. 58) bemerkt.

Diese Tatsache mag im ersten Augenblick überraschen, Sie erklärt sich jedoch aus dem Grundgedanken des KörpStG.

Das KörpStG. will alle Körperschaften erfassen; und zwar mit ihren gesamten Einnahmen. Dabei ist in erster Linie an alle die Körperschaften gedacht, die sich wirtschaftlich betätigen. Es tritt dies im KörpStG. 34 zwar nicht so klar in Erscheinung wie beim KörpStG. 25. Es folgt jedoch daraus, daß das KörpStG. 34 die Kapitalgesellschaften in den Vordergrund stellt, Kapitalgesellschaften aber in aller Regel einen gewerblichen Betrieb unterhalten. Damit aber läßt sich eine Freistellung zumindest aller derjenigen Zusammenschlüsse, die sich als Zusammenfassung von Teilen des gewerblichen Betriebes ihrer Mitglieder darstellen, nicht vereinen.

Dem freieren Blick ergeben sich im übrigen noch andere Zusammenhänge.

Nach der Rechtsprechung des RFH., wie sie oben wiedergegeben wurde, sind Mitgliederbeiträge nur dann anzuerkennen, wenn es sich um Zahlungen an gesellige, gemeinnützige oder mildtätige Verbände handelt.

Wie § 12 Ziff. 4 KörpStG. 34 bestimmt, bilden Ausgaben zu gemeinnützigen, mildtätigen, kirchlichen und ähnlichen Zwecken keine Betriebsausgaben. Mit anderen Worten: Beiträge an gemeinnützige Verbände sind aus dem versteuerten Einkommen zu leisten; dafür bleibt dann der Verband mit diesen Einnahmen steuerfrei. Anders bei Zahlungen an Zusammenschlüsse, die wirtschaftliche Ziele verfolgen. Zahlungen an solche Zusammenschlüsse sind Betriebsausgaben. Dagegen können sie auf seiten des Zusammenschlusses nicht als Mitgliederbeiträge angesehen werden. Oder anders ausgedrückt: Die Zahlung der Beiträge erfolgt in diesem Falle aus dem unversteuerten Einkommen; dagegen unterliegen die Vermögensvermehrungen, die sich aus diesen Zahlungen bei dem Zusammenschluß ergeben, dort der Körperschaftsteuer.

Ich will hiermit keineswegs behaupten, daß dies immer so sein muß. Ich wollte jedoch die Gelegenheit nicht vorübergehen lassen, ohne einmal auf diese Zusammenhänge, die sich hier andeuten, hinzuweisen.

Vgl. im einzelnen Ruhr und Rhein 34 S. 379 (Zum Begriff der „Mitgliederbeiträge" im Sinne des Körperschaftsteuerrechts). Die Darstellung schließt allerdings mit dem Stand der Rechtsprechung Mitte 34 ab; weitere Urteile — abgesehen von den bereits im Text genannten — sind jedoch nicht ergangen. Aus dem neueren Schrifttum vgl. im übrigen LENZ: InduSt. 36 S. 204. Ferner siehe aus allerletzter Zeit HENNING: Zur sachlichen Körpsrschaftsteuerpflicht der (niederen) Kartelle. StWa. 37 S. 541.

b) Gewinnausschluß.

Ein Wort noch zum Gewinnausschluß.

Der Gewinnausschluß kommt nur für die Syndikate, nicht aber für die Kartelle in Betracht. Andererseits ist er bei den Syndikaten zulässig ohne Rücksicht darauf, in welche Rechtsform sie gekleidet sind. Das ergibt sich ohne weiteres aus der Rechtsprechung des RFH. zu anderen echten Ein- und Verkaufsgesellschaften.

Insoweit liegen die Verhältnisse klar. Es ergeben sich jedoch Schwierigkeiten in anderer Beziehung.

Ehe ich jedoch hierauf eingehe, vorab zwei Hinweise.

1. Die Zulässigkeit des Gewinnausschlusses ist eine Frage der sachlichen Steuerpflicht. Sie hat daher mit der Rechtsform, wie bereits angedeutet, nichts zu tun. Sie ist demzufolge insbesondere auch völlig unabhängig davon, ob das betr. Syndikat in die Form der Doppelgesellschaft oder in die Form der Nebenleistungs-A.-G. oder GmbH. gekleidet ist. Hierauf sei zur Vermeidung von Mißverständnissen ausdrücklich hingewiesen. Im übrigen bitte ich, sich bei den weiteren Darlegungen der Einfachheit halber immer vorzustellen, daß es sich um ein Syndikat handelt, das als Nebenleistungs-GmbH., also rein körperschaftlich, gestaltet ist.

2. Der Gewinnausschluß hat mit der Treuhandschaft nichts gemein.

Es wurde dies schon im Ersten Unterteil dieses Zweiten Teils, und zwar zu B I (S. 35) betont. Es sei jedoch auch hier nochmals darauf hingewiesen.

Aber zur Frage, die hier zur Erörterung steht. Sie geht dahin, welche Bedeutung der Tatsache beizumessen ist, daß die Tätigkeit des Syndikats, wie im Ersten Teil zu B IV unter b 3 und 4 (S. 3 und 4) dargelegt, über den Vertrieb der syndizierten Erzeugnisse hinausgeht.

Bei der Prüfung dieser Frage wird man zwischen zwei Gruppen von Tätigkeiten zu unterscheiden haben:

1. derjenigen Tätigkeit, die zwar über die des Vertriebs der syndizierten Erzeugnisse hinausgeht, sich aber, wie sie der Körp.-Senat bezeichnet, als Hilfstätigkeit syndikatseigenen Charakters darstellt; also die Tätigkeit aus Anlaß der Marktbereinigung, die Errichtung und der Erwerb von Bürohäusern, Lagerplätzen usw., der Ankauf von Beteiligungen u. dgl.;

2. derjenigen Tätigkeit mit der die Syndikate auf das Gebiet konzernmäßiger Zusammenschlüsse übergreifen; also der Besitz eigener Erzeugungsstätten, wie z. B. Pechkokereien, Schwelanlagen, Säurefabriken, aber auch von Hotels.

Zunächst die erste Gruppe, die sog. Hilfstätigkeit syndikatseigenen Charakters. Hier kann man zweifeln. Dafür, sich auf den Standpunkt zu stellen, daß der Gewinnausschluß auch diese Tätigkeit erfaßt, spricht die Zweckmäßigkeit. Dagegen spricht die systematische Betrachtung; d.h., daß z.B. bei Kartellen — jedenfalls, um jeden Zweifel auszuschließen, bei solchen in Gestalt der GmbH. — die sich aus dieser Tätigkeit ergebenden Überschüsse vom Kartell selber zu versteuern sind. Aus der Entscheidung in Sachen Röhren-Syndikat ist nichts zu folgern. Jedenfalls nicht für eine grundsätzliche Betrachtung. Denn wie bereits zu I unter b 2 dieses Abschnittes (S. 103) ausgeführt, stand im Falle des Röhren-Syndikats, wenn man den Dingen auf den Grund geht, allein die Frage treuhänderischer Betriebsführung zur Erörterung. Anders die Rechtsprechung des RFH. zu den sonstigen echten Ein- und Verkaufsgesellschaften. Hier grenzt der KörpSt.-Senat stets sehr streng ab. Als Beispiel sei auf das Urteil I A 93/34 vom 30. 10. 34 verwiesen. Das Urteil ist in Sachen einer Verwertungsvereinigung für Häute und Felle ergangen. Der RFH. hat die Vereinigung nicht als echte Verkaufsgesellschaft angesehen. Er beruft sich darauf, daß die Vereinigung neben der Verwertung der Häute und Felle für Rechnung der Einlieferer auch die Verwertung von Salz und Talg für eigene Rechnung betrieben habe. Dabei lagen, soweit aus der Veröffentlichung im RStBl. zu entnehmen, die Verhältnisse so, daß es sich auch hier um eine Nebentätigkeit — ein Handelshilfsgeschäft — handelte. Die Vereinigung brauchte Salz, um die Häute und Felle einzusalzen. Der Talg fiel ihr bei der Zubereitung der Häute und Felle an. Über den Inhalt der Satzungen ist nichts gesagt. Die tatsächliche Handhabung ging aber auch bei ihr dahin, daß sie alles, was ihr nach Deckung ihrer Unkosten von der ihr zugestandenen Umlage in Höhe von 7% des Rechnungsbetrages verblieb, in ihrer Bilanz als Schuld an die Einlieferer auswies.

Ich selber neige denn auch dazu, den Gewinnausschluß hinsichtlich dieser Tätigkeiten nicht anzuerkennen; und zwar nicht zuletzt aus Gründen der Systematik.

Nunmehr zu der zweiten Gruppe der genannten Tätigkeiten. Hier kann es m. E. keinem Zweifel unterliegen, daß sie durch die Vereinbarung des Gewinnausschlusses nicht gedeckt werden kann. Die Übernahme eigener wenn auch gemeinsamer Erzeugung hat mit dem Vertrieb der syndizierten Erzeugnisse nichts zu tun. Das gilt erst recht von der Übernahme von sonstigen Unternehmen, wie z. B. von Hotels. Würde man den Gewinnausschluß auch hinsichtlich dieser Tätigkeiten anerkennen, so würde dies im Enderfolg darauf hinauslaufen, eine Gesellschaft als Organ unmittelbar gegenüber jedem einzelnen einer Mehrheit anderer Unternehmer anzuerkennen. Eine derartige Annahme ist jedoch ausgeschlossen. Ich darf dieserhalb auf die Ausführungen im Ersten Unterteil dieses Zweiten Teils aufmerksam machen. Wie dort insbesondere zu A (S. 30) ausgeführt, werden die Grundsätze, von denen das UmsStG. ausgeht, auch für die KörpSt. zu gelten haben.

Als Beispiel sei auf folgenden Fall hingewiesen:

Das Syndikat — immer, wie ich eingangs betont habe, in Form allein der GmbH. — besitzt eine Säurefabrik. Die Säurefabrik ist Organ des Syndikats. Es steht also nichts im Wege, daß vereinbart wird, daß die Säurefabrik lediglich für Rechnung des Syndikats tätig wird. Wird daher anerkannt, daß der Gewinnausschluß die gesamte Tätigkeit des Syndikats erfaßt, so hat das zur Folge, daß die Verluste und Gewinne der Säurefabrik das schmälern oder erhöhen, was die Mitgliedswerke für die Lieferung der syndizierten Erzeugnisse vom Syndikat erhalten. Das bedeutet aber praktisch, daß man, soweit die Säurefabrik Verluste erleidet, Verlustdeckungen seitens der einzelnen Mitglieder des Syndikats auf seiten dieser als Betriebsausgaben anerkennt. Soweit die Säurefabrik Gewinne erzielt, führt es dazu, daß die Gewinne allein und ausschließlich in Händen der einzelnen Syndikatsmitglieder versteuert werden.

Bleibt die Frage, ob man nun dem Gewinnausschluß überhaupt jede Wirkung oder nur insoweit versagen soll, als sich die Tätigkeit des Syndikats über den Vertrieb der syndizierten Erzeugnisse hinaus erstreckt. In seinem bereits angezogenen Urteil I A 93/34 stellt sich der KörpSt.-Senat auf den Standpunkt, daß die Teilung der Tätigkeit in einen steuerbegünstigten und in einen nichtsteuerbegünstigten Teil nicht zulässig sei, in Fällen dieser Art daher der betr. Gesellschaft der Charakter als echter Verkaufsgesellschaft überhaupt abzusprechen sei. Ob dieser Satz auch auf die Syndikate anzuwenden ist, erscheint zumindest zweifelhaft. Ich selber möchte nicht so weit gehen. Die Gründe, die den RFH. in jenem Urteil zu dieser Auffassung geführt haben, sind klar. Der eine Grund lag offensichtlich in der Befürchtung, den Begriff der echten Verkaufsgesellschaft zu weit zu ziehen und so im Endergebnis zu Steuervergünstigungen zu gelangen, die nicht beabsichtigt waren. Den zweiten Grund wird man darin erblicken müssen, daß der RFH. Bedenken hatte, ob sich, jedenfalls in dem zur Entscheidung gestellten Fall, eine Teilung zwischen dem steuerlich nichtbegünstigten und dem steuerlich begünstigten Teil der Tätigkeit durchführen ließe. Bei Syndikaten dürften diese Bedenken nicht zutreffen. Soweit sie sich auf den Vertrieb der syndizierten Erzeugnisse beschränken, sind sie Förderungsgemeinschaften. Der Begriff der Förderungsgemeinschaft findet allerdings eine gewisse Grenze. Auf der anderen Seite ist jedoch kein innerer Grund einzusehen, diesem Gedanken nicht insoweit Rechnung zu tragen, als sich ein Gebilde tatsächlich als Förderungsgemeinschaft darstellt. Auch die Teilung zwischen den verschiedenen Tätigkeiten wird sich bei Syndikaten ohne Schwierigkeiten durchführen lassen. Syndikate verfügen alle über eine ordnungsmäßige kaufmännische Buchführung. Damit aber macht die Trennung der Erträgnisse einerseits aus dem Vertrieb der syndizierten Erzeugnisse, andererseits aus der sonstigen Tätigkeit keine Schwierigkeit.

Im übrigen nur noch ein kurzer Vermerk.

Es wurde bereits innerhalb des Ersten Unterteils gesagt, daß scharf zwischen einerseits dem Gewinnausschluß, andererseits der treuhänderischen Betriebsführung zu trennen sei. Es wurde darauf auch wieder innerhalb dieses Dritten Unterteils vor zu I unter b 2 (S. 103) hingewiesen. Wie berechtigt dieser Satz ist, zeigt sich auch hier wieder. Nur dann, wenn man Gewinnausschluß und Treuhand scharf trennt, wird man die verschiedenen Entscheidungen des RFH., insbesondere die Entscheidung in Sachen Röhren-Syndikat auf der einen und die verschiedenen Entscheidungen zu den sog. echten Ein- und Verkaufsgesellschaften auf der anderen Seite verstehen, würdigen und miteinander in Einklang bringen können.

I A 93/34 vom 30. 10. 34, Kartei KörpStG. 34 § 6 Satz 2 R. 7, RStBl. 35 Nr. 542 S. 808, StW. 35 Nr. 49.

Näheres zur Rechtsprechung siehe: Die GmbH. als Verkaufsgesellschaft. Ges. m. b. H. 36 S. 151.

Übereinstimmend — in dem Sinne, daß die Vereinbarung des Gewinnausschlusses nicht diejenige Tätigkeit der Syndikate deckt, die auf das Gebiet rein konzernmäßiger Zusammenschlüsse übergreift — trotz ihrer im allgemeinen sehr liberalistischen Auffassung von älteren Schriftstellern HAUSSMANN: VJfStuFR. 33 S. 486.

c) Treuhand.

Ein letztes Wort noch zur Treuhand. Das Ergebnis soll hier vorweggenommen werden. Es führt dazu, daß bei verbandsmäßigen Zusammenschlüssen eine treuhänderische Betriebsführung nicht anzuerkennen ist, ausgenommen die Verkaufs- und Geschäftsstelle der als Doppelgesellschaft gekleideten Syndikate.

Für die wirtschaftlichen Vereine und Verbände sowie die Kartelle bedarf dies, glaube ich, keiner Erörterung; bei den Kartellen jedenfalls dann nicht, wenn sie als Einheitsgesellschaft gestaltet sind. Es gilt dies aber auch für die Syndikate.

Bereits im Ersten Unterteil zu B III unter c (S. 40) habe ich darauf hingewiesen, daß die treuhänderische Betriebsführung m. E. zwar auch für das Steuerrecht anzuerkennen sei, jedoch an gewisse, ganz bestimmte Voraussetzungen gebunden wäre. Als erste Voraussetzung habe ich dabei die genannt, daß die treuhänderische Betriebsführung Selbstzweck der betr. Gesellschaft sei, d. h., daß sowohl der Satzung nach als auch nach den tatsächlichen Verhältnissen sich der Zweck der Gesellschaft in der treuhänderischen Betriebsführung erschöpfe. Hiervon kann aber bei Syndikaten keine Rede sein. Für Syndikate in Form der Nebenleistungs-AG. oder GmbH. versteht sich das von selbst. Der Zweck des Syndikats ist hier der Vertrieb der syndizierten Erzeugnisse und nicht der lediglich treuhänderischer Betriebsführung. Ich darf dieserhalb auf die Satzungen der Deutschen X-Verkaufs-Gesellschaft in Y verweisen. § 3 dieser Satzung bezeichnet als Gegenstand des Unternehmens klar und deutlich

den Vertrieb und die Regelung des Absatzes der von den Gesellschaftern hergestellten Vertriebsartikel und der dazugehörigen Nebenartikel.

Dasselbe gilt aber auch für die Syndikate in Form der Doppelgesellschaft. Der Zweck der Verkaufs- und Geschäftsstelle ist allerdings lediglich der der treuhänderischen Betriebsführung. Der Zweck des Syndikats als solchen, d. h. genau genommen der Vereinigung der Mitgliedswerke, ist aber auch hier nichts anderes als der des Vertriebs der syndizierten Erzeugnisse. Als Beispiel sei auf die Satzungen und den Syndikatsvertrag einmal des Röhren-Verbandes, zum anderen des RWKS. aufmerksam gemacht. Der Teil der Satzungen der Röhren-Verband-GmbH. und der Teil des Syndikatsvertrages, der sich auf die Stellung der Röhren-Verband-GmbH. bezieht, wurde bereits oben zu I unter b 2 (S. 103) wiedergegeben. Hinsichtlich des Röhren-Syndikats als solchem, d. h. genau genommen der Vereinigung der Mitgliedswerke, sagt aber der Syndikatsvertrag folgendes:

„Zweck des Zusammenschlusses ist der gemeinsame Verkauf der Röhrenerzeugnisse ihrer im Inland gelegenen Röhrenwerke nach dem In- und Ausland mit dem Ziel, einen ungesunden Wettbewerb fernzuhalten, bei den Inlandsmärkten schädliche Preisunterbietungen der Mitglieder untereinander zu beseitigen, den Verkehr mit dem Handel zu regeln und durch Spezialisierung eine im volkswirtschaftlichen Interesse liegende Betriebsweise anzustreben."

Ganz im gleichen Sinn der Vertrag des RWKS. Die Bestimmungen über die Verkaufs- und Geschäftsstelle, das „Kohlen-Syndikat", wiederzugeben, ist wohl nicht erforderlich. Hinsichtlich des Syndikats als solchem, d. h. der Vereinigung der Mitgliedswerke, wird aber auch in § 1 des Syndikatsvertrages klar und deutlich gesagt:

„Die Vereinigung bezweckt die Beseitigung ungesunden Wettbewerbs auf dem Kohlenmarkt."

Dazu noch zwei Hinweise.

Die Betrachtung, die hier aufgestellt wurde, ist eine grundsätzliche. Die Ausführungen erstrecken sich lediglich auf die treuhänderische Geschäftsführung (treuhänderische Verwaltung und Betriebsführung). Der Fall des treuhänderischen Besitzes einzelner Gegenstände und der treuhänderischen Erledigung einzelner Geschäfte im Sinne der Ausführungen des Ersten Unterteils zu B III unter c (S. 40) werden davon nicht betroffen. Unberücksichtigt bleibt auch die Tatsache, daß die Bestimmungen der einzelnen Satzungen und Syndikatsverträge, soweit sie die treuhänderische Betriebsführung durch die Verkaufs- und Geschäftsstelle anbetreffen, verschieden sind, im einzelnen zudem zu Zweifeln Anlaß geben können.

B. Die Grundlagen bei den verschiedenen Arten verbandsmäßiger Zusammenschlüsse.

Die KörpSt. stellt auf die Rechtsform ab. Andererseits können, wie ausgeführt, auch nichtrechtsfähige Vereine als Einkommensträger angesehen werden. Ob dies der Fall ist, bestimmt sich dabei, jedenfalls in erster Linie, nach der Stärke ihrer körperschaftlichen Gestaltung. Diese aber richtet sich wiederum nach der Tätigkeit, die dem betr. Zusammenschluß übertragen ist. Es sei dieserhalb auf die Ausführungen im Ersten Teil zu B VI (S. 7) verwiesen.

Gleiches gilt hinsichtlich der Frage, ob die Zahlungen der Mitglieder als Mitgliederbeiträge angesehen werden können. Es wurde dies zu A II unter a dieses Dritten Unterteils (S. 107) erörtert.

Damit aber empfiehlt es sich auch hier ebenso wie bei der UmsSt., nach den verschiedenen Arten der verbandsmäßigen Zusammenschlüsse unterzuteilen.

I. Die wirtschaftlichen Vereine und Verbände allgemeiner Art.

Die wirtschaftlichen Vereine und Verbände allgemeiner Art sind durchweg als eingetragener Verein oder aber als nichtrechtsfähiger Verein gestaltet. Soweit sie in die Form des eingetragenen Vereins gekleidet sind, folgt ihre persönliche Steuerpflicht unmittelbar aus dem Gesetz. Soweit sie als nichtrechtsfähige Vereine aufgezogen sind, ergibt sich die Frage, ob sie als Einkommensträger im Sinne des § 3 KörpStG. angesehen werden können. Diese Frage ist jedoch zu bejahen. Die Tatsache, daß die wirtschaftlichen Vereine und Verbände, auch wenn sie der

Rechtspersönlichkeit entbehren, persönlich steuerpflichtig sind, ist, abgesehen von ganz vereinzelten Fällen, ernstlich niemals bestritten worden. Der RFH. hat auch, wie zu A I unter a dieses Unterteils (S. 102) bereits ausgeführt, Zusammenschlüsse dieser Art in Gestalt von nichtrechtsfähigen Vereinen stets als Einkommensträger angesehen. Ich darf dieserhalb auf die Urteilszusammenstellung in der KRdsch. 34 S. 455 verweisen.

Gewinnausschluß und Treuhand, d. h. treuhänderische Betriebsführung, kommen nicht in Betracht. Die wirtschaftlichen Vereine und Verbände können nicht als Organe ihrer Mitglieder angesehen werden. Es wurde dies bereits innerhalb des Ersten Unterteils dieses Zweiten Teils zu C II (S. 49) klargestellt. Daß sie nicht als echte Einkaufs- und Verkaufsgesellschaften anzusehen sind, versteht sich am Rande. Daß schließlich auch eine treuhänderische Betriebsführung nicht in Betracht kommt ergibt sich aus den Ausführungen zu A II unter c dieses Dritten Unterteils (S. 113).

Es bleibt die Frage, ob die Zahlungen, die ihre Mitglieder an sie leisten, als Mitgliederbeiträge im Sinne des § 8 KörpStG. angesehen werden können. Diese Frage ist grundsätzlich zu verneinen. Es sei dieserhalb auf die Ausführungen zu A II unter a (S. 107) verwiesen.

Im übrigen ist die Frage von Fall zu Fall zu prüfen. Will man darüber hinaus Richtlinien aufstellen, so kann man dies höchstens in der Richtung tun, daß man sagt, daß auch im Einzelfalle Mitgliederbeiträge eher für die wirtschaftlichen Vereine, für die wirtschaftlichen Verbände allgemeiner Art dagegen weniger in Betracht kommen.

KRdsch. 34 S. 390 u. 455 (Zur Frage der Körperschaftsteuer und Vermögensteuer der Syndikate).

II. Die Kartelle.

Die Kartelle sind meist als Einheitsgesellschaft ohne bürgerliche Rechtspersönlichkeit aufgezogen. Daß sie grundsätzlich als nichtrechtsfähige Vereine anzusehen sind, wurde bereits im Ersten Teil zu D I unter a 1 (S. 9) ausgeführt. Soweit es sich bei ihnen um Kontingentierungskartelle handelt, ist dies zudem allgemein anerkannt. Bleibt, wie bei den wirtschaftlichen Vereinen und Verbänden allgemeiner Art, die nicht als eingetragene Vereine gestaltet sind, die Frage, ob sie als Einkommensträger im Sinne des § 3 KörpStG. aufzufassen sind. Diese Frage ist zu bejahen. Es kann dies auch aus dem Urteil entnommen werden, in dem sich der KörpSt.-Senat mit Kartellen zu befassen hatte. Es sei dieserhalb auf das Urteil I A 196/32 vom 6. 12. 32 und I A 271/34 vom 8. 10. 35 hingewiesen. Das erste betrifft ein Kontingentierungskartell; es ist in Sachen des Schwachstromkabel-Verbandes Berlin ergangen. Das zweite betrifft ein Preiskartell.

In seiner Entscheidung in Sachen Röhren-Syndikat I A 402/32 weist nun der RFH. zwar darauf hin, daß im Falle des Urteils I A 196/32 die persönliche Steuerpflicht des Kartells nicht zur Erörterung gestanden hätte. Das ist an sich richtig. Es gilt dies auch für das Urteil I A 271/34. Es bleibt jedoch zu beachten, daß der RFH. in beiden Fällen das Kartell als Erwerbsgesellschaft im Sinne des § 4 Abs. 1 KörpStG. 25 angesehen hat. Wenn aber der RFH. in diesen Entscheidungen so weit geht, die in Rede stehenden Kartelle als Erwerbsgesellschaften anzusehen, so darf man wohl mit gutem Gewissen unterstellen, daß er sie auch, wenn dies bestritten worden wäre, als Einkommensträger im Sinne des § 6 KörpStG. 25 und damit des § 3 KörpStG. 34 angesehen haben würde. Damit aber ist diese Tatsache — daß nämlich die persönliche Steuerpflicht nicht bestritten war — höchstens ein Zeichen dafür, daß auch die Beteiligten, das Kartell selber sowie seine Mitgliedswerke, an der persönlichen Steuerpflicht des Kartells keinen Zweifel hatten.

Gewinnausschluß und Treuhand kommen nicht in Betracht. Es gilt hier dasselbe, wie vor zu I (S. 115) hinsichtlich der wirtschaftlichen Vereine und Verbände allgemeiner Art ausgeführt. Bleibt auch hier die Frage, ob die Zahlungen der Mitgliedswerke als Mitgliederbeiträge angesehen werden können. Diese Frage ist hier jedoch, anders wie bei den wirtschaftlichen Vereinen und Verbänden allgemeiner Art, auf jeden Fall zu verneinen. Die Aufgaben, die dem Kartell übertragen sind, bestehen in der Wahrnehmung solcher, die, wenn sie — die Kartelle — nicht bestände, Teile des gewerblichen Betriebes der einzelnen Mitgliedswerke bilden würden. In diesem Falle können aber die Zahlungen der Mitglieder eines verbandsmäßigen Zusammenschlusses auf keinen Fall als Mitgliederbeiträge angesehen werden. Es wurde dies bereits zu A II unter a dieses Dritten Unterteils (S. 107) herausgestellt. Im übrigen hat der RFH. diese Frage in seinen beiden vorangezogenen Urteilen verneint.

I A 196/32 vom 6. 12. 32, Kartei KörpStG. 25 § 4 Abs. 1 R. 25, RStBl. 33 Nr. 295 S. 329, StW. 33 Nr. 236, Bd. 32 S. 161; I A 271/34 vom 8. 10. 35, KRdsch. 35 Heft 12 S. 1027; I A 402/32, Bescheid vom 25. 9. 34, Urteil vom 22. 1. 35, Kartei KörpStG. 34 § 3 R. 1/2, RStBl. 35 Nr. 287 S. 523, StW. 35 Nr. 171, Bd. 37 S. 159.

III. Die Syndikate.

Bei den Syndikaten ist zwischen den Syndikaten in Form der Nebenleistungs-AG. oder GmbH. und den Syndikaten in Form der Doppelgesellschaft zu scheiden. Es gibt zwar auch Syndikate, die anders gestaltet sind, z. B. in Form der Kommanditgesellschaft. Auf diese Gestaltungsmöglichkeit, die zudem nur für kleinere Syndikate praktisch wird, einzugehen, würde jedoch zu weit führen. Es wurde hierauf bereits innerhalb des Ersten Teils zu D I unter d (S. 18) hingewiesen. Es ist dies auch der Grund dafür, weshalb vor zu I und II (S. 115 und 116) nicht weiter auf den zweckhaften Aufbau: Einheitsgesellschaft oder Einheitsgesellschaft mit besonderem Verbandsbüro eingegangen wurde. Im übrigen wurde ja bereits zu A I unter b 1 (S. 103) klar herausgestellt, daß im letzten Fall nicht auf das Büro, sondern die Gesellschaft abzustellen ist.

a) Syndikate in Form der Nebenleistungs-A.-G. oder GmbH.

Bei diesen Syndikaten folgt ihre persönliche Steuerpflicht aus dem Gesetz selber.

Hinsichtlich der sachlichen Steuerpflicht ergibt sich gegenüber den Kartellen ein erheblicher Unterschied. Die Treuhand kann zwar nicht anerkannt werden. Ebenso versteht es sich von selbst, daß es nicht möglich ist, die Zahlungen der Mitglieder an das Syndikat als Mitgliederbeiträge aufzufassen. Wohl aber greift hier der Gewinnausschluß ein; jedenfalls dann und insoweit, als sich das Syndikat auf den Vertrieb der syndizierten Erzeugnisse beschränkt. Es darf dieserhalb auf die Ausführungen zu A II unter b dieses Dritten Unterteils (S. 110) hingewiesen werden. Andererseits bleibt zu beachten, daß der Gewinnausschluß als Einkommensverwendung seine Grenze dort findet, wo die vom Syndikat aus dem Verkauf der syndizierten Erzeugnisse erzielten Erlöse nicht an die Mitgliedswerke abgeführt werden. Es darf dieserhalb auf die Ausführungen innerhalb des Ersten Unterteils zu B II (S. 36) verwiesen werden.

Die Versteuerung eines — fiktiven — Handelsnutzens kommt daher nicht in Betracht. Andererseits ist die Vermehrung des in ihren Händen verbliebenen Vermögens bei ihnen der Körperschaftssteuer zu unterwerfen; das gilt insbesondere dann und insoweit, als diese Vermögensvermehrung auf die bei ihnen gebundenen Werte entfällt.

Der RFH. hat sich mit dieser Frage noch nicht befaßt. Andererseits darf darauf hingewiesen werden, daß auch ältere Schriftsteller Vermögensvermehrungen der genannten Art in diesem Falle beim Syndikat selber als körperschaftsteuerpflichtig erachten. So z. B. Haussmann hinsichtlich der Zuweisungen an den Reservefonds.

Haussmann: Die Praxis des Rechts der Unternehmenzusammenfassungen, S. 297.

b) Syndikate in Form der Doppelgesellschaft.

Bei den Syndikaten in Form der Doppelgesellschaft ist zwischen der Verkaufs- und Geschäftsstelle und der Vereinigung der Mitgliedswerke zu trennen.

1. Die Verkaufs- und Geschäftsstelle. Die Verkaufs- und Geschäftsstelle ist persönlich steuerpflichtig. Andererseits ist anzuerkennen, daß sie die Geschäfte lediglich treuhänderisch führt. Es folgt dies aus den Darlegungen zu A I unter b 2 (S. 103) dieses Unterteils.

Die treuhänderische Betriebsführung erfaßt auch die Vermögensvermehrungen, die sich aus dem Vermögen ergeben, das in Händen der Verkaufs- und Geschäftsstelle verbleibt; sie erfaßt insbesondere auch die Vermögensvermehrungen, die aus einer Vermehrung der gebundenen Werte erwächst. Ob und inwieweit die Verkaufs- und Geschäftsstelle daher eigenes Einkommen hat, ist Tatfrage. Entscheidend wird, wie dies auch der RFH. in seiner Entscheidung I A 401/32 sagt, sein, ob die Verkaufs- und Geschäftsstelle als „juristischer Direktor" eine Entlohnung für ihre lediglich verwaltende Tätigkeit erhält.

In dieser Beziehung bin ich, was meine früheren Ausführungen anbetrifft, des öfteren mißverstanden worden. Das gilt zunächst von HAUSSMANN. HAUSSMANN führt in seinem Aufsatz: Steuerliche Probleme des Rechts der Unternehmenzusammenfassungen (VJfStuFR. 33 S. 486) folgendes aus:

„Endlich wird man auch, im Gegensatz zu Sch.-Sch., den Zusammenhang zwischen Gewinnausschluß und Treuhandverhältnis nicht in dem Sinne leugnen können, daß man etwa die aus den Erlösen angehäuften, der geschäftsführenden GmbH. treuhandweise zur Verfügung gestellten Werte dem Gewinn der Geschäftsführungs-GmbH. zurechnet, weil, wie Sch.-Sch. meint, die sog. gebundenen Werte der geschäftsführenden GmbH. ‚dauernd' überlassen sind. Denn diese Überlassung geschieht eben nur treuhandweise . . ."

Dieses Vorbringen steht in unmittelbarem Gegensatz nicht nur zu meinen ganzen Ausführungen, sondern auch zu der Grundlage meiner damaligen Untersuchungen. Daß m. E. in diesem Falle die Gewinnausschlußvereinbarung versagt, ist allerdings richtig. Es darf hier auf die Ausführungen innerhalb des Ersten Unterteils zu B II (S. 36) verwiesen werden. Nicht richtig ist dagegen, daß ich für diesen Fall auch die Wirkung der Vereinbarung lediglich treuhänderischen Besitzes ge leugnet hätte. Im Gegenteil. Denn wie ich einleitend S. 752 meiner Abhandlung: „Syndikat und Steuer" ausgeführt, zudem dort auf S. 822 (unter 5) nochmals zusammenfassend betont habe, hat mich ja gerade die Tatsache, daß diese der Verkaufs- und Geschäftsstelle dauernd überlassenen Werte bei dieser auf Grund der nach dem bekannten Urteil I A 32/26 vom 20. 4. 26 auch steuerlich anzuerkennenden Vereinbarung lediglich treuhänderischen Besitzes nicht gefaßt werden können, zu der Untersuchung veranlaßt, ob diese Werte nicht bei der m. E. steuerlich zu verselbständigenden Vereinigung der Mitgliedswerke der KörpSt. unterworfen werden können, eine Frage, die m. E. zu bejahen ist, auf die nachstehend zu b 2 (S. 120) jedoch noch eingegangen wird.

Gleiches gilt für die Ausführungen von WIRCKAU in seiner Abhandlung: Zum geltenden Steuerrecht der Organ-, insbesondere der Ein- und Verkaufsgesellschaften. Zugleich eine Besprechung von vier neueren einschlägigen Schriften. StW. 36 Sp. 589 u. 705. Wenn WIRCKAU Sp. 731 bei Erörterung der Zulässigkeit des Gewinnausschlusses bei echten Ein- und Verkaufsgesellschaften sagt:

„Deshalb kann SCHULTZE-SCHLUTIUS in DStBl. 35 S. 464 = 9 K 40 nicht zugestimmt werden, wenn er bei der geschäftsführenden GmbH. eines Syndikats die steuerliche Wirksamkeit einer Gewinnausschlußvereinbarung auf einen Gewinn aus der Verkaufstätigkeit beschränken will",

so hat er meine Ausführungen mißverstanden. In 9 K 40 habe ich nur von dem Gewinnausschluß gesprochen. Was diesen anbetrifft, so stehe ich allerdings auf dem Standpunkt, daß er nur insoweit durchgreift, als die verpflichtete Gesellschaft die von ihr erarbeiteten Erträgnisse an die berechtigte Gesellschaft oder die berechtigten Gesellschaften (Gesellschafter) tatsächlich abführt. Was die Verkaufs- und

Geschäftsstelle des in die Form der Doppelgesellschaft gekleideten Syndikats anbetrifft, so habe ich mich jedoch auch in meinen Ausführungen in DStBl. 35 auf den Standpunkt gestellt, daß diese lediglich als Treuhänderin tätig wird, eine Körperschaftsteuerpflicht für sie daher auch aus der Vermehrung der gebundenen Werte nicht in Betracht kommt. Ich habe dort, 9 K 42, wörtlich gesagt:

„Die sachliche Steuerpflicht der Verkaufs- und/oder Geschäftsstelle hängt entscheidend von den getroffenen Parteivereinbarungen ab. Die Vereinbarung des Gewinnausschlusses umfaßt zwar die sog. gebundenen Werte nicht. Ist jedoch vereinbart, daß die Verkaufs- und/oder Geschäftsstelle alle ihr zufließenden Werte lediglich zu getreuen Händen besitzen soll, so wird hierdurch nicht nur die Vermögensteuerpflicht, sondern auch die Körperschaftsteuerpflicht ausgeschlossen."

I A 401/32 vom 25. 9. 34/22. 1. 35, Kartei KörpStG. 34 § 7 Satz 1 R. 2/3, RStBl. 35 Ar. 286 S. 517, StW. 35 Nr. 170, Bd. 37 S. 151.

2. Die Vereinigung der Mitgliedswerke. Nunmehr zu der Vereinigung der Mitgliedswerke.

aa) Grundsätzliches. Daß die Vereinigung der Mitgliedswerke als nichtrechtsfähiger Verein anzusehen ist, wurde bereits im Ersten Teil zu D I unter c 1 (S. 13) ausgeführt. Zu A I b 2 dieses Unterteils (S. 103) wurde weiter dargelegt und begründet, daß man für die steuerliche Betrachtung, auch was die KörpSt. anbetrifft, auf die Vereinigung der Mitgliedswerke und nicht etwa die Verkaufs- und Geschäftsstelle abzustellen habe. Damit ist die Frage, die hier zu prüfen ist, allein die, ob die Vereinigung der Mitgliedswerke, die als Außengesellschaft durch die Vermittlung der Verkaufs- und Geschäftsstelle als ihres „juristischen Direktors" selber am Wirtschaftsleben teilnimmt, als Einkommensträgerin im Sinne des § 3 KörpStG. 34 anzusehen ist.

bb) Das Urteil des RFH. I A 402/32 in Sachen Röhren-Syndikat. Der RFH. hat in der letzten Zeit Gelegenheit gehabt, sich ebenfalls einmal mit dieser Frage zu beschäftigen. Es handelt sich um seine bereits mehrfach angezogene Entscheidung I A 402/32 in Sachen Röhren-Syndikat.

Der Fragenkreis hat durch diese Entscheidung eine gewisse Vereinfachung erfahren. Der RFH. erkennt an, daß die Vereinigung der Mitgliedswerke körperschaftlich gestaltet ist. Er gibt weiter zu, daß es allein darauf ankommt, ob die Vereinigung der Mitgliedswerke den einzelnen Mitgliedern als gleichgeordnetes Unternehmen gegenübersteht. Die früher übliche Unterscheidung, ob sich die Vereinigung der Mitgliedswerke als Werkzeug in der Hand der Gesellschafter darstellt oder nicht, gegen die ich mich bereits in der VJfStuFR. 32 gewandt habe, ist damit als überholt anzusehen. Das ergibt sich auch aus den Ausführungen von KENNERKNECHT in seinen neuem Kommentar zum KörpStG. 34 S. 126, wo er bei Erörterung des § 3 diese Abstellung, die er früher ebenfalls vertrat, nicht mehr verwendet.

Die Frage, die daher heute noch offensteht, ist lediglich die, wer als Bezieher des Einkommens anzusehen ist, das die Vereinigung der Mitgliedswerke durch die Hand ihres juristischen Direktors erzielt: die Vereinigung der Mitgliedswerke oder aber die einzelnen Mitglieder.

Der RFH, gelangt dazu, die einzelnen Mitgliedswerke unmittelbar als Bezieher dieses Einkommens anzusehen. Ausgangspunkt seiner Betrachtungen bildet die Frage, wer im Innenverhältnis als Unternehmer anzusehen ist. Der RFH. prüft diese Frage dann unter den verschiedensten Gesichtspunkten. Er weist darauf hin, daß die Syndikate Förderungsgemeinschaften seien. Er nimmt darauf Bezug, daß die Vereinbarung des Gewinnausschlusses und die lediglich treuhänderischen Besitzes unmittelbar zwischen der Verkaufs- und Geschäftsstelle und den einzelnen Mitgliedswerken getroffen seien. Er weist auf die Verkehrsauffassung hin. Er zieht die Auffassung der Beteiligten an. Schließlich stützt er sich darauf, daß sich für den Fall, daß man die Vereinigung der Mitgliedswerke als Einkommensträger ansehe, eine doppelte Besteuerung ergeben würde.

Auf die Tatsache, daß die Vereinbarung des Gewinnausschlusses und die lediglich treuhänderischen Besitzes unmittelbar zwischen der Verkaufs- und Geschäftsstelle und der Vereinigung der Mitgliedswerke abgeschlossen ist, braucht hier nicht eingegangen zu werden. Diese Tatsache ist lediglich für die Frage von Bedeutung, ob die Vereinigung der Mitgliedswerke als Außengesellschaft anzusehen ist oder nicht. Daß sie der Annahme, daß die Vereinigung der Mitgliedswerke als Außengesellschaft zu betrachten ist, tatsächlich nicht entgegensteht, wurde bereits zu A I unter b 2 dieses Unterteils (S. 103) angeführt.

Gegen den Ausgangspunkt des RFH. ist nichts einzuwenden. Nur liegen m. E. bei näherer Betrachtung die Verhältnisse so, daß der RFH. Grundsätze anzieht, die auf den hier zur Erörterung stehenden Fall nicht passen.

Der RFH. nimmt auf die Ausführungen von Becker in seinem Kommentar zum EinkStG. 25 Bezug. Er beruft sich darauf, daß Becker dort ausführe, daß als Unternehmer derjenige anzusehen sei, für dessen Rechnung der Betrieb, gegebenenfalls durch einen Treuhänder, geführt werde.

Der KörpSt.-Senat beruft sich auf die Rechtsprechung des EinkSt.-Senats. Der EinkSt.-Senat hat aber die treuhänderische Betriebsführung nur für den Fall anerkannt, daß es sich bei der betr. Kapitalgesellschaft um eine vorgeschobene Person — einen Mantel — handelt. Der EinkSt.-Senat hat so auf die Organschaft im Rechtssinne abgestellt. Ich habe dies bereits innerhalb des Ersten Unterteils dieses Zweiten Teils zu A II (S. 31) ausgeführt. Organschaft im Rechtssinne liegt aber lediglich vor zwischen der Verkaufs- und Geschäftsstelle und der ihr übergeordneten Vereinigung der Mitgliedswerke. Ich darf dieserhalb auf die Ausführungen im Ersten Teil zu D I unter c 3 (S. 15) verweisen.

Es ist nun zwar richtig, daß der EinkSt.-Senat in einem Fall einmal etwas weiter gegangen ist. Es ist dies das Urteil VI A 843/33 vom 12. 7. 33. Ich habe auf dieses Urteil schon anläßlich der Besprechung der Entscheidung des KörpSt.-Senats in der KRdsch. 35 S. 334 hingewiesen. In diesem Urteil hat der EinkSt.-Senat das Einkommen, das ein Steuerpflichtiger aus der Veräußerung zweier Silberfüchse, die einer schweizer Aktiengesellschaft anvertraut waren, erzielte, als gewerbliches Einkommen angesehen. Der EinkSt.-Senat hat also hier den Besitzer der Silberfüchse als Unternehmer betrachtet. Es bleibt aber zu berücksichtigen, daß der deutsche Steuerpflichtige ja auch allein das Risiko, den Gewinn und den Verlust, trug. Starb einer seiner Silberfüchse, so traf ihn das allein. Wurde bei der Veräußerung der Felle, weil etwa ein Silberfuchs einen sehr schönen Pelz hatte, ein Preis erzielt, der über dem allgemein üblichen lag, so kam ihm dies auch allein zugute; auch dann, wenn der Verkauf durch die Verkaufsgesellschaft der schweizer Firma erfolgte. Das gleiche galt für einen Minderpreis, der sich daraus ergab, daß z. B. einer seiner Füchse an Räude gelitten hatte. Bei dem Syndikat liegen die Verhältnisse jedoch anders. Wie bereits im Ersten Teil zu B IV unter b 3 (S. 3) erwähnt, bildet das Syndikat eine Gewinn- und Verlustgemeinschaft. Das einzelne Mitglied erhält nicht das, was das Syndikat gerade für die von ihm gelieferten Erzeugnisse erlöst. Die tatsächlich erzielten Verkaufspreise werden vielmehr zusammengeworfen. Der insgesamt erlöste Betrag wird dann auf die einzelnen Mitgliedswerke entsprechend ihren tatsächlichen Lieferungen verteilt. Daneben bleibt zu beachten, daß es fraglich sein kann, ob es sich in diesem Fall tatsächlich um eine treuhänderische Geschäfts- und Betriebsführung oder nicht vielmehr um die treuhänderische Erledigung eines Einzelauftrages handelte. Die treuhänderische Erledigung von Einzelaufträgen dürfte steuerlich aber weitherziger als die treuhänderische Geschäfts- und Betriebsführung zu beurteilen sein. Ich darf dieserhalb auf die Ausführungen im Ersten Unterteil dieses Zweiten Teils zu B III unter c (S. 40) verweisen.

VI A 843/33 vom 12. 7. 33, RStBl. 33 Nr. 883 S. 1114, StW. 33 Nr. 706. Der Reichsfinanzhof und die Körperschaftsteuerpflicht der in die Form der Doppelgesellschaft gekleideten Syndikate. KRdsch. 35 S. 334.

Der RFH. bezieht sich darauf, daß die Syndikate Förderungsgemeinschaften seien. Diese Tatsache ist an sich richtig. Sie ist auch steuerlich zu würdigen. Sie findet, wie im Ersten Unterteil zu B (S. 34) erörtert, ihren Niederschlag darin, daß der Gewinnausschluß anzuerkennen ist. Für die hier zur Erörterung stehende Frage ist sie jedoch ohne Bedeutung.

Der Begriff der Förderungsgemeinschaft ist für die Syndikate nicht typisch. Die Tatsache, daß ein Unternehmen mit dem ausgesprochenen Zweck gegründet wird, ein anderes, bereits bestehendes Unternehmen zu fördern, findet sich auch sonst. So z. B. bei den sog. Werkhandelsgesellschaften, die von vornherein ausschließlich deshalb ins Leben gerufen werden, um das Gründerwerk durch den Absatz seiner Erzeugnisse zu unterstützen. Die Tatsache, daß Syndikate Förderungsgemeinschaften sind, hat mit der Rechtsform nichts zu tun. Es gibt auch Syndikate, die einheitlich als GmbH., als sog. Nebenleistungsgesellschaft, aufgezogen sind. Es sei dieserhalb auf die Ausführungen im Ersten Teil zu D I unter a (S. 9) verwiesen. Die Tatsache, daß es die Aufgabe eines jeden Syndikats ist, ausschließlich den Belangen seiner Mitglieder zu dienen, ist also von der Rechtsform, in die es gekleidet ist, unabhängig. Damit aber kann umgekehrt aus dieser Tatsache auch kein Schluß darauf gezogen werden, wie die rechtliche Formgebung für das Steuerrecht zu beurteilen ist. Im übrigen sei darauf aufmerksam gemacht, daß die Genossenschaften, die den Prototyp der Förderungsgemeinschaften bilden, vom KörpStG. ausdrücklich als persönlich steuerpflichtig bezeichnet werden.

Der RFH. beruft sich auf die Verkehrsauffassung. Er stützt sich auf die Ausführungen von Isay und Nicklisch. Es ist zuzugeben, daß die Ausführungen dieser Schriftsteller in einer Richtung verlaufen, die gegen die Anerkennung der Vereinigung der Mitgliedswerke als Einkommensträger spricht. Es bleibt jedoch zweierlei zu beachten. Was die Ausführungen von Isay, Geiler und Flechtheim angeht, so bleibt zu berücksichtigen, daß ihre Ausführungen dahin gehen, daß die Syndikate als Förderungsgemeinschaften zu betrachten seien. Es sei dieserhalb auf die Ausführungen im Ersten Teil zu E III (S. 25) verwiesen. Die Tatsache, daß Syndikate Förderungsgemeinschaften sind, ist jedoch, wie ausgeführt, für die hier zur Erörterung stehende Frage belanglos. Es bleibt weiter aber auch zu beachten, daß es eine ganze Reihe auch älterer Schriftsteller gibt, die die Vereinigung der Mitgliedswerke als Einkommensträger ansehen. Genannt seien hier zunächst die verschiedenen Ausführungen von Friedländer. Friedländer betrachtet die Vereinigung der Mitgliedswerke als nichtrechtsfähigen Verein. Er steht weiter auf dem Standpunkt, daß nichtrechtsfähige Vereine grundsätzlich als Einkommensträger anzusehen seien.

In seinem Konzernrecht, S. 392 sagt Friedländer folgendes:

„Die Verkaufsgesellschaft (AG. oder GmbH.) ist nach dem Körperschaftsteuerrecht subjektiv steuerpflichtig, aber sie ist im Rechtssinne Angestellte und kann daher nur Arbeitseinkommen, nicht aber Einkommen aus Gewerbebetrieb haben. Es fragt sich aber weiter, ob subjektive Steuerpflicht hinsichtlich Einkommen aus dem Gewerbebetrieb bei dem eigentlichen Kartell, also der Gesellschaft bürgerlichen Rechts bzw. dem nichtrechtsfähigen Verein, vorliegt."

In seiner Abhandlung: Der gegenwärtige Stand der Organtheorie. StW. 31 Sp. 481 (Sp. 511) führt er dann, nachdem er die Stellung der Verkaufsgesellschaft gegenüber der Kartellvereinigung erklärt hat, folgendes aus:

„Für die Frage, ob ein ‚Syndikat' einkommen- bzw. körperschaftsteuerpflichtig ist, kommt es darauf an, ob dieses Syndikat eine Gesellschaft bürgerlichen Rechts ist oder ein nichtrechtsfähiger Verein."

An anderer Stelle schließlich, nämlich in seinem Konzernrecht, S. 392 sowie in seinem Kartellaufsichtsgesetz, S. 24 spricht er sich dahin aus, daß die Vereinigung der Mitgliedswerke als nichtrechtsfähiger Verein anzusehen sei.

Genannt seien ferner die Ausführungen von HOLLAENDER in seinem Kommentar zum KörpStG. 25. HOLLAENDER gelangt hier dazu, daß jedenfalls die größeren Syndikate als Einkommensträger aufgefaßt werden müßten. Schließlich sei aber auch insbesondere in Entgegnung der Ausführungen von NICKLISCH auf die von PASSOW hingewiesen. In seiner Schrift: „Betrieb, Unternehmung, Konzern" S. 69 führt PASSOW aus, daß es sich zwar seiner Begriffsbestimmung nach bei den Syndikaten nicht um selbständige Erwerbsgesellschaften (Unternehmungen) handele, man deshalb aber nicht das Kind mit dem Bade auszuschütten brauchte, keinesfalls übersehen dürfe, daß es sich bei ihnen um organisatorisch und regelmäßig auch vermögensrechtlich selbständige Betriebe handele, die dauernd Geschäfte abschlössen und am allgemeinen Geschäftsverkehr teilnähmen.

HOLLAENDER: Das Einkommen- und Körperschaftsteuer-Gesetz nebst den zugehörigen Ausführungs- und Durchführungsbestimmungen, Verordnungen und Erlassen, S. 375. PASSOW: Betrieb, Unternehmung, Konzern, S. 69.

Der RFH. zieht dann weiter die Auffassung der Beteiligten an. Er weist zwar selber darauf hin, daß nur die ehrliche Auffassung der Beteiligten berücksichtigt werden könne. Ich habe aber auch Bedenken, selbst die ehrliche Auffassung der Beteiligten als geeigneten Anhaltspunkt anzusehen. Jede Einstellung ist mehr oder weniger persönlich; sie wird von einseitigen Empfindungen, einseitigen Beurteilungen usw. beeinflußt. Das gilt insbesondere dann, wenn es sich bei den Beteiligten um die Beteiligten eines Rechtsmittelverfahrens handelt. Tatsächlich zeigt denn auch ein Blick in die verschiedenen Entscheidungen des Reichsfinanzhofs, daß die an dem betr. Rechtsmittelverfahren Beteiligten die Verhältnisse einmal so, einmal so betrachtet haben.

In dem Verfahren Röhren-Syndikat wurde von dem FA. der Hauptwert auf die Vereinigung der Mitgliedswerke gelegt. Sofort wurde dies bestritten. Es wurde vorgetragen, daß die Vereinigung der Mitgliedswerke lediglich Innengesellschaft, also etwas nur Gedachtes sei, der Hauptwert dagegen auf die Verkaufs- und Geschäftsstelle, die GmbH. gelegt werden müsse. Anders z. B. im Falle der Werkkaufsgesellschaft in D., einer Parallelgesellschaft des Draht-Verbandes. In diesem Falle, der durch das Urteil II A 434/32 vom 20. 9. 32 entschieden wurde, wurde genau das Gegenteil vorgebracht. Es wurde immer und immer wieder darauf hingewiesen, daß die GmbH. lediglich Geschäftsstelle, „juristischer Direktor" sei, der Schwerpunkt bei der Vereinigung der Mitgliedswerke läge.

Vgl. hierzu HAUSSMANN: Die Kapitalverkehrsteuer bei abhängigen und vertraglich gebundenen Gesellschaften. StW. 32 Sp. 737 u. 945, insbesondere Sp. 958, dessen Ausführungen sich mit dem von ihm in der Sache selber erstatteten Gutachten decken.

In dem Verfahren Röhren-Syndikat wurde vom FA. die Auffassung vertreten, daß die sog. gebundenen Werte beim Syndikat als solchem, d.h. der Vereinigung der Mitgliedswerke zur KörpSt. und auch VermSt. heranzuziehen seien. Vom Syndikat und den hinter ihm stehenden Werken wurde vorgetragen, daß das Syndikat alle diese Werte lediglich als Treuhänderin für die einzelnen Mitgliedswerke besitze, steuerpflichtig daher nur die einzelnen Mitgliedswerke selber sein könnten. Anders im Falle der sog. Laubaner Verbände, im Falle des Urteils VI A 932/32 vom 6. 12. 32. In diesem Falle hatte sich ein anderes FA. auf den Standpunkt gestellt, daß die in Händen des Verbandes, eines Preiskartells, befindlichen Vermögenswerte bei den Mitgliedern zur Steuer heranzuziehen seien. Die Mitgliedswerke bestritten dies. Es handele sich nicht um ihr Vermögen, sondern um Vermögen des Kartells. Mit dem Vermögen des Kartells hätten sie, die Mitglieder, aber nicht das geringste zu tun. Sie wüßten auch nicht, ob sie jemals etwas von diesen Vermögenswerten wieder zurückerhalten würden.

VI A 932/32 vom 6. 12. 32, Kartei EinkStG. 25 § 13 R. 159, RStBl. 32 Nr. 942 S. 948, StW. 32 Nr. 991.

In dem Verfahren Röhren-Syndikat wurde vom FA. die Auffassung vertreten, daß die Vereinigung der Mitgliedswerke ein ihren Mitgliedern gegenüber selbständiges Gebilde sei. Es wurde dies von dem Röhren-Syndikat und den hinter ihm stehenden Mitgliedswerken bestritten. In anderen Fällen wurde genau das Gegenteil vorgetragen. An älteren Urteilen sei auf das Urteil Gr.S. 6/20 vom 25. 4. 21 in Sachen des RWKS. und das Gutachten II D 1/21 vom 8. 7. 21 in Sachen des RWKS., des Roheisen-Verbandes und des Stahlwerks-Verbandes verwiesen, an neueren Urteilen auf das Urteil V A 274/32 vom 13. 3. 34. In diesem Urteil wurde, ebenso übrigens wie im Falle des Urteils V A 554/27 vom 3. 4. 28 in Sachen des Nähgarn-Syndikats vorgebracht, daß alle Gewalt beim Syndikat und nicht etwa bei den Mitgliedswerken läge, Herrschaftsperson allein das Syndikat, nicht aber die Mitgliedswerke seien, die Mitgliedswerke selber überhaupt nichts zu sagen hätten.

Gr. S. 6/20 vom 25. 4. 21, Bd. 5 S. 321; II D 1/21 vom 8. 7. 21, Bd. 6 S. 126; V A 274/32 vom 13. 3. 34, RStBl. 34 Nr. 565 S. 639, StW. 34 Nr. 334; V A 554/27 vom 3. 4. 28, Kartei UmsStG. 26 § 1 Nr. 1 R. 67.

Der RFH. beruft sich weiter darauf, daß die Betrachtung der Vereinigung der Mitgliedswerke als Einkommensträgerin zu einer doppelten Besteuerung führen würde. Zunächst ist hierzu zu bemerken, daß es tatsächlich sehr fraglich sein kann, ob durch eine derartige Betrachtung eine doppelte Besteuerung ausgelöst werden würde. In Betracht könnte eine doppelte Besteuerung allein hinsichtlich der Beträge in Frage kommen, die das Syndikat, kurz gesagt, nicht an die Mitgliedswerke abführt und, da sie bei ihm gebunden sind, nicht abführen kann. Hier würde sich allerdings bei einer Ausschüttung eine doppelte Besteuerung ergeben. Es bleibt jedoch zu berücksichtigen, daß eine derartige Ausschüttung in der Regel nur für den Fall der Auflösung praktisch werden, das Syndikat für diesen Fall jedoch meist gewisser Beträge zur Abdeckung seiner Verpflichtungen benötigen würde, die es dann aus diesen Vermögenswerten entnehmen könnte. Es sei mir gestattet, dieserhalb auf meine Ausführungen in der KRdsch. 34 S. 390 und 455 zu verweisen, wo ich auf diese Frage letztmalig zusammenfassend eingegangen bin. Im übrigen aber ist auch dieser Hinweis nicht geeignet, die Betrachtung des RFH. zu stützen. Die Frage, ob die Vereinigung der Mitgliedswerke als Einkommensträger anzusehen ist, bezieht sich allein darauf, ob sie persönlich steuerpflichtig ist oder nicht. Bei Gesellschaften, die persönlich steuerpflichtig sind, ist aber, wie sich dies insbesondere bei der Kapitalgesellschaft zeigt, eine doppelte, unter Umständen sogar mehrfache Besteuerung ausdrücklich gewollt.

Zur Frage der Körperschaftsteuer und Vermögensteuer der Syndikate. KRdsch. 34 S. 390 u. 455.

Vgl. hierzu die Besprechungen dieser Entscheidungen in der KRdsch. 35 S. 334 (Der Reichsfinanzhof und die Körperschaftsteuerpflicht der in die Form der Doppelgesellschaft gekleideten Syndikate), im BuBPr. 35 S. 57 u. 66 (Reichsfinanzhof und Syndikat), in der DStZ. 35 S. 434; (Die Körperschaftsteuerpflicht der Syndikate).

cc) Ergebnis. Die Ausführungen des RFH. vermögen m.E., so interessant sie auch sein mögen, geeignete Anhaltspunkte für die Frage, ob die Vereinigung der Mitgliedswerke als Einkommensträger anzusehen ist, nicht zu geben. Damit aber bleibt nichts anderes übrig, als darauf abzustellen, ob die Mitgliedswerke, sachlich betrachtet, das Einkommen, das die Vereinigung der Mitgliedswerke durch die Hand der Verkaufs- und Geschäftsstelle als ihres juristischen Direktors bezieht, unmittelbar als ihr eigenes oder als Einkommen der Vereinigung betrachten müssen.

Wie bereits im Ersten Teil zu B IV unter b 3 (S. 3) ausgeführt, zudem an dieser Stelle nochmals herausgestellt, bildet das Syndikat eine Gewinn- und Verlustgemeinschaft. Dazu kommt, daß die Verteilung des Verkaufserlöses, der auch den sog. Kartellgewinn in sich schließt, in einer Art und Weise erfolgt, die, zumindest wirtschaftlich betrachtet, mit der Ausschüttung der Dividende bei Aktiengesellschaften große Ähnlichkeit aufweist. Ich habe hierauf bereits in der VJfStuFR. 32 hingewiesen. Ich habe dies dann nochmals in der ZfHF. 33 betont. Ich habe hier folgendes gesagt:

„Dazu kommt schließlich — unabhängig hiervon (der Vergemeinschaftung des

Gewinnes und Verlustes) als weiterer Punkt —, daß die Verteilung des Kartellgewinns rein wirtschaftlich betrachtet, im Grunde genommen nach denselben Normen erfolgt, wie die Ausschüttung einer Dividende. Richtig ist allerdings, daß die Verteilung sowohl der Verrechnungspreise als auch der Mehrerlöse, in denen der „Kartellgewinn' enthalten ist, prozentual der tatsächlich seitens der einzelnen Mitgliedswerke ausgeführten Lieferungen vonstatten geht. Ebenso, daß die Verrechnungspreise, die sich einmal als ‚Kaufpreis' für die ‚Lieferungen' der Mitgliedswerke, zum anderen als Abschlagszahlungen auf den Kartellgewinn charakterisieren, sowie die Mehrerlöse, jedenfalls insoweit, als monatlich vorläufige und halbjährlich endgültige Schlußabrechnungen vorgenommen werden, den Mitgliedswerken bereits im Laufe des Geschäftsjahres ausgezahlt werden. Auf der anderen Seite ist jedoch zu beachten, daß

1. die tatsächlichen Lieferungen, abgesehen von gewissen Spitzenbeträgen, durchweg den Beteiligungsziffern der einzelnen Mitgliedswerke entsprechen werden, diese aber ihrerseits wiederum maßgebend für die Stimmenzahl der einzelnen Mitgliedswerke innerhalb der Organe des Syndikats, insbesondere der Hauptversammlung sind;

2. die Hauptversammlung nicht nur die Höhe der den Mitgliedswerken zu zahlenden Verrechnungspreise, sondern auch die des Aufwands des Syndikats, und zwar im weitesten Sinne des Wortes, also auch hinsichtlich des Erwerbs materieller und immaterieller Werte (gemeinsames Finanz- und Sachvermögen, Stärkung des, wenn man so will, eigenen inneren Geschäftswertes durch Aufkauf von Außenseitern und Abschluß von Schutzverträgen gegen Barabfindung) bestimmt, auf diese Weise aber, wenn ihren Beschlüssen auch, anders als denen der über die Ausschüttung einer Dividende beschließenden Generalversammlung einer A-G. insoweit eine konstitutive Wirkung nicht zukommt, die Höhe des in den Verrechnungspreisen und Mehrerlösen steckenden Kartellgewinns zumindest rückwirkend beeinflußt."

Damit aber ergibt sich, daß die Mitgliedswerke das Einkommen des Syndikats tatsächlich nicht unmittelbar als ihr eigenes ansehen können.

Ebenso — im Grunde genommen — die Rechtsprechung des EinkSt.-Senats. Der EinkSt.-Senat hat sich in verschiedenen Urteilen mit der Frage zu befassen gehabt, ob die Mitgliedswerke in ihren Bilanzen die sog. Restausschüttungen zu aktivieren haben. Eines dieser Urteile ist das Urteil VI A 320/29 vom 26. 11. 30. Der EinkSt.-Senat spricht hier davon, daß es sich — so im Tatbestand — bei den sog. Restausschüttungen um eine „Gewinnausschüttung" handele und ferner, — in den Entscheidungsgründen — daß das betr. Mitgliedswerk die sog. Restausschüttungen in der beabsichtigten Höhe „mangels eines Beschlusses der Generalversammlung des X-Syndikats" erst bei Eingang derselben hätte berücksichtigen müssen.

In derselben Richtung verlaufen auch die Ausführungen von KENNERKNECHT in seinem Kommentar zum KörpStG. 34. Auch KENNERKNECHT sieht gegen die Umlegung an. Er weist zutreffend darauf hin, daß die Umlegung der sog. gebundenen Werte auf die einzelnen Mitgliedswerke dazu führen würde, den einzelnen Werken Vermögenswerte anzurechnen, die niemals in ihre Hände gelangen.

VI A 320/29 vom 26. 11. 30 StW. 31 Nr. 173.

VJfStuFR. 32 S. 743 (Syndikat und Steuer); ZfHF. 33 S. 311 u. 337 (Zum Steuerproblem der Kartelle).

Kennerknecht: Kommentar zum KörpStG. 34 S. 266 (zu § 7 Anm. 27).

Siehe auch Henning: Besteuerung des Treuhandbesitzes bei Syndikat-Doppelgesellschaften. StWa. 37 S. 353.

3. Zusammenfassung. Ich gelange so zu folgendem Ergebnis. Die Verkaufs- und Geschäftsstelle führt die Geschäfte des Syndikats lediglich treuhänderisch. Die Vereinigung der Mitgliedswerke ist Außengesellschaft. Sie ist darüber hinaus als Einkommensträgerin im Sinne des § 3 KörpStG. 34 anzusehen. Ob die Verkaufs- und Geschäftsstelle eigenes Einkommen hat, ist Tatfrage. Die treuhänderische Betriebsführung erfaßt auch die sog. gebundenen Werte. Entscheidend ist also, ob und welche Entlohnung sie für ihre lediglich verwaltende Tätigkeit erhalten soll. Daß die Vereinigung selber als Treuhänderin tätig wird, ist dagegen nicht anzuerkennen. Wohl ist hier der Gewinnausschluß zuzulassen. Der Gewinnausschluß als Einkommensverwendung findet aber seine Grenze dort, wo die Erträgnisse, die die Vereinigung durch die Verkaufs- und Geschäftsstelle als ihres juristischen Direktors erarbeitet hat, nicht an ihre Mitglieder abführt; sei es, daß die Abführung nicht möglich ist, sei es, daß sie tatsächlich nicht beabsichtigt wird.

Ich gelange so zu demselben Ergebnis, zu dem mich auch meine früheren Untersuchungen geführt haben. Es besteht, kurz gesagt darin, daß die gebundenen Werte zwar nicht bei der Verkaufs- und Geschäftsstelle, wohl aber bei der Vereinigung der Mitgliedswerke in ihrer Vermehrung der KörpSt. und — um dies vorwegzunehmen — in ihrem jeweiligen Bestand der VermSt. zu unterwerfen sind.

Ich weiß, daß diese Stellungnahme vielfach als zu eng angesehen wird. Es sind aber im Grunde genommen drei Erwägungen, die mich zu dieser Stellungnahme führen. Die erste Erwägung ist rein sachlich. Sie ergibt sich aus den Ausführungen zu 2 (S. 120). Die zweite Erwägung wurzelt in einer systematischen Betrachtung der Dinge. Sie geht darauf zurück, daß kein innerer Grund einzusehen ist, die gebundenen Werte bei den Kartellen und Syndikaten in Form der Nebenleistungs-A-G. oder GmbH. bei den Kartellen, Syndikaten, selber, bei Syndikaten in Form der Doppelgesellschaft dagegen bei den einzelnen Mitgliedswerken zu erfassen. Die dritte Erwägung gründet sich darauf, daß die Steuergesetzgebung, wie bereits im Ersten Teil zu E I unter d (S. 22) ausgeführt, eine rein einseitige Zweckgesetzgebung ist, die Umlegung aber zumindest erhebliche unproduktive Arbeit verursacht. Dabei bleibt zu berücksichtigen, daß der vom RFH. aufgestellte Satz, daß die treuhänderische Betriebsführung nur dann anzuerkennen ist, wenn alle Mitglieder ihre Anteile an den in Händen der Verkaufs- und Geschäftsstelle verbleibenden Vermögenswerten in ihren Bilanzen aktivieren, die Umlegung keinesfalls überflüssig macht. Gemäß § 12 Ziff. 4 KörpStG. dürfen, um nur einen Fall herauszugreifen, Ausgaben zu gemeinnützigen, mildtätigen, kirchlichen und ähnlichen Zwecken den steuerpflichtigen Gewinn nicht schmälern. Derartige Ausgaben werden, wie im Ersten Teil zu B IV unter b 4 (S. 4) ausgeführt, häufig von den Syndikaten geleistet. Damit aber ergibt sich bei den Syndikaten in aller Regel schon aus diesem Anlaß ein — fiktives — Einkommen, das dann im Wege der Umlegung bei den einen Mitgliedswerken der Versteuerung zuzuführen ist.

VJfStuFR. 32 S. 743 (Syndikat und Steuer); ZfHF. 33 S. 311 u. 337 (Zum Steuerproblem der Kartelle); KRdsch. 34 S. 390 u. 455 (Zur Frage der Körperschaftsteuer- und Vermögensteuerpflicht der Syndikate); vgl. auch StA. 34 S. 201, 228 u. 267 (Gedanken zur Steuervereinfachung).

Vierter Unterteil.

Vermögensteuer.

Über die Vermögensteuer ist im Rahmen einer allgemeinen Grundlegung wenig zu sagen.

Verbände, die persönlich und sachlich körperschaftsteuerpflichtig sind, haben das Vermögen, das sie in ihren Händen halten, der Vermögensteuer zu unterwerfen. Umgekehrt bleibt allein zu beachten, daß die persönliche Steuerpflicht nach dem VermStG. weiter als nach dem KörpStG. geht. Gemäß § 1 Ziff. 2c des VermStG. 34 sind Verbände, die rechtlich als nichtrechtsfähiger Verein gestaltet sind, ohne weiteres persönlich vermögensteuerpflichtig. Einer besonderen Prüfung, ob sie den Kapitalgesellschaften gleichzustellen sind, bedarf es, anders wie nach § 3 KörpStG., nicht. Es hängt dies damit zusammen, daß in diesen Fällen eine doppelte Steuerpflicht nicht ausgelöst wird. Wie der RFH. mit Urteil I A 399/28 vom 21. 8. 28 entschieden hat, sind die Anteile an nichtrechtsfähigen Vereinen in der Hand der Anteilsinhaber nicht nochmals steuerpflichtig.

I A 399/28 vom 21. 8. 28, Kartei RBewG. 25 § 38 Abs. 1 Nr. 3 R. 1, RStBl. 28 Nr. 586 S. 325, StW. 28 Nr. 706, Bd. 24 S. 79.

Hinsichtlich Sonderfragen, die sich bei Anerkennung der Treuhand aus der Mindestbesteuerung gemäß § 6 VermStG. 34 ergeben, darf ich auf meine Ausführungen in DStBl. 36 S. 1111 („Mindestvermögensteuer bei Kapitalgesellschaften mit Treuhandbesitz) verweisen.

Fünfter Unterteil.

Aufbringung.

Auch über die Aufbringung sind im Rahmen dieser Darstellung nur wenige Worte zu sagen.

Ob ein Verband — sofern die sonstigen Voraussetzungen gegeben sind — der Aufbringungspflicht unterliegt, richtet sich danach, ob sein

Vermögen als Betriebsvermögen gilt. Hierzu bestimmt aber § 56 RBewG., daß das Vermögen von Kapitalgesellschaften stets (Abs. 1 Ziff. 1), das von rechtsfähigen und nichtrechtsfähigen Vereinen dann als Betriebsvermögen anzusehen ist, wenn sie vorwiegend die Erzielung wirtschaftlicher Vorteile für sich oder ihre Mitglieder bezwecken und einen wirtschaftlichen Geschäftsbetrieb unterhalten (Abs. 1 Ziff. 4 und 5).

Daß alle verbandsmäßigen Zusammenschlüsse den wirtschaftlichen Belangen ihrer Mitglieder dienen und demgemäß bestrebt sind, wirtschaftliche Vorteile für sie zu erlangen, liegt auf der Hand. Es ergibt sich dies zwangsläufig aus den Ausführungen im Ersten Teil, insbesondere denen zu B und E III (S. 1 und S. 25). Ein wirtschaftlicher Geschäftsbetrieb ist aber in jeder planmäßigen Tätigkeit zu erblicken, mit der wirtschaftliche Vorteile erreicht oder Nachteile vermieden werden sollen. Er liegt insbesondere dann vor, wenn die Tätigkeit des betr. Verbandes in der Wahrnehmung von Aufgaben besteht, die, falls er nicht ins Leben gerufen worden wäre, von seinen Mitgliedern erfüllt werden müßten. Es sei dieserhalb auf die Ausführungen in StW. 34 Sp. 425 und im Ersten Teil zu E III unter d (S. 28) verwiesen.

Verbände, die einheitlich als A-G. oder GmbH. gestaltet sind, unterliegen daher stets der Aufbringung. Bei Verbänden, die einheitlich ohne bürgerliche Rechtsfähigkeit oder aber als Doppelgesellschaft aufgezogen sind, dürfte zu unterscheiden sein, ob sie als wirtschaftlicher Verein oder aber als wirtschaftlicher Verband — Kartell, Syndikat — anzusprechen sind. Ist der Verband ein wirtschaftlicher Verein, so ist die Frage, ob er der Aufbringung unterliegt, in jedem Falle gesondert zu prüfen. Handelt es sich dagegen um einen wirtschaftlichen Verband, insbesondere Kartell oder Syndikat, so ist die Aufbringungspflicht grundsätzlich zu bejahen. Denn das Wesen der wirtschaftlichen Verbände besteht ja gerade darin, daß sie in die freie Wirtschaftstätigkeit ihrer Mitglieder eingreifen und so Aufgaben übernehmen, die, wenn sie nicht beständen, von den einzelnen Mitgliedern selber wahrgenommen werden müßten. Daß im übrigen Verbände, die einheitlich ohne bürgerliche Rechtsfähigkeit gestaltet sind, als nichtrechtsfähige Vereine zu betrachten sind, wurde bereits ausgeführt; ebenso, daß bei Doppelgesellschaften auf die Vereinigung der Mitgliedswerke abzustellen ist, diese aber ebenfalls als nichtrechtsfähiger Verein beurteilt werden muß.

Im übrigen sei in diesem Zusammenhang auf das Urteil III A 80/36 vom 11. 2. 37 verwiesen. In diesem Urteil hat der RFH. das Vermögen eines Konditionenkartells als Betriebsvermögen und das Kartell damit als aufbringungspflichtig angesehen. Der RFH. sagt dabei, soweit hier von Bedeutung, wörtlich folgendes:

„Der Verband hat . . . Aufgaben übernommen, denen sich sonst seine Mitglieder unterziehen müßten. Wenn der Verband die Geschäftsbedingungen nicht einheitlich für alle seine Mitglieder in einer diese bindenden Form geregelt hätte, müßten sich die Mitglieder in jedem einzelnen Falle bei Abschluß eines Geschäftes mit ihren Abnehmern über den Inhalt der vom Verein ein für allemal festgelegten Bedingungen auseinandersetzen. Diese für den Abschluß eines Geschäftes notwendigen Vereinbarungen hat der Verband seinen Mitgliedern abgenommen. Es ist klar, daß die geschäftliche Tätigkeit der Verbandsmitglieder durch Berufung auf die sie bindenden, vom Verband ausgearbeiteten Bedingungen sowohl den anderen Verbandsmitgliedern als auch sonstigen Abnehmern gegenüber wesentlich gefördert wird. Wären diese Bedingungen nicht festgelegt, dann würde mancher Vertragsgegner günstigere Bedingungen zu erlangen suchen. Dieser Versuch kann in wirksamer Weise durch das Festhaltenmüssen an den Verbandsbedingungen begegnet werden. Die Tätigkeit des Verbandes fördert mithin das Erwerbsleben seiner Mitglieder. Der Verband muß nach seiner Satzung, seinem Aufbau und seiner Betätigung als ein geeignetes Mittel zur Erreichung wirtschaftlicher Vorteile angesehen werden. Der Verband unterhält sonach einen wirtschaftlichen Geschäftsbetrieb im Sinne des § 44 Abs. 2 Nr. 2 RBewG. 31."

Im übrigen kommt der Aufbringung heute nur noch eine untergeordnete Bedeutung zu. Nach dem Gesetz vom 17. 6. 36 kommt eine Aufbringungspflicht nur noch dann in Betracht, wenn das Betriebsvermögen mehr als 500 000 RM beträgt. Für die Umlage nach dem Wirtschaftsgarantiegesetz vom 18. 7 .31 beträgt die Grenze sogar 5 000 000 RM. Von einer Umlage nach diesem Gesetz ist zudem für die Rechnungsjahre 35, 36 und 37 abgesehen worden.

StW. 34 Sp. 425 (Die Rechtsprechung des Reichsfinanzhofs zum Begriff des „wirtschaftlichen Geschäftsbetriebes" unter besonderer Berücksichtigung der Körperschaft- und Vermögensteuerpflicht der Berufsverbände).

III A 80/36 vom 11. 2. 37 RBewG. 34 § 56 Abs. 1 Ziff. 5 R. 5; RStBl. 37 Nr. 331 S. 488, StW. 37 Nr. 163, Bd. 41 S. 28; vgl. auch I A 271/34 vom 8. 10. 35, KRdsch. 35 S. 1027.

Gesetz über die Weitererhebung der Aufbringungsumlage vom 17. 6. 36 (RGBl. S. 511). Wirtschaftsgarantiegesetz (Verordnung des Reichspräs. über Schaffung einer Wirtschaftsgarantie) vom 8. 7. 31 (RGBl. I S. 351). Über den heutigen Stand vgl. Verordnung zum Gesetz über die Weitererhebung der Aufbringungsumlage vom 3. 7. 37.

Sechster Unterteil.

Kapitalverkehrsteuer.

A. Die allgemeinen Grundlagen.

Die Rechtsprechung des KapVerkSt.-Senats ist von Veiel in StW. 36 Sp. 993 einer eingehenden kritischen Würdigung unterzogen worden.

Veiel stellt sich eingangs seiner Ausführungen auf den Standpunkt, daß das neue KapVerkStG., das KapVerkStG. vom 16. 10. 34, eine andere Beurteilung der Steuerpflicht verlange.

§ 6 zu a des alten KapVerkStG. habe beim Anteilserwerb auf die Leistung (Zahlung) abgestellt. § 2 Ziff. 1 KapVerkStG. 34 stelle auf den

Erwerb des Gesellschaftsrechtes ab. Hierin sei nicht nur eine rechtliche, sondern auch eine sachliche Änderung zu erblicken.

Ich vermag den Ausführungen von VEIEL nicht zuzustimmen. Der rechtliche Aufbau des KapVerkStG. 34 ist allerdings ein anderer. Sachlich wird hierdurch jedoch, wie ich bereits in InduSt. 35 ausgeführt habe, nichts geändert. Das alte KapVerkStG. betrachtet den ersten Anteilserwerb allerdings von seiten der Gesellschaft. Das neue KapVerkStG. sieht die Verhältnisse vom Standpunkt der Gesellschafter aus. Der Vorgang als solcher bleibt jedoch derselbe.

Für die Besteuerung des Unkostenersatzes bei verbandsmäßigen Zusammenschlüssen ist zudem lediglich die Bestimmung des § 2 Ziff. 2 von Bedeutung. Diese stellt aber, ebenso wie die des § 6 zu a, d. h. seines zweiten Teils, auf die Leistung bzw. Zahlung ab.

Die Frage, die sich ergibt, kann daher höchstens die sein, ob sich der Senat in einzelnen Fällen nicht vielleicht durch die Beurteilung, die das alte KapVerkStG. an die Verhältnisse legte, zu einer zu weiten Ausdehnung des Begriffs der steuerpflichtigen Kapitalzuführung hat verleiten lassen. Dies ist jedoch eine Frage, die auf einem anderen Blatt steht.

VEIEL: Gesellschaftsteuer bei Organgesellschaften. StW. 36 Sp. 993. SCHULTZE-SCHLUTIUS: Die Kapitalverkehrbesteuerung der Studiengesellschaften, Werksaufkaufgesellschaften, Syndikate und sonstigen, insbesondere verbandsmäßigen Zusammenschlüssen. InduSt. 35 I S. 11 u. 15. Übereinstimmend im übrigen BORUTTAU: Gesellschaftsteuer und Körperschaftsteuer — Zusammenarbeit zwischen Kapitalverkehrsteuer-Amt und Körperschaftsteuer-Amt. DStZ. 36 S. 91; ferner WEVER: Wandlung der Rechtsprechung in Gesellschaftsteuerfragen? InduSt. 36 I S. 240.

I. Die persönliche Steuerpflicht.

a) Grundsätzliches.

Steuerpflichtig sind allein Kapitalgesellschaften. Voraussetzung für die Erhebung der KapVerkSt. ist daher stets, daß der betr. Zusammenschluß in die Form der AG. oder GmbH. gekleidet ist (§ 5 Abs. 1 Ziff. 1 und 3 KapVerkStG.).

Nach § 5 Abs. 2 Ziff. 2 und 3 ist es allerdings auch zulässig, Verbände in Form des eingetragenen und des nichteingetragenen Vereins als persönlich kapitalverkehrsteuerpflichtig anzusehen. Die Voraussetzungen, von denen § 5 die persönliche Steuerpflicht abhängig macht, sind jedoch enger als die des § 3 KörpStG. 34. Ob daher verbandsmäßige Zusammenschlüsse in dieser Rechtsform tatsächlich als persönlich kapitalverkehrsteuerpflichtig angesehen werden können, ist auch meiner Ansicht nach zweifelhaft.

b) Doppelgesellschaft.

Die in die Form der AG. oder GmbH. gekleidete Verkaufs- und Geschäftsstelle der als Doppelgesellschaft gekleideten Syndikate — gegebenenfalls auch anderer verbandsmäßiger Zusammenschlüsse — ist stets persönlich steuerpflichtig. Ob die Zahlungen, die die Gesellschafter leisten, unmittelbar an sie oder aber an die ihr übergeordnete Vereinigung abgeführt werden, ist nach der ausdrücklichen Bestimmung des § 4 KapVerkStG. bedeutungslos. Eine andere Frage ist die, ob es anzuerkennen ist, daß die Verkaufs- und Geschäftsstelle die Geschäfte lediglich treuhänderisch führt. Auf diese Frage, die bereits die sachliche Steuerpflicht berührt, wird weiter unten zu II b unter 2 (S. 134) noch zurückzukommen sein.

Bei Erörterung der Körperschaftsteuer im Rahmen des Dritten Unterteils wurde zu A I unter b 2 (S. 103) darauf hingewiesen, daß es Fälle gäbe, in denen nicht alle Mitglieder des Syndikats als Gesellschafter an der Verkaufs- und Geschäftsstelle in Form der A-G. oder GmbH. beteiligt seien. Es fragt sich, welche Bedeutung dieser Tatsache für die KapVerkSt. beizumessen ist. Die Bestimmung des § 4 KapVerkStG. dürfte diesen Fall nicht decken. § 4 bezieht sich allein darauf, daß die Zahlungen nicht unmittelbar an die Verkaufs- und Geschäftsstelle, sondern an die ihr übergeordnete Vereinigung geleistet werden. Auf der anderen Seite setzt sie voraus, daß die Mitglieder der Vereinigung zugleich Gesellschafter der in die Form der Kapitalgesellschaft gekleideten Verkaufs- und Geschäftsstelle sind. Bleibt die bürgerlich-rechtliche Betrachtung, die auch die Vereinigung als solche als Gesellschafter der Verkaufs- und Geschäftsstelle ansieht. Unbestritten ist diese Auffassung jedoch nicht.

II. Die sachliche Steuerpflicht.

a) Die Rechtsprechung des RFH.

Die Rechtsprechung des KapVerkSt.-Senats schließt sich eng an die des UmsSt.-Senats an. Zum Beleg sei auf das Urteil des KapVerkSt.-Senats II A 41/35 vom 22. 11. 35 verwiesen.

Der KapVerkSt.-Senat unterscheidet bei verbandsmäßigen Zusammenschlüssen ebenso wie der UmsSt.-Senat, ob die Tätigkeit des Zusammenschlusses der Wahrung der Gesamtbelange aller Mitglieder oder aber der Wahrnehmung der Sonderbelange unmittelbar der einzelnen Mitglieder dient. Im ersteren Falle erachtet er die Zahlungen der Mitglieder als Mitgliederbeiträge und damit als kapitalverkehrsteuerpflichtig.

Der KapVerkSt.-Senat unterscheidet daher bei den Syndikaten ebenso wie der UmsSt.-Senat zwischen der marktordnenden Tätigkeit und der Verkaufstätigkeit; dabei trennt er bei der marktordnenden Tätigkeit ebenso wie der UmsSt.-Senat, wieder zwischen der marktordnenden Tätigkeit, die selbständig neben dem Verkauf steht und derjenigen, die notwendig mit dem Verkauf verbunden ist. Die Aufgliederung entspricht dabei grundsätzlich der des UmsSt.-Senats. Es darf dieserhalb auf die Ausführungen im Zweiten Unterteil dieses Zweiten Teils zu A II unter b (S. 51) verwiesen werden.

Damit ergibt sich für die Rechtsprechung des KapVerkSt.-Senats und die des UmsSt.-Senats folgende grundsätzliche Übersicht:

1. Kapitalverkehrsteuerpflichtig, aber umsatzsteuerfrei sind die für die selbständige marktordnende Tätigkeit geleisteten Migliederbeiträge;

2. kapitalverkehrsteuerfrei, aber umsatzsteuerpflichtig sind die für die Verkaufstätigkeit geleisteten Entgelte; ebenso die Entgelte für Sonderaufträge;

3. kapitalverkehrsteuerfrei und umsatzsteuerfrei sind die reinen Verrechnungsposten, wie z.B. Rückzahlungen zur Deckung von Mindererlösen; ferner Zahlungen von Mitgliedswerk an Mitgliedswerk, wie z.B. aus Anlaß des Ausgleichs von Anspruch und Pflicht.

II A 41/35 vom 12. 11. 35, Kartei KapVerkStG. 34 § 2 Ziff. 2 R. 9, RStBl. 35 Nr. 1217 S. 1573, StW. 36 Nr. 38, Bd. 38 S. 327.

Auf Einzelheiten einzugehen, ist im Rahmen dieser Ausführungen nicht möglich. Es sei mir daher gestattet, auf meine Ausführungen in InduSt. 35 I S. 11 u. 15 (Die Kapitalverkehrbesteuerung der Studiengesellschaften, Werksaufkaufgesellschaften, Syndikate und sonstigen, insbesondere verbandsmäßigen Zusammenschlüssen), die in der KRdsch. 35 S. 651 u. 738 (Die Kapitalverkehrsteuerpflicht der Kartelle und Syndikate) sowie die im PrBW. S. 978 (Die Kapitalverkehrsteuer und Umsatzsteuer der Syndikate) und schließlich die in dem Sonderdruck dieser letzteren Ausführungen, insbesondere aber die dort S. 22/28 gegebene Urteilszusammenstellung, zu verweisen.

b) Die Würdigung der Rechtsprechung.

Diese Rechtsprechung des KapVerkSt.-Senats ist in letzter Zeit stark angegriffen worden. Es muß daher auf ihre Würdigung etwas näher eingegangen werden.

1. Organschaft. Die KapVerkSt. ist eine reine Rechtsverkehrsteuer; d. h. sie ist eine Steuer, die auf die rechtliche Gestaltung gelegt ist. Damit aber kann die KapVerkSt. zwangsläufig auf die Tatsache, daß eine Kapitalgesellschaft sich als Organ einer anderen oder einer Personengesellschaft darstellt, keine Rücksicht nehmen. Es wird dies im Schrifttum auch allgemein anerkannt. Es sei deshalb auf die Ausführungen von VEIEL und WIRCKAU verwiesen. BÜHLER ist zwar anderer Auffassung. Er muß jedoch, wie WIRCKAU treffend ausführt, mit einer gewissen Resignation zugeben, daß eine Änderung der Rechtsprechung nicht zu erwarten ist.

VEIEL: Gesellschaftsteuer bei Organgesellschaften. StW. 36 Sp. 993. WIRCKAU: Zum geltenden Steuerrecht der Organ-, insbesondere der Ein- und Verkaufsgesellschaften. Zugleich eine Besprechung von vier neueren einschlägigen Schriften. StW. 36 Sp. 589 u. 705. BÜHLER-HASENACK: Kapitalzuführung und Zahlung laufender Entgelte an Organgesellschaften.

2. Treuhand. Von allen Seiten wird immer wieder gefordert, daß auch der KapVerkSt.-Senat die Treuhand anerkennen müsse; und zwar nicht nur den treuhänderischen Besitz bestimmter Gegenstände, sondern auch die treuhänderische Erledigung einzelner Geschäfte, sowie die treuhänderische Führung eines ganzen Betriebes.

Mir scheint, daß dieser Forderung eine gewisse Berechtigung nicht abzusprechen ist. Jedenfalls neige ich dazu, sie, wenn auch nur in einem gewissen Umfang, anzuerkennen.

Der treuhänderische Besitz bestimmter Gegenstände ist vom KapVerkSt.-Senat anerkannt. Es wurde dies schon im Ersten Unterteil dieses Zweiten Teiles zu B III unter c 1 (S. 40) erwähnt. Zu der Frage der treuhänderischen Erledigung einzelner Geschäfte sowie der treuhänderischen Führung eines ganzen Betriebes hat der KapVerkSt.-Senat mit Urteil II A 422/34 vom 31. 10. 35 und Urteil II A 89/36 vom 2. 4. 37 Stellung genommen. Das erste Urteil betrifft eine Produktionstochtergesellschaft, das zweite ein Syndikat in der Form der Doppelgesellschaft. Der KapVerkSt.-Senat erkennt hier eine treuhänderische Betriebsführung nicht an; weder in seinem Urteil II A 422/34, noch in seinem Urteil II A 89/36. Dagegen läßt er in seinem Urteil II A 89/36 die Möglichkeit offen, daß ein Kartell, Syndikat, Maßnahmen der Marktbereinigung lediglich als Treuhänderin tätigt.

Dem Urteil II A 422/34 ist zuzustimmen. Dagegen vermag ich meiner grundsätzlichen Einstellung gemäß gegen das Urteil II A 89/36 gewisse Bedenken nicht ganz zu unterdrücken; und zwar sowohl nach der einen, als auch nach der anderen Seite.

Die treuhänderische Betriebsführung — und damit die treuhänderische Erledigung einzelner Geschäfte — ist, wie grundlegend bereits im Ersten Unterteil dieses Zweiten Teiles zu B III unter 3 (S. 43) ausgeführt nur dann anzuerkennen, wenn folgende beiden Voraussetzungen gegeben sind: die Treuhand muß satzungsgemäß und tatsächlich der ausschließliche Zweck (Selbstzweck) der betr. Kapitalgesellschaft sein; die Kapitalgesellschaft muß an bestimmte, einheitliche Anweisungen gebunden sein.

Damit aber ist die treuhänderische Durchführung von Maßnahmen, wie an folgenden beiden Fällen gezeigt werden mag, beschränkt.

Erster Fall: ein Kartell in Form der GmbH.; das Kartell will ein Außenseiterwerk aufkaufen; es fürchtet, daß es, wenn es selber den Kauf tätigt, einen unverhältnismäßig hohen Preis zahlen muß; es beauftragt daher eines seiner Mitgliedswerke das Unternehmen des Außenseiters für seine Rechnung aufzukaufen. Zweiter Fall: ein Syndikat in der Form ebenfalls der GmbH. (Nebenleistungs-GmbH.); das Syndikat kauft selber ein Außenseiterwerk auf; es behauptet diesen Kauf vereinbarungsgemäß lediglich als Treuhänderin für seine einzelnen Mitgliedswerke getätigt zu haben.

Im ersten Fall ist auch m. E. die Treuhand anzuerkennen. Das Mitgliedswerk hat einen ganz bestimmten Auftrag. Der Auftrag geht dahin, das Außenseiterwerk nicht für eigene Rechnung, sondern für Rechnung des Kartells zu erwerben. Das Mitgliedswerk ist auch an bestimmte, einheitliche Weisungen gebunden; nämlich die des Kartells. Im zweiten Fall ist dagegen für eine lediglich treuhänderische Erledigung m.E. kein Raum. Satzungsmäßiger und tatsächlicher Zweck des Syndikats ist nicht der treuhänderische Erwerb des Außenseiterwerkes, sondern die Marktregelung als solche — und der Vertrieb. Das Syndikat unterliegt auch nicht einheitlichen Anweisungen. Die Summe der Willen der einzelnen Mitgliedswerke ist etwas anderes als der Wille der Gesamtheit aller. Wie die Praxis zeigt, erfolgt der Aufkauf von Außenseitern vielfach allein auf Wunsch der großen Mitgliedswerke, die sich daher, wenn die kleinen zusammenhalten und so zu mächtig sind, häufig unter sich zu besonderen Werkaufkaufsgesellschaften (Parallelgesellschaften) zusammenschließen.

Anders was die treuhänderische Betriebsführung bei Doppelgesellschaften angeht. Hier denke ich nicht so eng wie der KapVerkSt.-Senat. Die Verkaufs- und Geschäftsstelle ist Organ der Vereinigung der Mitgliedswerke, der Grundges. Sie ist „juristischer Direktor". Ihr tatsächlicher und auch satzungsmäßiger Zweck ist allein der, die Geschäfte der Grundges. als Treuhänderin zu führen. Bei der Führung der Geschäfte ist sie an einen Willen, eben den der Grundges., gebunden. Damit aber sind die Voraussetzungen, von denen die Anerkennung der treuhänderischen Betriebsführung abhängt, bei ihr erfüllt.

II A 422/34 vom 31. 10. 35 RStBl. 35 Nr. 1168 S. 1518, StW. 35 Nr. 721, Bd. 35 S. 309; II A 89/36 vom 2. 4. 37 RStBl. 37 Nr. 456 S. 639, StW. 37 Nr. 263, Bd. 41 S. 162.

Vgl. u. a.: Die Kapitalverkehrbesteuerung der Studiengesellschaften, Werksaufkaufgesellschaften, Syndikate usw. InduSt. 35 I S. 10 u. 15, sowie: Die neuere Rechtsprechung zur Kapitalverkehrbesteuerung bei Kartellen und Syndikaten. KRdsch. 37 S. 378 u. 447.

3. Änderungen im Mitgliedsrecht. Veiel, StW. 36 Sp. 993, hält eine Kapitalverkehrsteuerpflicht nur dann für gegeben, wenn eine Änderung im Mitgliedsrecht eintritt. Er gibt zwar zu, daß eine derartige Änderung auch in der Erhöhung des Wertes des Mitgliedsrechts zu erblicken sei. Er scheidet dann jedoch zwischen der Werterhöhung und der Verhinderung der Entwertung. Die Verhinderung der Entwertung sei nicht als Werterhöhung aufzufassen.

Diese Ausführungen von Veiel entsprechen seinem Ausgangspunkt; d.h. seiner Ansicht, daß das KapVerkStG. 34 allein auf den Erwerb der Gesellschaftsrechte als solche abstelle, damit aber eine grundsätzliche andere Beurteilung wie früher geboten sei; und zwar auch hinsichtlich des Sondertatbestandes des § 2 Ziff. 2, des Unkostenersatzes bei verbandsmäßigen Zusammenschlüssen.

Ich habe gegen diese Ausführungen von Veiel doch erhebliche Bedenken. Wirtschaftlich gesehen sind seine Ausführungen zu verstehen. Ich kann mich jedoch nicht des Eindrucks erwehren, als wenn sie über das Ziel hinausschössen.

Der Sondertatbestand des § 2 Ziff. 2 stellt allein auf Leistungen und Zahlungen ab, zu denen der Gesellschafter einer Kapitalgesellschaft auf Grund des Gesellschaftsverhältnisses verpflichtet ist. Als Beispiel verweist § 2 Ziff. 2 dabei auf Nachschüsse und Zubußen. Gerade Nachschüsse und Zubußen werden aber vielfach lediglich eine weitere Entwertung verhindern, nicht aber Werterhöhungen im Sinne der Ausführungen von VEIEL herbeiführen.

VEIEL: Gesellschaftsteuer bei Organgesellschaften.

Mit Urteil II A 89/36 vom 2. 4. 37, RStBl. 37 Nr. 456 S. 639, StW. 37 Nr. 263, Bd. 41 S. 162 hat der KapVerkSt.-Senat im übrigen bereits selber zu diesen und den weiteren Ausführungen von VEIEL (vgl. zu 4 und 5, S. 137 u. 138) Stellung genommen und bemerkt, daß er in Übereinstimmung mit dem RdF., der auf sein Ersuchen dem Verfahren beigetreten sei, keinen Anlaß zur Änderung seines Standpunktes gefunden hätte.

4. Leistungsaustausch. Eine weitere Einlassung geht dahin, daß der Begriff des Leistungsaustauschs für die KapVerkSt. weiter als für die UmsSt. zu fassen sei. Im einzelnen sind die Einlassungen dabei verschieden. Zu nennen sind die von BÜHLER-HASENACK, WEVER und WIRCKAU; ergänzend sind die von VEIEL zu vermerken.

Es ist zuzugeben, daß dieser Gedanke naheliegt. Je mehr man sich in diesen Gedanken vertieft, desto größere Zweifel an seiner Richtigkeit und Durchführbarkeit ergeben sich jedoch.

Der Begriff des Leistungsaustauschs, wie ihn der KapVerkSt.-Senat verwendet, ist — was in den genannten Ausführungen nicht immer klar zum Ausdruck kommt — zunächst einmal von dem der Treuhand zu trennen. Die treuhänderische Betriebsführung unterliegt ihren eigenen Gesetzen, mag man sie nun für zulässig, für nur beschränkt zulässig oder überhaupt nicht für zulässig halten. Weiter bleibt aber auch zu beachten, daß der Begriff des Leistungsaustauschs nur vom Boden des UmsStG. aus entwickelt werden kann. Es ergibt sich dies zwangsläufig daraus, daß allein das UmsStG. eine besondere Bestimmung zwecks Vermeidung der Doppelbesteuerung enthält (§ 4 Ziff. 9). Ein Leistungsaustausch im Sinne des UmsStG. setzt aber voraus, daß sich die Leistung, wie der UmsSt.-Senat einmal gesagt hat, zu einer besonderen „individualisiert". Es darf dieserhalb auf die Ausführungen innerhalb des Zweiten Unterteils dieses Zweiten Teils zu A II unter b 3 (S. 58) verwiesen werden.

Es wird nun zwar häufig vorgetragen, daß der KörpSt.-Senat den Begriff des Leistungsaustauschs weiter fasse. Das ist an sich richtig. Ich halte es aber zumindest für zweifelhaft, ob ein Vergleich mit dem Körperschaftsteuerrecht möglich ist. Die Frage des Leistungsaustauschs wird dort bei der Prüfung praktisch, ob Zahlungen eines Mitgliedes einer Personenvereinigung an diese als Mitgliederbeiträge im Sinne des § 8 angesehen werden können. Diese Frage beantwortet sich aber letzten Endes danach, ob sich die natürliche oder auch juristische Person von ihrem Beitritt zu der Vereinigung einen wirtschaftlichen Vorteil verspricht und sich so von dem im Geschäftsleben üblichen Grundsatz von Leistung und Gegenleistung leiten läßt oder nicht. Diesen Begriff des Leistungsaustauschs auf die KapVerkSt. anzuwenden, erscheint mir aber ausgeschlossen. Gründen z. B. drei natürliche Personen eine Aktiengesellschaft, so versprechen sie sich hiervon stets einen persönlichen, und zwar wirtschaftlichen Vorteil; die A-G. soll in Verfolgung des ihr bei ihrer Gründung gegebenen Zwecks gewisse Erträgnisse erarbeiten; diese Erträgnisse sollen den natürlichen Personen in Form von Dividenden zugute kommen. Das gleiche gilt, wenn die Kapitalgesellschaft nicht von natürlichen Personen, sondern von juristischen Personen, gegründet wird. Damit aber würde bei Verwendung des Begriffs des wirtschaftlichen Vorteils eine Kapitalverkehrsteuerpflicht nur noch dann und insoweit in Betracht kommen, als die hinter der Kapitalgesellschaft stehenden Personen ihr in der Satzung — bei Gründung oder aber später — ein bestimmtes Kapital zuweisen. Das aber kann nicht Sinn des KapVerkStG. sein.

BÜHLER-HASENACK: Kapitalzuführung und Zahlung laufender Entgelte an Organgesellschaften. WEVER: Gesellschaftsteuer für den Unkostenersatz bei Verkaufssyndikaten. InduSt. 35 I S. 270; Zur Gesellschaftsteuer bei Verkaufssyndikaten. InduSt. 36 I S. 80; Wandlung der Rechtsprechung in Gesellschaftsteuerfragen? InduSt. 36 I S. 240. WIRCKAU: Zum geltenden Recht der Organ-, insbesondere der Ein- und Verkaufsgesellschaften; zugleich eine Besprechung von vier neueren einschlägigen Schriften. StW. 36 Sp. 588 u. 705. VEIEL: Gesellschaftsteuer bei Organgesellschaften. StW. 36 Sp. 993.

5. Marktordnung. Weitere Einlassungen beziehen sich auf die vom KapVerkSt.-Senat in Anlehnung an den UmsSt.-Senat herausgestellte Grenze der Marktordnung.

Zu nennen sind hier zunächst die Ausführungen von VEIEL.

VEIEL lehnt diese Grenzziehung ab. Sie stelle sich als Ausfluß der Zweckwillenstheorie dar; die Zweckwillenstheorie sei aber abzulehnen. Sie vertrage sich auch nicht damit, daß auch für die KapVerkSt. die Treuhand anzuerkennen sei. Sie stehe ferner damit in Widerspruch, daß der Begriff des Leistungsaustauschs für die KapVerkSt. weiter als für die UmsSt. zu fassen sei. Eine Änderung der Gesellschaftsrechte trete durch den Unkostenersatz nicht ein. Sie wirke sich schließlich als eine Sondersteuer aus; eine Sondersteuer läge aber nicht im Sinne nationalsozialistischer Wirtschaftsführung.

Ich vermag mich dieser Auffassung nicht anzuschließen. Daß die Zweckwillenstheorie des KapVerkSt.-Senats zu weit geht, ist richtig. Sie enthält jedoch insoweit einen wahren Kern, als es das Natürliche ist, daß die Gründer einer Kapitalgesellschaft dieser das Vermögen, dessen dieselbe zur Erfüllung ihres Zwecks benötigt, zu eigen zur Verfügung stellen. Es darf dieserhalb auf die Ausführungen des Ersten Unterteils dieses Zweiten Teils zu B III (S. 37) verwiesen werden. Soweit verbandsmäßige Zusammenschlüsse aber Maßnahmen der selbständigen Marktordnung durchführen, ist es klar, daß sie hierzu entsprechende Mittel notwendig haben. Über die Treuhand und den Begriff des Leistungsaustauschs wurde das Erforderliche bereits zu 2 und 4 (S. 134 u. 137) dieses Unterabschnitts gesagt. Hinsichtlich der Bedeutung der Änderungen im Gesellschaftsrecht sei auf die Darlegungen zu 3 (S. 136) verwiesen. Bleibt allein die Frage, ob und inwieweit die Besteuerung des Unkostenersatzes in diesen Fällen zu einer ungerechtfertigten Sondersteuer führt; und zwar zu einer Sondersteuer, die dem Willen des Gesetzgebers nach nicht am Platze ist. Auch in dieser Beziehung darf auf frühere Ausführungen verwiesen werden. Es sei auf die des Ersten Teils zu E III unter d (S. 28) aufmerksam gemacht. Dort wurde bereits darauf hingewiesen, daß die Tatsache, daß die Marktordnung im Sinne nationalsozialistischer Wirtschaftspolitik liegt, steuerrechtlich nur dann und insoweit Berücksichtigung finden könne, als sie sich als Ausfluß öffentlicher Gewalt darstellen würde. Im übrigen darf ergänzend darauf hingewiesen werden, daß es unzulässig erscheint, die Finanzämter mit steuerpolitischen Erwägungen zu belasten. Wenn VEIEL ausführt, daß zur Abdämmung von Auswüchsen nicht der Steuerzettel, sondern die Wirtschaftspolitik da sei, so gilt dies auch — und zwar erst recht — umgekehrt. Die Entscheidung darüber, ob die marktordnende Tätigkeit als Ausfluß öffentlich-rechtlicher Gewalt steuerfrei zu bleiben hat, steht allein dem Gesetzgeber zu.

Weiter sei auf die Ausführungen von WEVER hingewiesen. WEVER meint, daß auch die selbständige marktordnende Tätigkeit, wie insbesondere die Marktbereinigung notwendig mit dem Verkauf verbunden sei. Ich vermag WEVER nicht zuzustimmen. Wie bereits im Ersten Teil zu B IV unter b 4 (S. 4) dargestellt, stellen sich die Syndikate als Zusammenballung der verschiedensten Zweckgemeinschaften dar. Im übrigen ist es Tatsache, daß Maßnahmen der Marktbereinigung nicht nur von Syndikaten, sondern auch von anderen Zusammenschlüssen, z. B. sog. Werkaufkaufsgesellschaften, Konsortien, weiter aber auch von einzelnen Unternehmen durchgeführt werden. Es ist dies ja auch eine der Tatsachen, die mich bei der KörpSt. dazu veranlaßt hat, auch für den Gewinnausschluß die Forderung aufzustellen, daß bei den Syndikaten zwischen der Verkaufstätigkeit und der selbständigen marktordnenden Tätigkeit zu unterscheiden ist. Ich darf dieserhalb auf die Ausführungen des Dritten Unterteils dieses Zweiten Teils zu A II unter b (S. 110) verweisen.

VEIEL: Gesellschaftsteuer bei Organgesellschaften. StW. 36 Sp. 993.: WEVER Gesellschaftsteuer für den Unkostenersatz bei Verkaufssyndikaten. InduSt. 35 I S. 207.

Vgl. auch II A 89/36 vom 2. 4. 37 RStBl. 37 Nr. 456 S. 639, StW. 37 S. 263, Bd. 41 S. 162.

6. Selbstverdiente Unkosten. Zu erwähnen bleibt noch die Einlassung von WEVER, die dahin geht, daß die Syndikate ihre Unkosten — und damit auch die Aufwendungen, die ihnen durch die selbständige marktordnende Tätigkeit entstanden — selber verdienten.

Es ist zuzugeben, daß dieser Gedanke naheliegt. Er ist von mir seinerzeit in der VJfStuFR. 32 aufgegriffen worden. In InduSt. 35 bin ich ihm dann näher nachgegangen. Ich bin dabei jedoch zu dem Ergebnis gelangt, daß sich dieser Gedankengang nicht halten läßt. Maßgebend war für mich dabei letzten Endes die Tatsache, daß die Tätigkeit beim Verkauf tatsächlich doch neben der der Marktordnung, insbesondere der der Marktbereinigung steht. Wegen Einzelheiten darf ich dabei auf diese meine damaligen Ausführungen verweisen.

WEVER: Zur Gesellschaftsteuer bei Verkaufssyndikaten. InduSt. 36 I S. 80. SCHULTZE-SCHLUTIUS: Syndikat und Steuer. VJfStuFR. 32 S. 743; Die Kapitalverkehrbesteuerung der Studiengesellschaften usw. InduSt. 35 I S. 11 u. 15.

c) Ergebnis.

Das KapVerkStG. will der Steuer die Kapitalzusammenfassung unterwerfen, die eine Kapitalgesellschaft entsprechend ihrer Zweckbestimmung, sachlich gesehen, notwendig hat, um die ihr übertragenen Aufgaben durchführen zu können. Das ergibt sich einmal aus der Begründung auch zum KapVerkStG. 34. Die Begründung spricht ausdrücklich von einem Kapitalverkehr im Sinne der Zusammenballung und Bewegung unpersönlichen Kapitals. Es folgt dies aber auch aus dem Aufbau des ganzen Gesetzes. Als Beispiel sei u. a. auf den § 3 hingewiesen. Nach der Bestimmung dieses Paragraphen unterliegt die Darlehnsgewährung dann der Kapitalverkehrsteuer, wenn sie eine durch die Sachlage gebotene Kapitalzuführung ersetzt.

Damit aber ist dem Ergebnis, zu dem der RFH. hinsichtlich der Kapitalverkehrbesteuerung der verbandsmäßigen Zusammenschlüsse gelangt ist, grundsätzlich zuzustimmen. Ich habe hierauf bereits in der KRdsch. 35 S. 651, sowie 37 S. 378 und 447 hingewiesen. Eine Ausnahme besteht allein hinsichtlich der Anerkennung der Treuhand, hinsichtlich derer man doch wohl mit guten Gründen auch anderer, weitherzigerer, Auffassung sein kann.

Ich will damit keineswegs sagen, daß alle Zahlungen der Mitglieder eines Verbandes an diesen, die nicht umsatzsteuerpflichtig sind, der Kapitalverkehrsteuer unterlägen. Das KapVerkStG. will lediglich die notwendige Kapitalausstattung erfassen. Es wird daher immer zusätzlich zu prüfen sein, ob die Zahlungen der Mitglieder des Verbandes — also auch die sog. Mitgliederbeiträge — tatsächlich diesem Zweck dienen. Ich habe hierauf bereits anläßlich meiner Abhandlung in InduSt. 35 hingewiesen. Praktisch wird allerdings immer zu berücksichtigen bleiben, daß die meisten verbandsmäßigen Zusammenschlüsse mit dem gesetzlich zulässigen Mindestkapital ausgestattet sind, auf dieses Kapital zudem durchweg nur ein gewisser Teil eingezahlt worden ist.

Die Kapitalverkehrsteuerpflicht der Kartelle und Syndikate. KRdsch. 35 S. 651 u. 738; Die Kapitalverkehrbesteuerung der Studiengesellschaften usw. InduSt. 35 I S. 11 u. 15.

Vgl. hierzu aus der Rechtsprechung des KapVerkSt.-Senats das Urteil II A 150/23 vom 5. 10. 23, Kartei KapVerkStG. § 2 a. F. R. 2, StW. 23 Nr. 926 u. 928, Bd. 12 S. 336; ferner vgl. aus neuerer Zeit das Urteil II A 477/33 vom 12. 4. 35, RStBl. 33 Nr. 486 S. 748, StW. 35 Nr. 364, Bd. 37 S. 302.

III. Abgrenzung gegenüber der Umsatzsteuer und Körperschaftsteuer.

In diesem Zusammenhang wird die Frage der Abgrenzung der KapVerkSt. gegenüber der UmsSt. und KörpSt. praktisch.

Zu der Abgrenzung der KapVerkSt. gegenüber der UmsSt. ist nichts mehr zu sagen. Das, was an sich zu sagen wäre, ergibt sich zwangsläufig aus den Ausführungen zu c (S. 140).

Anders was die Abgrenzung der KapVerkSt. gegenüber der KörpSt. anbetrifft.

Auf die Frage, ob und inwieweit eine doppelte Besteuerung, einmal nach dem KapVerkStG., zum anderen nach dem KörpStG. zulässig ist, möchte ich hier nicht eingehen. Diese Frage kann m. E. in diesem Zusammenhang dahingestellt bleiben.

Wie im Dritten Unterteil dieses Zweiten Teils angedeutet, und zwar zu A II (S. 107), handelt es sich bei der Heranziehung verbandsmäßiger Zusammenschlüsse zur KörpSt. im Grunde genommen nur um eine Verlagerung. Handelt es sich aber um eine Verlagerung, so tritt eine doppelte Besteuerung überhaupt nicht ein.

Die Unterwerfung der verbandsmäßigen Zusammenschlüsse unter die KörpSt. setzt, systematisch betrachtet, voraus, daß die Zahlungen der Mitglieder dieser Zusammenschlüsse bei ihnen als Betriebsausgaben angesehen werden. Unter diesem Gesichtspunkt betrachtet, wird aber bei den verbandsmäßigen Zusammenschlüssen nur etwas der KörpSt. unterworfen, was andernfalls bei den Mitgliedern der KörpSt. zu unterwerfen wäre. Denn da Zahlungen an verbandsmäßige Zusammenschlüsse nur dann und insoweit als Betriebsausgaben anzusehen sind, als die an diesem Zusammenschluß Beteiligten mit ihrem Beitritt wirtschaftliche Vorteile verfolgen, gemäß § 12 Ziff. 4 KörpStG. Beiträge zu gemeinnützigen Zwecken nicht abzugsfähig sind, ergibt sich zwangsläufig, daß andernfalls die Besteuerung bei den einzelnen Beteiligten durchzuführen wäre.

B. Die Grundlagen bei den verschiedenen Arten verbandsmäßiger Zusammenschlüsse.

Die Rechtsprechung des RFH. ist grundsätzlich als zutreffend anzuerkennen. Nach der Rechtsprechung des KapVerkSt.-Senats kommt es aber, ebenso wie für die UmsSt., auf die Tätigkeit des betr. verbandsmäßigen Zusammenschlusses an. Damit aber empfiehlt es sich auch hier, zwischen den wirtschaftlichen Vereinen und Verbänden allgemeiner Art, den Kartellen und Syndikaten zu unterscheiden.

I. Die wirtschaftlichen Vereine und Verbände allgemeiner Art.

Die Tätigkeit der wirtschaftlichen Vereine und Verbände allgemeiner Art erschöpft sich in der Wahrung der Gesamtbelange der Beteiligten. Die Zahlungen der Mitglieder an sie tragen den Charakter von Mitgliederbeiträgen. Damit sind diese Zahlungen — vorausgesetzt, daß der betr. Zusammenschluß in die Form der Kapitalgesellschaft gekleidet ist — kapitalverkehrsteuerpflichtig.

Eine Ausnahme bilden allein Sonderaufträge. Ob und inwieweit derartige Sonderaufträge in Betracht kommen, ist Tatfrage. Es darf dieserhalb auf die Ausführungen innerhalb des Zweiten Unterteils zur UmsSt., und zwar zu B I (S. 66) verwiesen werden.

II. Die Kartelle.

Für die Kartelle gilt Entsprechendes. Ergänzend sei auch hier wieder auf die Ausführungen im Zweiten Unterteil, und zwar zu B II (S. 66) hingewiesen.

III. Die Syndikate.

Bei den Syndikaten ist meiner Auffassung nach zwischen Syndikaten in Form der Nebenleistungs-A-G. oder GmbH. und denen in der Form der Doppelgesellschaft zu teilen.

a) Syndikate in Form der Nebenleistungsgesellschaft.

Bei den Syndikaten in Form der Nebenleistungs-A-G. oder GmbH. ist der Rechtsprechung des KapVerkSt.-Senats zuzustimmen. Es ist daher zu trennen zwischen der selbständigen marktordnenden Tätigkeit und der Tätigkeit beim Verkauf. Die Zahlungen der Mitglieder, die der Deckung derjenigen Aufwendungen und Kosten dienen, die durch die selbständige marktordnende Tätigkeit erwachsen sind, unterliegen der KapVerkSt.

b) Syndikate in Form der Doppelgesellschaft.

Hier vermag ich meiner grundsätzlichen Einstellung entsprechend der Rechtsprechung des Senats nicht ganz zu folgen. Ich neige doch, wie bereits zu A II unter b 2 dieses Unterteils (S. 134) ausgeführt, stark dazu, anzuerkennen, daß die als Kapitalgesellschaft gestaltete Verkaufs- und Geschäftsstelle die Geschäfte lediglich als Treuhänderin führt. Geht man aber hiervon aus, so ist die Folge, daß eine Kapitalverkehrsteuerpflicht nicht ausgelöst wird; auch nicht durch die Zahlungen der Mitgliedswerke, die der Deckung derjenigen Aufwendungen und Kosten dienen, die dem Syndikat durch die sog. selbständige marktordnende Tätigkeit erwachsen.

Ob der KapVerkSt.-Senat diesen Gedankengang eines Tages folgen wird, bleibt abzuwarten. Bisher hat er ihn abgelehnt; zuletzt noch mit Urteil II A 89/36 vom 2. 4. 37. Dazu kommt, daß der KapVerkSt.-Senat, sachlich betrachtet, eine Reihe guter Gründe für seine Auffassung anführen kann. Die KapVerkSt. ist eine Rechtsverkehrsteuer; d. h. sie ist eine Steuer, die auf die rechtliche Gestaltung gelegt ist. Bildet die Grundlage der Besteuerung aber die rechtliche Gestaltung und nicht etwa die wirtschaftliche, so kann man über die Frage, ob und inwieweit wirtschaftliche Gesichtspunkte zu berücksichtigen sind, mit Recht verschiedener Auffassung sein.

Die Einstellung des KapVerkSt.-Senat widerspricht auch nicht etwa der systematischen Betrachtung. Auch der KapVerkSt.-Senat erkennt an, daß die Doppelgesellschaft eine wirtschaftliche, wenn nicht sogar eine rechtliche Einheit bildet, deren Schwerpunkt bei der Grundgesellschaft, der Kartellvereinigung, liegt. Auch er sieht so die Verkaufs- und Geschäftsstelle, die AG. oder GmbH. als Organ, an. Was er — von seinem Standpunkt zu Recht — ablehnt, ist allein, dieser Tatsache irgendwelche Auswirkungen zuzugestehen.

II A 89/36 vom 2. 4. 37, RStBl. 37 Nr. 456 S. 639, StW. 37 Nr. 263, Bd. 41 S. 162.

Vgl. auch: Die neuere Rechtsprechung zur Kapitalverkehrbesteuerung bei Kartellen und Syndikaten. KRdsch. 37 S. 378 u. 447.

Siebenter Unterteil.

Gewerbesteuer.

Ab 1. April d. Js. richtet sich die Erhebung der Gewerbesteuer nach dem GewStG. vom 1. 12. 36.

Nach diesem Gesetz bestimmt sich aber die Frage, ob verbandsmäßige Zusammenschlüsse der Gewerbesteuer unterliegen, verhältnismäßig einfach.

Gemäß § 2 Abs. 2 Ziff. 2 gilt die Tätigkeit der Kapitalgesellschaften stets, die der rechtsfähigen und nichtrechtsfähigen Vereine, wie § 2 Abs. 2 Ziff. 3 sagt, dann als Gewerbebetrieb, wenn sie einen wirtschaftlichen Geschäftsbetrieb unterhalten. Damit aber gilt für die Frage, ob ein Verband der Gewerbesteuer unterliegt, dasselbe wie für die, ob er aufbringungspflichtig ist. Finden aber so die Ausführungen des Fünften Unterteils in vollem Umfange Anwendung, so braucht hier nur festgehalten zu werden, daß Verbände in Gestalt einer A-G. oder GmbH. stets, Zusammenschlüsse in Form der Einheitsgesellschaft ohne bürgerliche Rechtsfähigkeit und der der Doppelgesellschaft, ohne nähere Prüfung nur dann gewerbesteuerpflichtig sind, wenn es sich bei ihnen um einen wirtschaftlichen Verband allgemeiner Art, ein Kartell oder Syndikat handelt.

Gewerbesteuergesetz vom 1. 12. 36 (RGBl. I S. 979, RStBl. S. 1149).

Das Schrifttum zum GewStG. 1936 ist allerdings anderer Auffassung (Abraham: Praktischer Führer durch das Gewerbesteuerrecht, S. 52ff., 60 u. 69. Blümich-Boyens: Das Gewerbesteuergesetz, S. 27, 90—91, 100—101, 106—107. Reinhardt: Realsteuerreform, S. 54).

Kartelle seien ihrer Urform nach Gesellschaften bürgerlichen Rechts. Ein gewerblicher Betrieb (im eigentlichen, engeren Sinn des Wortes) würde nicht unterhalten. Bei Syndikaten in Form der Doppelgesellschaft sei von der Rechtsprechung des Pr. Oberverwaltungsgerichts auszugehen. Diese sei enger als die des KörpSt.-Senats des RFH. Sie erkenne eine Organschaft nur bei der Eingliederung in ein anderes Unternehmen an. Die Vereinigung der Mitgliedswerke selber habe aber kein Unternehmen. Die Verkaufs- und Geschäftsstelle sei daher als selbständig — und nicht als Organ der Vereinigung — anzusehen.

Demgegenüber sei betont, daß die Auffassung, wie sie hier in großen Zügen entwickelt wurde, zwangsläufig aus der grundsätzlichen Betrachtung im Ersten Teil folgt. Kartelle sind dieser Betrachtung nach als nichtrechtsfähige Vereine anzusehen. Sie unterhalten, wie dies der KörpSt.-Senat und der VermSt.-Senat des RFH. anerkannt haben, einen wirtschaftlichen Geschäftsbetrieb. Nichtrechtsfähige Vereine mit wirtschaftlichem Geschäftsbetrieb sind aber gemäß § 2 Abs. 2 Ziff. 2 GewStG. gewerbesteuerpflichtig. Betrachtet man bei Syndikaten in Form der Doppelgesellschaften die Vereinigung für KörpSt. als Unternehmer (wenn auch im weitesten Sinn des Wortes), sieht man sie als nichtrechtsfähigen Verein an, so bedeutet es nur eine Fortführung der grundsätzlichen Ausrichtung, hiervon auch für die GewSt. auszugehen. Tut man dies, so fällt aber die Vereinigung der Mitgliedswerke, ebenso wie die Kartelle in Form der Einheitsgesellschaft, unter die Bestimmung des § 2 Abs. 2 Ziff. 3.

Wenn Blümich-Boyens S. 107 darauf hinweisen, daß die Betrachtung nach der einen und nach der anderen Seite im praktischen Endergebnis auf dasselbe hinausläuft, so ist ihnen zuzustimmen. Stellt man für die GewSt. allein auf die Verkaufs- und Geschäftsstelle ab, sieht man sie als selbständig an, so ist klar, daß zwar die Vereinbarung des Gewinnausschlusses, nicht aber die lediglich treuhänderischer Betriebsführung anzuerkennen ist. Damit bildet aber auch in diesem Fall das gebundene Vermögen Betriebsvermögen und damit Gewerbekapital, die Vermehrung des gebundenen Vermögens Gewinn und damit Gewerbeertrag des Syndikats und nicht der Mitgliedswerke; wenn auch nicht der Vereinigung der Mitgliedswerke, so doch der Verkaufs- und Geschäftsstelle.

Im übrigen sei darauf hingewiesen, daß auch das Pr. Oberverwaltungsgericht in seinem Urteil VIII GSt. 506—509 vom 11. 7. 33 (Reichsverwaltungsblatt und Preuß. Verwaltungsblatt vom 10. 3. 34, Nr. 10, Bd. 55 S. 209) einmal auf die Vereinigung der Mitgliedswerke abgestellt hat. Näheres hierüber siehe jedoch: Das Pr. Oberverwaltungsgericht und die Syndikate in Form der Doppelgesellschaft. DStBl. 34 Sp. 729 und: Die Doppelgesellschaft usw. StW. 37 Sp. 989.

Anhang.

Übersicht über eigene frühere Arbeiten.

Allgemein.

Wissenschaftlicher Aufriß.

Zum Steuerrecht der Verbände. Ruhr und Rhein 1933 S. 834ff.

Gesamtüberblick.

Die Besteuerung der Kartelle und Syndikate und ihrer Mitglieder. DStBl. 35 9 K.

Doppelgesellschaft.

Die Doppelgesellschaft und das Steuerrecht. Zugleich eine Besprechung des Ersten Bandes des Werkes E. NAEGELI: Die Doppelgesellschaft nach Deutschem und Schweizerischem Recht. StW. 37 Sp. 989ff.

Organlehre, Gewinnausschluß, Treuhand.

Grundsätzliches.

Die sogenannte Organtheorie. Ruhr und Rhein 1935 S. 201ff.

Das geltende Steuerrecht der Organgesellschaften. BWuSt. Bd. 1. Hauptsteuerprobleme der Wirtschaft, S. 94ff. Berlin 1936.

Organschaft im Steuerrecht. DStZ. 36 S. 1347ff.

Organlehre und Einkommensteuer. InduSt. 37 Tl. 1 S. 15ff.

Gewinnausschluß und Treuhand. Einzelheiten.

Gedanken zur Steuervereinfachung. Konzerne und Verbände; Gewinnausschluß und Treuhandverhältnis; Justizrecht und Verwaltungsrecht. StA. 34 S. 201, 228, 267ff.

Gewinnabführung. Treuhandschaft und Gewinnausschluß. Wirtschaftsblatt der Industrie- und Handelskammer zu Berlin 1936 S. 1274, 1308 u. 1357ff.

Gewinnabführung, Treuhandschaft, Gewinnausschluß. BWuSt. Bd. 4. Wichtige Steuerfragen der Praxis. Berlin 37 S. 76ff. (vgl. auch: Das Steuerrecht der Interessengemeinschaften. Berlin 1936).

Gewinnausschluß. Besonderheiten.

Die G.m.b.H. als Verkaufsgesellschaft. Die Ges.m.b.H. 36 S. 151ff.

Treuhand. Besonderheiten.

Treuhandverhältnis und Steuerrecht. BuBPr. 34 S. 41ff.

Bedeutung für die verbandsmäßigen Zusammenschlüsse (Kartelle und Syndikate).

Zum Steuerproblem der Kartelle. ZfHF. 33 S. 311, 337ff.

Umsatzsteuer.

Überblick.

Umsatzsteuer der Unternehmerzusammenschlüsse. DStZ. 37 S. 893ff.

Leistungsaustausch — Mitgliederbeiträge.

Grundsätzliches zum Begriff der Mitgliederbeiträge im Sinne des Umsatzsteuerrechtes. KRdsch. 35 S. 223ff. (vgl. auch Akute Fragen der Syndikatsbesteuerung zu II: Steuerpflicht des Vermittlungssyndikats für vereinnahmten Unkostenersatz. a.a.O. 34 S. 65ff.).

Wirtschaftliche Vereine und Verbände allgemeiner Art, Kartelle und Syndikate.

Wirtschaftliche Vereine und Verbände, Kartelle und Syndikate. Die Umsatzbesteuerung Dritter. PrBW. 35 S. 356ff.

Kartelle und Syndikate.

Die Umsatzsteuer bei Syndikaten und Kartellen. StWa. 37 S. 96ff. (vgl. auch Umsatzsteuer der Unternehmerzusammenschlüsse. DStZ. 37 S. 893ff.).

Grundriß der Umsatzsteuerpflicht der Kartelle, Syndikate und ihrer Mitglieder KRdsch. 36 S. 528ff.

Grundsätzliches zur Umsatzbesteuerung der Syndikatsmitglieder und Syndikate. Mitteilungen der Steuerstelle des Reichsverbandes der Deutschen Industrie 31. S. 487ff.

Syndikate. Umsatzsteuer und Kapitalverkehrsteuer.

Die Kapitalverkehrsteuer und Umssatzsteuer der Syndikate. PrBW. 35 S. 879ff.

Lieferungssyndikate. Zur Frage der Umsatzsteuer und Kapitalverkehrsteuer des Syndikats und der Mitgliedswerke. InduSt. 36 Tl. 1 S. 111ff.

Vermittlungssyndikate und Lieferungssyndikate, Abgrenzung, Umgründung.

Akute Fragen der Syndikatsbesteuerung. KRdsch. 34 S. 65ff.

Das neue Umsatzsteuergesetz und seine Bedeutung für die Syndikatsbesteuerung. KRdsch. 34 S. 702ff.

Vermittlungssyndikate.

Verbandssteuerrecht, Steuerreform und Rechtsprechung des RFH. BuBPr. 31 S. 13 u. 28ff.

Neues zur Umsatzsteuerpflicht der Vermittlungssyndikate. DStZ. 34 S. 724ff.

Lieferungssyndikate.

Lieferungssyndikate — Umsatzsteuer der Werke. DStBl. 31 S. 695, 857 u. 925ff.

Die Umsatzsteuerpflicht der Mitglieder von Lieferungssyndikaten. (Der augenblickliche Stand der Rechtsprechung, Zweifelsfragen, Unzuträglichkeiten, Möglichkeiten der Vereinfachung.) BuBPr. 34 S. 127ff.

Syndikate, Lagerhaltung und Umsatzsteuer. ZfBW. 35 S. 364ff.

Mengenausgleich (Ausgleich von Anspruch und Pflicht).

Umsatzsteuer bei innergesellschaftlichem Ausgleich und Übertragung von Beteiligungsziffern. ZfBW. 36 S. 114ff.

Innergesellschaftlicher Ausgleich und Umsatzsteuer bei Kartell und Syndikat. ZfBW. 34 S. 232ff.

Wertausgleich (Preisausgleich).

Vermittlungssyndikate, Preisausgleich und Umsatzsteuer. KRdsch. 34 S. 328ff.

Beteiligungsziffer.

Beteiligungsziffer und Steuerrecht. KRdsch. 36 S. 236 u. 313ff.
Quotenkauf und -pacht und ihre umsatzsteuerrechtliche Behandlung. ZfBW. 34 S. 504ff.

Ausfuhrförderung.

Ausfuhrförderung. Rückwirkungen auf die Umsatzsteuerpflicht der Kartelle, Syndikate und ihrer Mitglieder. Ein Überblick. StW. 36 Sp. 1317ff.
Avi-Vergütung und Umsatzsteuer. StWa. 36 S. 645 u. 687ff.
Avi-Rückvergütungen. Umsatzsteuerrechtliche Zweifelsfragen. KRdsch. 35 S. 958ff.
Zur Frage der Umsatzsteuer der Syndikatsmitglieder. Zeitgemäße Steuer- und Bilanzfragen 1931 S. 270ff.

Lieferungsgemeinschaften (Verkaufsvereine).

Lieferungssyndikate. Die umsatzsteuerrechtliche Behandlung der sog. Lieferungsgemeinschaften (Verkaufsvereine). BuBPr. 32 S. 14ff. (vgl. auch zu Beteiligungsziffer).

Werkhandelsgesellschaften.

Verbandssteuerrecht. Die umsatzsteuerrechtliche Stellung der Werkhandelsgesellschaften beim Syndikatsabsatz. BuBPr. 34 S. 61ff.
Werkhandelsgesellschaft — Syndikat. DStZ. 34 S. 1056ff.

Körperschaftsteuer, Vermögensteuer, Aufbringung.

Nichtrechtsfähige Personenvereinigungen. (Nichtrechtsfähige Vereine).

Die Rechtsprechung des RFH. zum § 6 KörpStG. unter besonderer Berücksichtigung der verbandsmäßigen Zusammenschlüsse. BuBPr. 34 S. 89ff.

Berufsverbände.

Berufsverbände. Die Rechtsprechung des RFH. zu § 9 Abs. 1 Nr. 8 KörpStG. 25 sowie § 4 Abs. 1 Nr. 7 VermStG. 25 und 31 unter besonderer Berücksichtigung der industriellen Vereinigungen von Unternehmern und Unternehmungen und ihre praktischen Auswirkungen. VJfStuFR. 33 S. 392ff.
Berufsverbände. BuBPr. 33 S. 13 u. 31ff.

Mitgliederbeiträge.

Zum Begriff der Mitgliederbeiträge im Sinne des Körperschaftssteuerrechts. Ruhr und Rhein 1934 S. 379ff.

Wirtschaftlicher Geschäftsbetrieb.

Die Rechtsprechung des Reichsfinanzhofes zum Begriff des „Wirtschaftlichen Geschäftsbetriebes" unter besonderer Berücksichtigung der Körperschaft- und Vermögensteuerpflicht der Berufsverbände. StW. 34 Sp. 425ff.

Mindestvermögensteuer.

Mindestvermögensteuer bei Kapitalgesellschaften mit Treuhandbesitz. DStBl. 36 Sichtwerk 1111.

Beteiligungsziffer (Aktivierungspflicht).

Beteiligungsziffer und Steuerrecht. KRdsch. 36 S. 236 u. 313ff.
Kartellbeteiligungsziffer. BuBPr. 34 S. 134ff. (vgl. auch zu Marktbereinigung)

Marktbereinigung.

Die Marktbereinigung und ihre steuerliche Wertung. (Verbandssteuerrecht.) Wirtsch.-Prüfer 34 S. 320ff.

Marktbereinigung. Zur Frage der steuerlichen Beurteilung der Aufwendungen aus Anlaß des Aufkaufs von Wettbewerbsunternehmungen, des Abschlusses von Schutzverträgen, des Erwerbs von Aktienpaketen sowie des sog. Quotenkaufs. Erzielter wirtschaftlicher Vorteil: Verwirklichung des Geschäftswerts oder selbständiges Wirtschaftsgut. Aktivierungszwang, Bewertung, Abschreibung. Durchführung durch Mehrere: Kartelle und Syndikate, Aufkaufskonsortien. StW. 36 Sp. 21 u. 175ff.

Wirtschaftliche Vereine und Verbände allgemeiner Art, Kartelle und Syndikate.

Zur Frage der Körperschaftsteuer- und der Vermögensteuerpflicht der Syndikate. KRdsch. 34 S. 390 u. 455ff.

Syndikate. Untersuchungen zur steuerlichen Behandlung der sog. Restausschüttungen. BuBPr. 31 S. 83 u. 95ff.

Kartelle und Syndikate in Form der Doppelgesellschaft.

Syndikat und Steuer. Eine Untersuchung vornehmlich zur Frage der Gewinn- und Vermögensbesteuerung der bei Verkaufs- (Lieferungs-) Syndikaten in Form der Doppelgesellschaft gebundenen materiellen und immateriellen Vermögenswerte. VJfStuFR. 32 S. 743ff.

Reichsfinanzhof und Syndikat. Die Stellungnahme des Reichsfinanzhofes zur Körperschaftsteuerpflicht der in die Rechtsform der Doppelgesellschaft gekleideten Syndikate. BuBPr. 35 S. 53 u. 66ff.

Die Körperschaftsteuerpflicht der Syndikate. DStZ. 35 S. 434ff.

Der Reichsfinanzhof und die Körperschaftsteuerpflicht der in die Form der Doppelgesellschaft gekleideten Syndikate. KRdsch. 35 S. 334ff.

Kapitalverkehrsteuer.

Die Kapitalverkehrsteuerpflicht der Kartelle und Syndikate. KRdsch. 35 S. 651 u. 738ff.

Die Kapitalverkehrbesteuerung der Studiengesellschaften, Werksaufkaufgesellschaften, Syndikate und sonstigen, insbesondere verbandsmäßigen Zusammenschlüsse. InduSt. 35 Tl. 1 S. 11 u. 15ff.

Die neuere Rechtsprechung zur Kapitalverkehrbesteuerung bei Kartellen und Syndikaten. KRdsch. 37 S. 378 u. 447ff.

Gewerbesteuer.

Das Pr. Oberverwaltungsgericht und die Syndikate in Form der Doppelgesellschaft. DStBl. 34 Sp. 729.

Zusammenstellung der angezogenen Entscheidungen und Gutachten des Reichsfinanzhofs und des Preußischen Oberverwaltungsgerichts.

Von den vergleichsweise angeführten Entscheidungen sind nur die aufgenommen, denen auch im Rahmen der Grundlegung grundsätzliche Bedeutung zukommt.

Urteil:	vom:	betrifft:	Kartei	RStBl. Jahrg.	RStBl. Seite	StW. Jahrg.	StW. Nr.	Sammlung Bd.	Sammlung Seite	Sonstige Fundstellen	Grundlegung Seite
		I. Umsatzsteuer.									
V A 185/25 V A 101/27	14. 12. 25 8. 4. 27	Verband: körperschaftlicher Zusammenschluß mit gewissen Eigenleben usw.	UmsStG. 19 § 1 Nr. 1 Satz 1 R 101			26	16	18	75		1
			UmsStG. 26 § 1 Nr. 1 R 29			27	342				2
V A 25/30	Bescheid vom 10. 10. 30 Urteil vom 23. 2. 31	Einheitsgesellschaft m. besonderem Verbandsbüro (Geschäftsführer). Es ist auf die Gesellschaft abzustellen.	UmsStG. 34 § 1 Ziff. 1 R 53	33	784						11
V A 97/24	10. 2. 25	Doppelgesellschaft. Lieferungssyndikat. Die Verkaufs- und Geschäftsstelle ist Organ der Vereinigung der Mitgliedswerke; und zwar Organ im Rechtssinne (dem Wesen der Sache nach). Unternehmer im Sinn des § 2 UmsStG. ist die Vereinigung selber.	UmsStG. 19 § 1 Nr. 1 Satz 1 R 92	25	95	25	188	15	312		16 31
V A 578/32	23. 9. 32	Doppelgesellschaft. Vermittlungssyndikat. Wie vor.		33	286						17
V A 145/33 V A 480/33	23. 2. 34 23. 2. 34	Organschaft. Grundsätzliches	UmsStG. 32 § 1 Nr. 1 R 95	34	831	34	467				30
			UmsStG. 32 § 1 Nr. 1 R 93/94	34	623	34	468	36	39		30
V A 315/34	5. 4. 35	Zum Begriff des zusätzlichen Entgelts im Sinn des § 39 Abs. 1 USt.-DB. 34.	UmsStG. 34 § 1 Ziff. 1 R 22	35	896	35	545	37	309		63

V A 459/36	20. 11. 36	Wie vor.	UmsStG. 34 §2 Abs. 3 R 7	37	12	36	112	40	198		64
V A 587/33	5. 10. 34	Für Frage, ob steuerpflichtige Binnenleistungen, maßgebend tatsächlicher Gehalt der Vorgänge. Gewährung von Gesellschaftsrechten und damit umsatzsteuerfreie Mitgliederbeiträge, wenn Wahrung der Gesamtbelange aller Mitgliedswerke, Leistungsaustausch und damit umsatzsteuerpflichtiges Entgelt, wenn Wahrnehmung der Sonderbelange des einzelnen Werkes. Der Art der Erhebung der Umlage kommt nur die Bedeutung eines Beweisanzeichens zu. Bei gemischten Verbänden Aufteilung. Grundsatz des „Verflüchtigens".	UmsStG. 34 § 1 Ziff. 1 R 1/2	35	621	35	247	37	30		2, 53, 58, 60, 63
V A 84/32	24. 6. 32	Kontingentierungskartell. Tätigkeit dient d. Gesamtbelangen aller. Zahlungen der angeschlossenen Werke umsatzsteuerfreie Mitgliederbeiträge. Anders für Körp-StG. Vgl. das in gleicher Sache ergangene Urteil I A 196/32 vom 6.12. 32.	UmsStG. 32 § 1 Nr. 1 R 25	33	278	32	947				62—63
V A 147/35	27. 5. 36	Submissionskartell mit besonderer Meldestelle. Vergütungen, die die Meldestelle für die Bearbeitung der Submission (Sicherung des Zuschlages) erhält, unterliegen bei ihr der UmsSt. Die Ausgleichsbeträge die das einzelne Mitgliedswerk für die Abgabe einer Schutzofferte er-	UmsStG. 34 § 1 Ziff. 1 R 49	36	838	36	437	39	273	KRdsch. 36 Heft 10 S. S. 727	67

Urteil:	vom:	betrifft:	Kartei	RStBl. Jahrg.	RStBl. Seite	StW. Jahrg.	StW. Nr.	Sammlung Bd.	Sammlung Seite	Sonstige Fundstellen	Grundlegung Seite
		hält, begründen bei ihm umsatzsteuerpflichtiges Entgelt.									
V A 274/32	13 3. 34	Lieferungssyndikat — Vermittlungssyndikat. Beim Vermittlungs lungssyndikat nur ein Umsatz: von dem betreffenden Werk an seinen Abnehmer. Preisausgleich — innergesellschaftlicher Ausgleich, ebenso wie der Mengenausgleich (Ausgleich von Anspruch und Pflicht). Zahlungen zum Zweck des Preisausgleichs sind auf die Umsatzsteuerpflicht daher weder beim zahlenden noch beim empfangenden Werk von Einfluß. Nach dem Vorbringen der Beteiligten: Herrschaftsperson allein das Syndikat.	UmsStG. 32 § 1 Nr. 1 R 90	34	639	34	334				125
V A 554/27	3. 4. 28	Vermittlungssyndikat (Nähgarnsyndikat). Vorbringen der Beteiligten wie vor.	UmsStG. 26 § 1 Nr. 1 R 67								125
V A 267/21	5. 5. 22	Vermittlungssyndikat. Abstellung der Umlage auf Beteiligungsziffer (überholt durch V A 472/33).	UmsStG. 19 § 1 Nr. 1 Satz 1 R 31/32	22	277	22	1016	10	1		55
V A 472/33	8. 6. 34	Vermittlungssyndikat. Leistungsaustausch bei Abstellung auf Beteiligungsziffer bejaht.								DStZ. 34 S. 724	11, 55, 62

V A 269/33	5. 4. 35	Vermittlungssyndikat, Unkostenersatz für Verkaufsvermittlung grundsätzlich steuerpflichtig. Das Entgelt für Sonderleistungen kann auch pauschal festgesetzt werden. Anklang an Rechtsprechung des KörpSt.-Senats, Urteil I A 196/32 vom 6. 12. 32.	UmsStG. 34 § 1 Ziff. 1 R 19	35	809	35	443			KRdsch. 35 Heft 6 S. 483	2, 54, 59
V A 233/30	6. 2. 31	Lieferungssyndikat (RWKS). Die Mitgliedswerke haben zusammen für ihre Lieferungen an das Syndikat nicht mehr der Umsatzsteuer zu unterwerfen, als das Syndikat seinerseits als Entgelt vereinnahmt hat, abzüglich der Verkaufsunkosten. Abgaben und Empfänge zum zum Zweck des Ausgleichs von Anspruch und Pflicht lassen die Höhe des Entgelts, daß das einzelne Mitgliedswerk zu versteuern hat, unberührt.	UmsStG. 26 § 1 Nr. 1 R 211			31	594				76, 77
V A 584/33	Bescheid vom 19. 10. 34 Urteil vom 21. 1. 35	Die entgeltliche Übertragung der Beteiligungsziffer ist steuerpflichtig	UmsStG. 34 § 1 Ziff. 1 R 17	35	661	35	309	37	268	KRdsch. 35 Heft 4 S. 277	83
V A 748/32	11. 12. 33	Lieferungssyndikat (RG.). Ein- und Auszahlungen in den Avi-Fonds. Unterschiedliche Behandlung der Mitglieder und Nichtmitglieder. Ablehnung der Gleichstellung des Preisausgleichs mit dem Mengenausgleich	UmsStG. 32 § 1 Nr. 1 R 75	34	1129	34	186	35	337		86, 93, 94

Urteil:	vom:	betrifft:	Kartei	RStBl. Jahrg.	RStBl. Seite	StW. Jahrg.	StW. Nr.	Sammlung Bd.	Sammlung Seite	Sonstige Fundstellen	Grundlegung Seite
V A 506/34	4. 10. 35	Vergütungen im Skripsverfahren begründen zusätzliches Entgelt im Sinn des § 39 Abs. 1 UStDB. 34	UmsStG. 34 § 16 R 3	36	592	35	745	38	299		63, 78
V A 171 u. 172/35	31. 1. 36	Lieferungssyndikat. Trennung zwischen selbständiger marktordnender Tätigkeit — Verkaufstätigkeit. Begriff: Verkaufsunkosten. Förderung nichtsyndizierten Auslandsabsatzes zu Lasten des syndizierten Inlandsabsatzes: Umlage, die das Syndikat zu Lasten des Inlandsumsatzes erhebt, darf Entgelt der Mitgliedswerke für Lieferungen an Syndikat nicht kürzen.	UmsStG. 34 § 1 Ziff. 1 R 36	36	220	36	255			KRdsch. 36 Heft 3 S. 189	65
Gr. S. 6/20	25. 4. 21	Vorbringen der Beteiligten: Alle						5	321		125
II D 1/21	8. 7. 21	Gewalt liegt beim Syndikat						6	126		125
		II. Körperschaftsteuer.									
I A 226/29	30. 1. 30	Abgrenzung Kartell—Konzern. (Shell-Urteil.)	EinkStG. 25 § 34 R 2/3	30	148	30	321				6
I B 142/26	8. 7. 27	Wilde Genossenschaft. Einkommensträgerin im Sinne des § 6 KörpStG. 25	KörpStG. 25 § 4 Abs. 1 R 11			27	325				102
I A 196/32	6. 12. 32	Einheitsgesellschaft ohne bürgerliche Rechtsfähigkeit. Kontingentierungskartell. Erwerbsgesellschaft im Sinn des § 4 Abs. 1	KörpStG. 25 § 4 Abs. 1 R 25	33	329	33	236	32	161	InduSt. 33 Heft 1/2 S. 14	55, 62, 108, 116, 117

		KörpStG. 25. Grundsätzlich keine Mitgliederbeiträge — im Gegensatz zur Rechtsprechung des UmsSt.-Senats, Urteil V A 84/32 vom 24. 6. 32									
I A 271/34	8. 10. 35	Wie vor. Preis- und Konditionenkartell. Erwerbsgesellschaft im Sinn des § 4 Abs. 1 KörpStG. 25. Keine Mitgliederbeiträge.								KRdsch. 35 Heft 12 S. 1027	117
I A 326/32	23. 5. 33	Einheitsgesellschaft ohne bürgerliche Rechtsfähigkeit mit bes. Verbandsbüro (Geschäftsführer). Es ist auf die Gesellschaft abzustellen	KörpStG. 25 § 10 Abs. 1 R 13/14	33	910			33	195		11
I A 623/28	Bescheid vom 26. 3. 29 Urteil vom 14. 11. 29	Doppelgesellschaft. Syndikat. Ein Rechtssatz, daß die Organgesellschaft (die Verkaufs- und Geschäftsstelle) eines Kartells kein Einkommen haben könne, besteht nicht. Über Entlohnung Vertragsfreiheit. Wenn Verkaufs- und Geschäftsstelle (GmbH.) verpflichtet, Delkredere zu übernehmen, so müssen Gesellschafter ihr die hierzu benötigten Mittel zu eigenem Recht zur Verfügung stellen. Bei Erwerbsgesellschaften grundsätzlich keine Mitgliederbeiträge	EinkStG. 25 § 13 R 194/5	30	41	30	165	26	124		42, 108
I A 401/32	Bescheid vom 25. 9. 34 Urteil vom 22. 1. 35	Doppelgesellschaft. Röhrensyndikat. Bei Doppelgesellschaften ist auf die Verkaufs- und Geschäftsstelle abzustellen. Die Vereinbarung, daß die Verkaufs- und Ge-	KörpStG. 34 § 7 Satz 1 R 2/3	35	517	35	170	37	151	KRdsch. 35 Heft 5 S. 408	16, 23, 24, 28, 35, 39, 44, 48,

Urteil:	vom:	betrifft:	Kartei	RStBl. Jahrg.	RStBl. Seite	StW. Jahrg.	StW. Nr.	Sammlung Bd.	Sammlung Seite	Sonstige Fundstellen	Grundlegung Seite
		schäftsstelle (die Röhrenverband-GmbH.) lediglich als Treuhänderin tätig werden soll, ist anzuerkennen. Die Vermehrung der in ihren Händen befindlichen — und zwar auch der sog. gebundenen — Vermögenswerte ist bei den einzelnen Mitgliederwerken zur KörpSt. heranzuziehen. Die Verkaufs- und Geschäftsstelle kann für ihre Tätigkeit eine Entlohnung erhalten. Behandlung des sog. steuerlichen Mehrs (Mehr der Steuerbilanz gegenüber der Handelsbilanz)									103—107, 119
I A 402/32	Bescheid vom 25. 9. 34 Urteil vom 22. 1. 35	Doppelgesellschaft, Röhrensyndikat. Die Vereinigung der Mitgliedswerke ist nicht Einkommensträgerin im Sinn des § 6 KörpStG. 25. Unternehmer sind die einzelnen Mitgliedswerke. Vorbringen der Beteiligten: die Gewalt liegt allein bei den einzelnen Beteiligten; das Syndikat — die Vereinigung — ist ihnen gegenüber ein machtloses Gebilde	KörpStG. 25 § 3 R 1/2	35	523	35	171	37	159	KRdsch. 35 Heft 5 S. 415	16, 24, 39, 103—107, 117, 120—126
I A 391/31	Bescheid vom 31. 3. 33	Kapitalgesellschaft als Betriebsabteilung einer anderen Kapital-	KörpStG. 25 § 10 R 48/50	34	684			34	228		35, 37

	Urteil vom 31. 10. 33	gesellschaft. Organschaft im wirtschaftlichen Sinne. Inhalt und Bedeutung des Gewinnausschlusses. Er muß sich grundsätzlich auf das v o l l e Geschäftsergebnis der gesamten Tätigkeit oder doch eines bestimmt abgegrenzten Tätigkeitsgebiets beziehen bei gleichzeitiger Übernahme etwaiger Verluste. Ein teilweiser Gewinnausschluß ist nicht anzuerkennen									
I A 93/34	30. 10. 34	Verkaufsgesellschaft. Gewinnausschluß. Keine Trennung zwischen steuerbegünstigter und nicht steuerbegünstigter Tätigkeit	KörpStG. 34 § 6 Satz 2 R 7	35	808	35	49				111, 112
		III. Einkommensteuer.									
VI A 199/28	7. 11. 28	Doppelgesellschaft. Organschaft im Rechtssinne. Unternehmer sind die natürlichen Personen	EinkStG. 25 § 16 Abs. 1 R 65/66	29	60	29	165				32
VI A 191/33	14. 4. 34	Wie vor. Finanzkonsortium.		34	740	34	303				32
VI A 8/35	6. 5. 36	GmbH.-Einzelkaufmann. Organschaft im wirtschaftl. Sinn. Organschaft und damit Gewinnausschluß gegenüber Einzelkaufmann werden nicht anerkannt. Überweisungen an GmbH. zur Verlustdeckung keine Betriebsausgaben. Abzugsfähigkeit nur insoweit, als sich Gewinnminderung unter dem Gesichtspunkt der Abschreibung von Beteiligung und Forderung auf den niedrigeren Teilwert rechtfertigen läßt		36	861	36	282				32

Urteil:	vom:	betrifft:	Kartei	RStBl. Jahrg.	RStBl. Seite	StW. Jahrg.	StW. Nr.	Sammlung Bd.	Sammlung Seite	Sonstige Fundstellen	Grundlegung Seite
VI A 829/33	17. 10. 34	GmbH.—OHG. Wie vor. Gegenüberstellung Organschaft im wirtschaftlichen Sinn und im Rechtssinne	EinkStG. 34 § 5 Abs. 1 R 12			35	11				32
VI A 843/33	12. 7. 33	Deutscher Besitzer zweier, der Obhut einer ausländischen AG. anvertrauter Silberfüchse. Unternehmer ist der deutsche Besitzer.		33	1114	33	706				122
VI A 932/32	6. 12. 32	Preiskartell. Vermögen aus Garantien für etwaige Strafen. Anteile — entgegen Auffassung der Beteiligten — bilanzpflichtiger Wert bei den einzelnen Mitgliedswerken	EinkStG. 25 § 13 R 159	32	948	32	991				125
VI A 320/29	26. 11. 30	Syndikat. Restausschüttungen. Schuld des Syndikats an das Mitgliedswerk, die dieses in seinen Bilanzen zu berücksichtigen hat. Endgültiger Wert erst dann einzusetzen, wenn „Beschluß der Generalversammlung des Syndikats“ vorliegt. Vorher Anspruch, der gegebenenfalls zu schätzen				31	173				127
		IV. Vermögensteuer.									
III A 811/31	10. 10. 33	Einheitsgesellschaft ohne bürgerliche Rechtsfähigkeit mit beson-	RBewG. 31 § 44 Abs. 1	33	1229	33	907				11

		derem Verbandsbüro (Geschäftsführer). Es ist auf die Gesellschaft abzustellen	R 57								
III A 49/28	20. 12. 29	Doppelgesellschaft. Konsortiale Neugründung (gemeinsamer Betrieb einer Benzolfabrik). RFH. stellt auf Vereinigung ab, betrachtet sie als OHG. und sieht sie demgemäß als persönlich steuerpflichtig nach VermGSt. 25 an	VermStG.25 § 2 Nr. 2 c R 1	30	159	30	413 u. 433	26	173		16
III A 80/36	11. 2. 37	Konditionenkartell unterhält durch Art seiner Tätigkeit — Förderung des Erwerbslebens seiner Mitglieder — einen wirtschaftlichen Geschäftsbetrieb. Vermögen des Kartells somit Betriebsvermögen	RBewG. 34 § 56 Abs. 1 Ziff. 5 R 5	37	488	37	163	41	28	KRdsch. 37 Heft 5/6 S. 229	25, 29, 130—131
III A 649/31	19. 1. 33	GmbH. als Betriebsabteilung einer KomG. Organgesellschaft im wirtschaftlichen Sinn. Ob anzuerkennen, daß Organuntergesellschaft das in ihrem Besitz befindliche Vermögen lediglich als Treuhänderin für die KomG. besitzt, zweifelhaft. Hinweis auf Rechtsprechung des KapVerkSt.-Senats, II A 666/31 vom 26. 10. 32	RBewG. 31 § 44 Abs. 2 Nr. 2 R 1	33	211	33	439				38—39
I A 32/26	20. 4. 26	Doppelgesellschaft. Syndikat (RWKS). Organgesellschaft im Rechtssinne. RFH. erkennt an, daß Verkaufs- und Geschäftsstelle	AO. § 80 Abs. 1 a. F., R 17/18	26	314	26	196 u. 267	19	21		38—39, 106

Urteil:	vom:	betrifft:	Kartei	RStBl. Jahrg.	RStBl. Seite	StW. Jahrg.	StW. Nr.	Sammlung Bd.	Sammlung Seite	Sonstige Fundstellen	Grundlegung Seite
		das ihr Grundkapital übersteigende Vermögen nur treuhänderisch besitzt. Zur Frage, wer Treugeber (Vereinigung oder die einzelnen Mitgliedswerke) keine Stellungnahme									
I A 399/28	21. 8. 28	Anteile an nichtrechtsfähigen Vereinen sind in der Hand der Anteilseigner nicht nochmals steuerpflichtig	RBewG. 25 § 38 Abs. 1 Nr. 3 R 1	28	325	28	706	24	79		129
		V. Vermögen- und Körperschaftsteuer.									
I D 2/31 u. III D 2/32	26. 7. 32	Organschaft im wirtschaftlichen Sinne. Grundsätzliches, Gewinnausschluß, Treuhand	KörpStG. 25 § 13 R 203/4	33	136	32	1093	31	297		38
		VI. Kapitalverkehrsteuer.									
II A 41/35	22. 11. 35	Die Rechtsprechung des KapVerkSt.-Senats stimmt mit der des UmsSt.-Senats überein. Auch für KapVerkSt. ist daher zu trennen: allgemein zwischen der Tätigkeit des Verbandes, die der Wahrung der Gesamtbelange aller und der, die der Wahrnehmung der Sonder-	KapVerkStG 34 § 2 Ziff. 2 R 9	35	1573	36	38	38	327	KRdsch. 36 Heft 1 S. 31	133

		belange des einzelnen Mitgliedswerkes dient, bei Syndikaten zwischen der selbständigen marktordnenden Tätigkeit und der beim Verkauf. Zahlungen der Mitglieder, die der Abdeckung derjenigen Kosten dienen, die den Verband durch die Wahrung der Gesamtbelange aller Werke — dem Syndikat durch die selbständige marktordnende Tätigkeit — erwachsen sind, unterliegen daher — die persönliche Steuerpflicht des Verbandes, des Syndikats, vorausgesetzt — der KapVerkSt.									
II A 304/33	17. 5. 35	Einheitsgesellschaft mit bürgerlicher Rechtsfähigkeit (GmbH.). Gemischter Verband (Kartell und Syndikat). Zu unterscheiden zwischen den beiden Tätigkeitsgebieten.	KapVerkStG. 34 § 2 Ziff. 2 R 6	35	875	35	427	38	23	KRdsch. 35 Heft 7 S. 595	2
II A 153/34	17. 5. 35	Doppelgesellschaft. Lieferungssyndikat. Die Doppelgesellschaft bildet ein einheitliches Ganzes. Für die KapVerkSt. ist auf die Verkaufs- und Geschäftsstelle, die AG. oder GmbH., abzustellen	KapVerkStG. 34 § 2 Ziff. 2 R 5	35	779	35	362			KRdsch. 35 Heft 7 S. 602	15
II A 288/34	6. 9. 35	Wie vor. Studiengesellschaft	KapVerkStG. 34 § 2 Ziff. 2 R 8	35	1311					KRdsch. 35 Heft 11, S. 916	15
II A 103/30	11. 3. 30	Investment AG. Treuhand anerkannt		30	207	30	635	26	254		38

Urteil:	vom:	betrifft:	Kartei	RStBl.		StW.		Sammlung		Sonstige Fundstellen	Grundlegung Seite
				Jahrg.	Seite	Jahrg.	Nr.	Bd.	Seite		
II A 104/30	11. 3. 30	Zweck der AG. allein der, die betreffenden Wertpapiere für ihre Aktionäre zu verwalten	KapVerkStG. a. F. § 3 R 4	30	205	30	632	26	248		38
II A 140/27	31. 1. 28	Grundstücksgesellschaft (GmbH.), Treuhand gegenüber Organmuttergesellschaft (AG.) abgelehnt. Erwerb der Grundstücke Zweckbestimmung der Organtochtergesellschaft.	KapVerkStG. a. F. § 6 zu c R 77								38
II A 666/31	26. 10. 32	Zweckwillenstheorie. Juristische Person ist nichts als ein zu eigner Rechtspersönlichkeit organisierter Zweckwille. Tochtergesellschaft kann im Umfang ihrer eigenen Zweckbestimmung nicht Treuhänderin der Muttergesellschaft sein; auch nicht Kommissionärin.	KapVerkStG. a. F. § 6 R 8	33	60	33	227	32	145		38, 41—42
II A 535/32	27. 9. 33	Zweckwillenstheorie. Auffassung des Urteils II A 666/31 gemildert. Treuhand zwar erneut abgelehnt, jedoch anerkannt, daß Tochtergesellschaft als Agentin für ihre Muttergesellschaft tätig werden kann.	KapVerkStG. a. F. § 6 R 13	33	1324	34	381				41
II 477/33	12. 4. 35	Zweckwillentheorie. Wie vor. Anerkennung auch eines Kommissionsverhältnisses.	KapVerkStG. 34 § 2 Ziff. 2 R 2	35	748	35	364	37	302	KRdsch. 35 Heft 6 S. 494	41, 141

II A 1022/24	23. 9. 25	Treuhänderischer Besitz bestimmter Gegenstände. (Überlassung von Betriebseinrichtungen) anerkannt.	KapVerkStG. a. F. § 6 zu b R 4								40
II A 214/26	8. 10. 26	Wie vor. Leihweise Überlassung einer Buchungsmaschine. Umlagen zur Beschaffung derselben gesellschaftsteuerfrei.	KapVerkStG. a. F. § 6 zu b R 14			26	644				40
II A 422/34	31. 10. 35	GmbH. als Betriebsabteilung einer AG. Organschaft im wirtschaftl. Sinne. Treuhänderische Betriebsführung durch Produktionstochtergesellschaft nicht anzuerkennen.	KapVerkStG. 34 § 2 Ziff. 2 R 2	35	1518	35	721	35	309		41, 46, 135
II A 89/36	2. 4. 37	Doppelgesellschaft. Organschaft im Rechtssinne, Lieferungssyndikat. Daß Verkaufs- und Geschäftsstelle die gesamten Geschäfte als Treuhänderin führt, nicht anerkannt. Wohl Möglichkeit zugelassen, daß einzelne Geschäfte (auch im Rahmen der Marktbereinigung) treuhänderisch erledigt werden.	KapVerkStG. 34 § 2 Ziff. 2 R 11	37	639	37	263	41	162	KRdsch. 37 Heft 7 S. 280	41, 135—137, 139
II A 150/23	5. 10. 23	Das KapVerkStG. will nicht jede Kapitalzuführung erfassen, sondern nur die, die erforderlich ist, um die betreffende Kapitalgesellschaft mit dem Kapital auszustatten, das sie zur Erfüllung ihrer Aufgaben notwendig hat. Vgl. auch II A 477/35 vom 12. 4. 35.	KapVerkStG. a. F. § 2 R 2	24	19	23	926/28	12	336		141

Urteil:	vom:	betrifft:	Kartei	RStBl.		StW.		Sammlung		Sonstige Fundstellen	Grundlegung Seite
				Jahrg.	Seite	Jahrg.	Nr.	Bd.	Seite		
		VII. Gewerbesteuer.									
VIII GSt. 506—509/33	11. 7. 33	Doppelgesellschaft. Organschaft im Rechtssinne. Syndikat. Tritt Verkaufs- und Geschäftsstelle im Namen der Vereinigung der Mitgliedswerke auf, so ist auf die Vereinigung abzustellen. Die Vereinigung ist steuerpflichtig gemäß § 1 Abs. 3 GewStVo. vom 23. 11. 23.								Reichsverwaltungsblatt u. Pr. Verwaltungsblatt v. 10. 3. 34 Nr. 10, Bd. 55 S. 209	144

Sachverzeichnis.

GPSR Compliance

The European Union's (EU) General Product Safety Regulation (GPSR) is a set of rules that requires consumer products to be safe and our obligations to ensure this.

If you have any concerns about our products, you can contact us on ProductSafety@springernature.com

In case Publisher is established outside the EU, the EU authorized representative is:

Springer Nature Customer Service Center GmbH
Europaplatz 3
69115 Heidelberg, Germany

Batch number: 10844827

Printed by Printforce, the Netherlands